社会资本、创新与可持续竞争优势
—— 基于动态能力对房地产业的实证研究

Social Capital, Innovation and
Sustainable Competitive Advantages
---Empirical Study Based on Dynamic Capabilities in Real Estate Industry

贾鹏翔 ◎ 著

经济管理出版社
ECONOMY & MANAGEMENT PUBLISHING HOUSE

图书在版编目（CIP）数据

社会资本、创新与可持续竞争优势——基于动态能力对房地产业的实证研究/贾鹏翔著.
—北京：经济管理出版社，2018.12
ISBN 978-7-5096-6237-3

Ⅰ.①社… Ⅱ.①贾… Ⅲ.①房地产企业—企业管理—研究—中国 Ⅳ.①F299.233.3

中国版本图书馆 CIP 数据核字（2018）第 275281 号

组稿编辑：宋　娜
责任编辑：许　艳
责任印制：黄章平
责任校对：王淑卿

出版发行：经济管理出版社
　　　　　（北京市海淀区北蜂窝 8 号中雅大厦 A 座 11 层　100038）
网　　址：www.E-mp.com.cn
电　　话：（010）51915602
印　　刷：三河市延风印装有限公司
经　　销：新华书店
开　　本：720mm×1000mm/16
印　　张：15.75
字　　数：259 千字
版　　次：2019 年 6 月第 1 版　2019 年 6 月第 1 次印刷
书　　号：ISBN 978-7-5096-6237-3
定　　价：98.00 元

·版权所有　翻印必究·
凡购本社图书，如有印装错误，由本社读者服务部负责调换。
联系地址：北京阜外月坛北小街 2 号
电话：（010）68022974　邮编：100836

序言一

战略的实质是在企业的资源、能力与环境之间保持均衡,寻求竞争优势既是企业战略定位的关键,也是实现企业战略目标的手段。那么,怎样才能保持持久的竞争优势?

企业资源学派和能力学派都承认企业的专用资源和能力对企业获取竞争优势的重要性。资源基础观(RBV)宣称,企业的竞争优势不仅依赖于战略定位,也取决于执行这些战略的成本。很显然,如果执行战略的成本大于从创造一个非完全竞争产品市场中所获得的收益,那么,企业不会从它的战略努力中获得超额的经济收益。这里执行战略的成本是由企业所拥有或获得的资源所决定的。

在早期的理论文献里,资源和能力两个概念没有明显的区别。然而,Amit 和 Schoemaker(1993)认为两者应该有差别。按照他们的观点,资源是指由企业所拥有或被企业所控制的资产(Assets),包括各种有形或无形的资产(Barney,1991),而能力(Capabilities)指的是通过组织制度开发和组合资源的能力(Ability),用以完成组织的目标。资源强调结构,能力强调行为,RBV 理论假设一个产业中的企业是异质的,绩效差异来源于企业独特的资源。只要这些资源的异质性持续的时间足够长,竞争优势就可以持续。然而,在市场竞争过程中,很多企业发现获取竞争优势并不难,难就难在如何维持竞争优势并使之持久?

由于资源有限,持续的竞争优势最终取决于企业的动态能力,表现为企业整合、构建以及配置内外部资源以适应快速变化环境的能力。持续的竞争优势需要不断地创新,创新来自竞争的压力,也来自企业家精神的动力。对企业家而言,要具有判断确定创新和企业家精神最有可能在哪个产业出现的能力,并善于建立指导竞争力实现的战略构架。因此,竞争从特征上讲是充满活力、挑战和动态的,竞争的性质不是均衡,而是永久的变化。产业的改进和创新是一系列没有终结的过程,需要随着时间的流逝而不断地升级。

房地产业是指以土地和建筑物为经营对象,从事房地产开发和经营的行业。与其他产业相比,房地产业具有资本密集、内外部环境复杂、高收益性与高风险性并存、产业关联度大等特点。房地产业的上述特点,决定了该产业中企业开发核心能力的特征具有价值性、不可模仿性、隐性知识、组织依赖的特点。相应地,企业核心能力表现为战略整合能力与创新力。

改革开放40年来,房地产行业走过了快速增长的阶段,取得了令世人瞩目的"中国奇迹",成为国民经济重要的支柱产业。随着中国经济的增速减缓和国际经济环境的改变,房地产业增速减缓,进入稳定增长的阶段,但依然保持了持续增长的态势。由于受行政调控频繁干预及市场不均衡的影响,房地产业长期面临"波动大、竞争烈、预期难"的典型不确定性环境,一部分优秀房地产企业继续做强做大,同时一些小型房地产企业逐渐被淘汰出局。在此动态竞争的过程中,房地产企业过去靠关系、金融、土地等资源圈地竞争的时代一去不复返,竞争之道已从资源的竞争扩展到能力的竞争,进入品牌竞争时代,而品牌意味着综合竞争优势。一系列新设计、新材料、新产品、新物业、网络化与智能化等产品、服务和管理的系统创新,赋予了房地产企业新的能力和新的竞争要素。对消费者而言,房产不仅是具有产权的栖身之地,更是一种与自然和谐共处的生活方式。消费需求、竞争格局和技术创新的不断变化,对房地产企业的战略和经营管理能力提出了新的挑战,其中,高层管理者对环境变化及其机会演变的敏锐性、洞察力,对战略和组织结构的变革能力，对产品质量和经营管理的专注力，对管理团队和知识员工的激励领导力等成为房地产企业动态竞争优势的重要来源和保障，这也说明在动态竞争环境下，高层管理者自身必须是一个学习型的领导者。

十几年前，贾鹏翔进入武汉大学攻读博士学位，成为我招收的第一届博士生，三年之后，他顺利通过毕业论文答辩，这与他的专注与勤奋以及对房地产行业的熟悉与了解有关。记得在写作博士论文期间，他每天随身带着笔记本电脑，一有空就敲几个字。写到30000多字时，一天小偷砸坏了车窗，偷走了电脑。由于没有备份，他不得不重写论文。毕业之后多年，一次出差上海，他谈起读博经历对他的影响，说是真正知道自己知识的贫乏，需要持续学习。他一直保持阅读英文文章书籍的习惯，哪怕工作再忙也没有放弃阅读。随着企业规模越来越大，管理的复杂程度越来越高，作为中国远洋地产华东华中区总经理，贾鹏翔的知识更新速度越来越快，管理水平也是越来越高了。

十几年前，动态能力、社会资本、创新以及动态竞争优势理论是学术界的热点，当时选择这些问题进行量化实证研究既有新意，也有难度，新在理论，难在方法。将这些理论所包含的变量量化既需要借助成熟量表，也要进行一些创新性探索。时隔十多年，这些领域的研究仍然是管理研究的主流。难能可贵的是，贾鹏翔根据自己多年在房地产业的工作经验和观察，在原来调查统计研究的基础上，增加了多案例研究，不仅发现了社会资本、动态能力和创新对企业持续竞争优势的积极促进作用，而且描述了动态能力的动态演化过程和机理，纠正了一些认知上的偏差，比如产业界存在过度使用社会资本从而陷入庸俗化，过度忽视创新对房地产业发展的作用的现象。这些研究和发现大大增加了论文的信息量和可阅读性，有助于加深读者对房地产业的理解，对管理者管理动态的环境、开发动态的能力、维持持续的竞争优势具有重要的实践指导意义。

适逢贾鹏翔博士毕业十周年，诚邀导师为其研究成果出版作序，百战归来再读书，商场浸染多年仍未褪去斯文气质，值得称道，欣然作序。这是一本用心写就、经得起时间检验的好书，真正地理论联系实际，读来既能借鉴管理经验，又能启发深入思考。唯愿珞珈山水和人文气息能够培养出越来越多的具有人文修养和社会责任感同时又具有持续领导力的优秀企业家。

夏清华

武汉大学经济与管理学院教授

武汉大学创业与企业成长研究中心主任

2018 年 10 月 30 日

序言二

从业房地产20余载,见证了中国房地产行业的发展和变迁,一直认为结合房地产行业进行一些学术研究是很有意义的。过去的2018年,中国的经济总量首次突破90万亿元大关,而其中超过10万亿元当量级的经济数据主要有两个:一个是地方政府债务,总额18万亿元,另一个就是房地产业,投资额12万亿元和销售额15万亿元。由此可以看出,房地产不仅是中国社会一个永久的热点话题,也的的确确与国民经济关联度极高,房地产业的许多指数、指标,包括大中城市新建住宅价格指数、房地产开发资金来源等,都与中国GDP的走势几乎完全一致。

综观世界,除中国外鲜有世界500强企业将房地产作为主业,但每个企业资产当中房地产无不占有相当重要的比重。20年前,TOP30房企的市场占有率不到5%,如今这一市场份额已接近50%,尤其近些年,市场集中度急速攀升。几十万家房地产企业优胜劣汰,最后胜出的企业堪称是行业的佼佼者。这些企业成为行业的翘楚,一定有其内外在的规律和动力。

同事贾鹏翔送来他新修订的10年前的博士论文《社会资本、创新与可持续竞争优势——基于动态能力对房地产业的实证研究》,阅读数遍,发现其研究的方法和内容颇有独到之处。

书中提到的社会资本,在我看来运用到房地产企业中,可以被称为是有效"生产关系"的总和。房地产是一个综合性极强的行业,虽然很多人包括我本人也会讲这是一个不具备很高的科技和管理含量的行业,但作为实体经济,其表现出的经济

社会资本、创新与可持续竞争优势

规律以及与国民经济几乎一致的发展轨迹，绝非偶然。从某种程度上讲，房地产行业是中国经济过往 20 年发展的一个极具代表性的行业。那又是什么构成了这个行业发展的核心要素呢？

前期的从业者大多有感触，一个房地产项目与政府政策的导向、地方的人脉、行业的规范、投资者的预期、历史文化的影响、住房消费的习惯、上下游产业的状况、货币信贷的环境等诸多因素高度相关。大多时候，产品价值的实现和项目的效率与效益，并单单不取决于任何一个单项因素，而是取决于这些因素的综合影响，引入社会资本的概念来研究企业经营的竞争优势，对房地产业是颇有意义的。

创新，也是提高产品竞争力、企业竞争力的一个永恒话题。创新是一个舶来词，用中文去理解，无非是将两个或两个以上已存在的事物结合在一起，产生具有新的价值的事物。房地产业主要的作品是建筑，其本身一直在变化和创新，建筑就是不同的工程技术和文化艺术不断结合、再创造的结果。企业的管理也是一样，每一次的改革和创新，其实都是在对人力资源、财务资源、企业文化等植入一些新的理论和方法。当这些创新应用于核心业务和超越竞争对手时，便成了企业的核心竞争力，也成了可持续发展的必要条件。

动态能力，就是企业不断适应新环境、不断管理创新的自我变革能力。中国特色社会主义进入新时代，中国的经济发展迈入高质量发展新阶段，与宏观经济息息相关的房地产行业，面临着需求定位转变、行业集中度加速提升、产品迭代更新、金融环境多变等一系列的挑战。在纷繁复杂的竞争环境中，不断适应变化、不断在变化中创新的动态能力，将成为企业生存与发展的关键。

可持续竞争优势，对于企业而言可以称为核心竞争力。其最主要的特征有两个：一是对主营业务起关键作用，二是竞争对手难以模仿和超越。对于房地产企业而言，综合运用好社会资本无疑是增强核心竞争力的主要因素，特别是在中国内地市场,经济主导、传统的人脉文化、土地的区域属性三大重要特征,使经营环境变化多端、难以量化和准确预测,一个组织拥有使用社会资本的动态能力,堪称是基业长青的秘诀和生命基因。

具体到有形的企业组织和运营能力上,就是不断地创新。除了产品本身的创新,管理的创新也是所有行业、所有企业、所有从业者提升竞争力最主要的工作和工作方式。

同事贾鹏翔,我与他共事多年,有印象是在校博士生毕业,近期认真翻阅了他的论文,剔去繁文缛节,品味其中的逻辑和方法,感觉到全日制的博士生还是很有功底的,也部分找到了他过往工作取得成绩的原因。相信这本书能为房地产及研究经济管理的相关人士提供一个研究、理解房地产行业的全新方法和视角。对他的治学和研究精神由衷地赞赏。

李 明

全国政协委员,中国房地产业协会名誉会长

远洋集团控股有限公司董事局主席、总裁

前 言

在中国特殊的国情下,房地产企业最近几年得到快速发展,成为社会热点问题,但仍处在粗放管理的阶段,对房地产企业的负面评价一直很多,探讨房地产企业的可持续竞争优势是本书的主要议题。企业的竞争优势及其可持续性,已经成为战略管理理论和企业理论中的一个重要研究方向。Barney（1991）认为,可持续竞争优势这种资源应该具有四个特性,即有价值的（Valuable）、稀少的（Rare）、难以模仿的（Imperfectly Imitable）和不可替代的（Non-substitutable）。

在传统静态的竞争环境下,企业一旦获得竞争优势,并通过有效的隔离机制加以保护,可以获得一个比较长的优势持平期。但成功的优势可能造成路径依赖,即使小的路径依赖性也可能有严重的后果,企业能力惯性的存在,使企业很难在超竞争的环境中做出重大的变革,以保持动态战略适应。为了获得持久的竞争优势,企业需要的是能够进行创造性毁灭的能力——动态能力（Dynamic Capabilities）,本书认为可持续竞争来源于社会资本、动态能力以及创新。Bourdieu（1986）提出:"社会资本是现实或潜在的资源的集合体,这些资源与拥有或多或少制度化的共同熟识和认可的关系网络有关,从集体拥有的角度为每个成员提供支持。"创新是指产品的引进、新生产方法的采用、新市场的开拓、新原料的取得与新的产业组织的推行。Teece等（1997）认为,动态能力是指"战略管理中适应、整合、构建公司内外部一系列技能、资源以及适合变化环境的能力"。

与此同时，这三者之间也互相影响。社会资本促进动态能力，Blyler和Coff（2003）认为，社会资本对资源的获得、整合及再拨能力的提升是动态能力的核心。通过社会资本使企业的资源再构、整合能力、学习能力得到提高。另外，社会资本影响了交换及整合的必要条件，促进了智力资本的发展，从而促进了创新行为的发生，如房地产企业通过整合内部研发资源，设计出了新的产品。企业的动态能力可以理解为持续的创新，通过动态能力持续不断地创造一个暂时的创新。

社会资本、动态能力、创新这三者对可持续竞争优势都有影响，但直接影响方式又不一样。社会资本包含一定的社会关系，但房地产的社会资本往往和政府官员的腐败相联系，这是由早期不规范的制度与环境及转型初期的特殊情况在中国的普遍化导致的，但这种扭曲的关系会渐渐失灵。对房地产企业而言，良好的社会资本能够促进其土地资源、合作伙伴关系等的建立。一个企业要想拥有持续的竞争优势，就必须比它的竞争对手学习得更快，行动得更快，变革得更快，优势来自超过竞争对手的创新能力，房地产企业并不是简单的关系、资金、混凝土的组合。企业要想获得持续的竞争优势，就必须放弃以往静态竞争优势的获取模式，而应以一种动态的眼光来看待竞争优势的获取问题，不断更新自身的动态能力。本书在对相关理论进行回顾后，针对房地产企业的现实情况，对社会资本、动态能力、创新等方面存在的问题与不足进行了分析，用理论对实践进行了一些诊断。针对社会资本、动态能力、创新与可持续竞争优势之间的关系提出了模型假设。

为此，本书针对房地产行业的特点，结合文献设计了测量相关变量的问卷。通过对房地产行业的问卷调查，实际收到有效问卷160份。通过结构方程模型（SEM）并用AMOS7.0软件，对数据进行分析并验证了最初的假设：社会资本对创新有促进作用；社会资本对动态能力有促进作用；动态能力对创新有促进作用；社会资本、动态能力、创新与可持续竞争优势呈正相关关系。同时，本书选取做得比较好的房地产企业进行案例分析。

本书有一定的创新性：第一，跳出传统对竞争优势研究的资源观分析框架，分析社会资本、创新、动态能力三者互相作用的机理及最终对可持续竞争优势的协同作用，以往的研究较多考虑的是单一因素的作用，对其他因素进行固定与假设。第二，实践上纠正了实业界对社会资本的误解以及过度误用，纠正了实业界对创新要素的过度忽略，分析了动态能力克服能力刚性的演化机理。第三，对社会资本、创新、动态能力三者潜变量的测量从理论上进行了探讨，这在现实企业中有着实际的指导意义。

目　录

第一章　绪　论 ··· 1

第一节　研究背景 / 1
第二节　研究问题与研究意义 / 9
第三节　研究内容和研究方法 / 15
第四节　研究的基本结构 / 16

第二章　文献综述 ··· 19

第一节　社会资本的文献研究综述 / 19
第二节　关于创新的文献研究 / 32
第三节　关于动态能力的研究 / 44
第四节　可持续竞争优势理论研究 / 60

第三章　房地产企业管理现状研究 ··· 65

第一节　房地产企业的社会资本研究 / 66
第二节　房地产企业的创新 / 71
第三节　房地产企业的动态能力 / 73
第四节　房地产企业的可持续竞争优势 / 74

第四章　理论模型与假设提出 ··· 77

第一节　创新、社会资本、动态能力对竞争优势的影响 / 77
第二节　模型构建：结构方程模型的初步提出 / 87

第五章 研究问卷设计与方法 …… 91
   第一节 问卷设计与开发过程 / 91
   第二节 变量测量 / 96
   第三节 量表修改与正式形成 / 111

第六章 数据获取与实证分析 …… 113
   第一节 问卷发放与获取 / 113
   第二节 数据质量评估 / 118
   第三节 假设验证：结构方程模型 / 125

第七章 房地产企业案例分析 …… 145
   第一节 房地产企业案例分析 / 145
   第二节 案例及问卷分析对房地产企业的启示 / 173
   第三节 房地产企业应注意的一些管理悖论 / 186
   第四节 问卷中得到的有益建议 / 199

第八章 研究结论与展望 …… 203
   第一节 社会资本在房地产企业中的作用 / 203
   第二节 创新对可持续竞争有促进作用 / 204
   第三节 动态能力对二次创业的企业更为重要 / 205
   第四节 人力资本是可持续竞争优势的源泉 / 206
   第五节 主要创新点 / 207
   第六节 本书的不足及后续研究的方向 / 208

附录 调查问卷 …… 211

参考文献 …… 215

后 记 …… 233

第一章 绪 论

第一节 研究背景

一、动态环境下房地产行业状况

改革开放以来,我国房地产业的发展可以用史无前例来加以形容,中国人的居住条件在经济发展和房改推广的过程中得到了明显的改善。中华人民共和国住房和城乡建设部(以下简称建设部)的统计数字表明:从1993年到党的十七大召开,全国人均住房面积已经从17.8平方米增加到28平方米以上,城镇居民的住房条件大都得到不同程度的改善[①]。建设部制定和公布的《全面建设小康社会居住目标》报告中,全国的城镇居民"住房小康"指标为,到"2010年人均住房建筑面积为30平方米"。

2003~2007年,中国GDP以10%~11%的速度增长,固定资产投资大概以25%的水平增长。与GDP不同,中国房地产的投资并不是均衡的增长,而是呈弧线不断变化的增长,总体水平大概为30%。2008年1~5月房地产投资增长仍然是30%的水平。在这种环境下,政府出台了一系列的政策,包括货币政策、住房政策等,对房地产市场进行调控,政府调控的目的是控制投入、压缩规模、调整结构、优化技术、疏导需求、规范市场

---

① 按照国家统计局统计数据和建设部的资料分析,到2007年,全国城镇人口已达59379万,城镇实有住宅建筑面积在104.35亿平方米左右,全国城镇的人均住房面积就是17.57平方米(这比原建设部所称的28平方米,还要低近10平方米)。

等。1998年以后,中国的房地产企业迎来了非常好的发展时期,2004年达到了5万多家,2005~2007年虽受宏观调控的影响,但是企业的总数仍然达到了5.7万~5.9万家,半数以上的企业从成立到结束大概不超过5年,主要是项目公司。虽然总数没有改变,但是企业中的个体不断发生变化。2004年以后,一级资质的企业始终保持500家左右。2008年5月7日,一级资质企业为579家,占企业总量的1%,市场占有率大概是20%,销售占行业的17%。绝大部分的企业都是项目公司,不能叫作企业,研究它们的意义是比较小的,应致力于对大型企业的研究,因为它们代表了行业的主流和趋势。2007年百强企业开发投资整体是迅速增加,2003~2007年,百强企业完成的房地产投资从600亿元增加到3026亿元,2007年百强企业投资的均等数据是44.5亿元。从总额来看,2003~2007年百强企业占行业的比重从5.91%增长到11.97%。百强企业增长的速度也高于行业平均水平,投资额平均增长水平大概是30%。从规模来看,2003~2007年房地产企业的规模迅速扩大,2007年百强企业的投资规模均值达到110.96亿元,净资产达到37.4亿元,增长率基本上都是30%~40%,也出现了万科这种超过2000亿元的企业,500亿~1000亿元的企业包括保利和中海等。房屋销售情况方面,2007年全国房地产销售额是2.9万亿元,百强企业均值达到50亿元,无论资产的规模还是投资额和销售额的数据,都反映出整个行业的集中度越来越高。百强企业的盈利能力也得到全面的提升。从2003~2007年净利润是持续增长的,2007年百强企业的净利润均值相对于2006年增长了110%,达到了7.09亿元,同时行业中也出现了净利润超过10亿元的大企业,例如保利、万科、中海等15家企业。百强企业的成本利润率平均水平大概是36.62%,相对于2006年增长了6.5%。土地资源方面,百强企业土地储备面积同比增长了39%,均值达到625万平方米。前十位的企业,土地储备建筑面积超过2000万平方米的有5家企业,总额大概在1.9亿平方米的土地储备量。资产负债情况方面,2007年沪深两市的房地产公司资产负债率大幅度提升,达到了76%。香港上市公司情况好一点,大概是56%,沪深96家企业中资产负债率低于70%的有26家,香港上市公司中资产负债率低于50%的有10家,高于70%的有4家。现金情况方面,2007年整个沪深企业的负债率均值大约为4.74%,香港上市公司好一点,大约为2.17%。中海、SOHO、远洋、碧桂园的现金状况比较好,富力的资金状况目前还是存在比较大的压力。截止到2008

第一章 绪 论

年6月6日，过去一年中国房地产上市公司的融资额是713亿元人民币。新的时代一定是属于综合实力强、品牌实力强或者是专业实力强的企业①。

2008年是国内外经济形势异常复杂、快速多变的一年。从国际形势看，受美国次贷危机影响，国际金融市场出现剧烈动荡，全球经济前景不容乐观，国际经济环境中不稳定因素明显增多。2008年美国经济因房地产市场泡沫破裂而陷入衰退，对我国经济会产生一定的影响。从国内形势看，经济增长放缓趋势明显，企业利润和财政收入增速下降，资本市场持续波动和低迷。2008年前三季度，全国房地产开发投资增速减缓；土地购置和开发面积增速大幅回落，部分地区出现负增长；房屋施工面积、新开工面积和竣工面积增速继续回落。商品房销售面积及销售额下滑趋势显著；房屋销售价格指数涨幅明显回落，出现负增长的地区范围继续扩大。目前情况下，特别是由于受国际金融危机的影响，房地产企业处在一个非常困难的时期，形势越来越不明朗，但是银行的调控越来越严；销售速度日渐放缓，回款速度也比计划的要慢。未来震荡洗牌中，出局的企业也许不是小数目，但这未必就说明大多数企业到了在劫难逃的地步。前一阶段出现了"房地产市场非理性繁荣"，所谓房地产市场非理性繁荣是指房地产价格脱离决定其价值的基本面因素而主要由经济主体主观信念决定的持续上涨现象。在非理性繁荣时大家没有危机感，但到了困难的时候问题都暴露出来了。

宏观环境因素会使大量企业都受到影响吗？是企业因素还是行业因素解释了公司绩效之间的差异？Rumelt（1991）研究显示企业因素解释了47.2%，而行业因素解释了8.3%，Hawawini（2003）研究显示这两个数据分别为35.8%、8.1%，McGahan（1997）也得出了类似的结论。也就是说，行业会一定程度地影响企业的业绩，但更重要的变量是企业自身的因素。知识经济时代的发展，要求房地产开发企业具有善于捕捉市场机会的敏锐判断力、高超的资本运作能力以及卓越的经营管理能力，表现为房地产开发企业的利润来源将从土地的价值开发转为对智力资本的利用，即知识管

---

① 资料来源于中国房地产TOP10研究组，该研究组是由国务院发展研究中心企业研究所、清华大学房地产研究所、中国指数研究院于2003年1月联合组建，致力于对中国规模最大、效益最好、品牌最优房地产企业群体和最具开发投资潜力的房地产市场进行客观、公正的研究。该机构每年都会对房地产企业进行排名研究。

理的程度、能力和水平。

困难时期还是会有企业生存得很好,我们要认真地加以研究,积极地寻找对策,防止经济因素或行业因素对房地产业发展产生冲击。研究中国特殊的国情、特别的发展阶段对房地产企业可持续竞争优势的影响有着特别重要的意义。

二、动态能力、社会资本、创新与房地产企业竞争优势

社会资本是继物质资本、人力资本之后,一个新的被广泛关注的资本形式。最早把社会资本概念引入社会学领域的是法国社会学大师皮埃尔·布尔迪厄(P. Bourdieu),美国学者科尔曼(Coleman)对其进行了理论上全面界定,哈佛大学教授帕特南(Putnam)则将其定义为"个体之间的关联——社会网络、互惠性规范和由此产生的可信任性"。如果简单概括,社会资本最主要的两个方面就是:社会各类中介组织的发展水平和整体社会的信任程度,而这两个方面其实也是硬币的两面,互为表里,互相影响,既能互相促进,也能互相抵消。

研究表明,假如对整个国家层面的诚信进行计量,诚信值上升1个标准差就会带来超过0.5个标准差的经济增长,它可以促进人力资本和物质资本的融合,增进它们的利用效率,甚至带来政府腐败的降低①。政府的反腐风暴一度席卷那些与房地产圈保持着某种暧昧关系的权力角落。越来越多与房地产有关的腐败事件败露,使许多手握重权的地方高级官员接二连三落马。尽管官商勾结和权钱交易已是不言自明的一种潜规则,但存在于房地产领域的腐败现象或许更加令人触目惊心。

社会资本包含一定的社会关系,但房地产的社会资本往往和政府官员的腐败相联系,这是由早期不规范的制度与环境及转型初期的特殊情况在中国的普遍化导致的,但这种扭曲的关系会渐渐失灵。不规范的市场是建

---

① 克拉克和珂佛的研究表明,假如对整个国家层面的诚信进行计量,诚信值上升1个标准差就会带来超过0.5个标准差的经济增长。Porta 等(1997)发现,在许多国家,诚信值上升1个标准差则会带来0.7个标准差的司法效率的提高以及0.3个标准差的政府腐败的降低。信任对大公司的经济份额影响也比较大,信任一个标准差的增长可以提高7%的市场份额,这从侧面验证了福山(1995)的观点。原文参见:Porta 等. 大机构的信任[M]//帕萨·达斯吉普特. 社会资本——一个多角度的观点. 北京:中国人民大学出版社,2004.

立在以权力意志为核心的基础上的,它取决于权力个体对于利益获得的兴趣,这种情况下房地产建设自始至终只能靠权力、关系等腐败方式来维系,银行贷款需要关系,拿地、批规划也需要关系,几乎任何一个环节,只要缺少足够关系就会功亏一篑。与房地产商合作的权力从来就没有从市场里退出过[①]。资本与权力的合作,导致了灾难性后果——政府的公信力大大降低、消费者蒙受巨大损失。如果不被坚决查处,搞腐败的人几乎不需要付出任何成本与代价就可以做一桩零成本"交易"。一些房地产项目可能会包含一部分腐败成本,资本和权力的交易完成后,腐败成本马上会被打入房价,让消费者来填补,这项隐性的腐败成本不能示人。严重之处在于,私下勾结的行径可能会使宏观调控承受全面溃败的风险,腐败本身就是阻挠调控的最大障碍,必然会削弱政策的执行力。

由于房地产行业的资金密集属性,它又是一个利益密集型的行业,同时又是一个权力资本高度介入的行业,成为权力资本的"牧场"。在这种情况下正确运用社会资本为企业创造可持续的竞争优势尤为重要。一直以来,房地产企业给公众的感觉就是泥水匠加政府关系,没有技术含量与产品创新。但成功房地产企业权变经营、顽强生存的背后,一直是持续进行的中国房地产企业的创新活动,这些创新活动是多方面的,不只是产品的创新,有产品设计、建设技术,也包括房地产金融与营销领域的创新。正是在这样的创新实践中,中国房地产市场才得以持续发展。设计阶段的创新对房地产产品质量、品牌、成本至关重要。实践证明,科学、实用的规划设计控制能降低工程冗余成本的60%~70%,而施工图阶段后的项目管理最多只能降低10%~20%的冗余成本。房地产开发企业必须进行创新,创新的界面是组织架构的创新、规划设计的创新、营销创新、管理创新和战略创新。企业的荣衰不仅与社会政策环境和企业的内在素质有关,更与创新密不可分。善创新者先声夺人,出奇制胜;而因循守旧者,则永远步人后尘,失去发展良机。创新已成为房地产企业制胜的法宝。房地产企业

---

① 以胡润百富榜为例,连续数年来上胡润百富榜的富豪中都以房地产富豪人数最多,2007年房地产依然是中国超级富豪的温暖大摇篮,以24%的比例排在首位,尽管这个比例一直在降低(2006年、2005年和2004年分别为25.5%、28%和45%)。事实上,经不起追问的财富,通常伴随着富豪偷税漏税、违规经营等失误之举,特别是带有中国特色的以"权力运作"发迹的"资本型富豪",在演绎了一夜暴富的神话之后,每每成为落马富豪的新成员,包括上海市、北京市等政府部分高层人物相继落马都与房地产商有着密切的关系。

创新具有非常现实的社会经济意义。对于每一个具体的房地产企业而言，房地产创新可以增强企业核心竞争能力。在房地产策划过程中，无论是项目定位、建筑设计理念，还是策划方案的创意、营销推广的策略等环节，如果没有创新，要在市场竞争中赢得主动是不可能的。创新就是制造差异化，就是表明个性。创新具有超越一般的功能，它应贯穿于房地产策划项目的各个环节，使房地产项目在众多的竞争项目中脱颖而出。房地产企业无论是在产品、设计、营销，还是在员工个体层面、在部门和企业层面上都要有与时俱进、求变图存的思想，而且要善于将创新及时反映在产品和营销上，以创造更大的经济效益和社会效益。

在知识经济和全球经济一体化情况下，房地产企业的经营方式和运营模式发生了根本性转变，境外房地产开发企业的涌入，使业已竞争激烈的房地产业出现更加复杂的局面。我国相当数量的房地产企业在资金、管理水平、人才素质、经营效益等方面都无法与境外企业匹敌，因此房地产企业只有全面提升自身素质，着力于企业的长远利益，注重企业核心能力的构筑与培养，才能抵御外来风险，才能实现企业的可持续发展。前十年的成功经验与路径依赖，可能成为后续发展的障碍。在动态的环境中，企业只有通过动态能力（Dynamic Capabilities）及时更新自己的核心能力（Core Competence），才能在市场上有可持续的竞争优势。

房地产是典型的周期性行业，受到调控政策的压力和自身周期规律的影响，中国房地产市场更是一个波动性特别大的市场，这种波动要综合考虑各种变量才能做出判断。这就要求开发商具备非常强的研发能力及应变能力。房地产市场的影响因素包括经济增长、收入水平、城市化进程、人口数量和结构等长期变量，仅从这些变量来看，应该是一个相对稳定、长期慢增长的过程。当然也包括利率、抵押贷首付比、税收、土地政策等短期变量。

按任泽平等（2017）的分析框架，房地产周期的决定因素如下：长期看人口、中期看土地、短期看金融①。人口决定了需要问题，土地决定了供应问题，金融解决了投机或投资的杠杆问题。但是调控或短期刺激会使周期波长变小，振幅加剧。各种因素中，住房市场受政策影响较大，政府也经常通过对金融政策、土地政策、税收政策、住房保障政策等的调整来

---

① 任泽平，夏磊，熊柴. 房地产周期 [M]. 北京：人民出版社，2017.

影响住房市场,这些政策对住房市场的影响机制是不同的。金融政策(利率、流动性投放、信贷、首付比等)既是各个国家进行宏观经济调控的主要工具之一,也是对房地产市场短期波动影响最为显著的政策。住房的开发和购买都高度依赖银行信贷的支持,利率、首付比、信贷等政策既影响居民的支付能力,也影响开发商的资金回笼和预期,对房市供求波动影响较大。根据张明、陈晓和魏伟(2017)的研究,房地产行业与经济周期、金融政策等之间的关系有以下一些粗略的特点[①]:

房地产行业在20世纪90年代以来的快速发展,使其逐渐成为国民经济的支柱产业,为中国经济的高增长做出了重要贡献。房地产对实体经济的拉动作用,从生产端表现在地产行业本身及其对产业链上下游多个行业的带动,从需求端表现在房地产开发投资对固定资产投资增长的支撑,以及与地产相关消费的拉动作用。因此,从历史数据看,2012年之前房地产周期与经济增长周期具有较为明显的同步性,两者的相关系数高达0.7。

房价同比与整个社会的固定资产投资同比之间的关系分两个阶段:在2012年之前,两者更多是负相关关系;2012~2016年两者又表现为同步的正相关性。我们将固定资产投资进一步分解,考察房价与基建投资之间的关系:在2012年之前,两者呈现负相关性,这主要是由于在投资驱动增长的模式下,基建投资更多的是作为房地产开发投资的对冲因素,两者表现为此消彼长的关系;在2012年后,经济与投资增速的下行使房地产与基建均成为维稳经济的重要动力,两者的周期走势又变得较为一致。

但2012年之后,GDP的波动周期消失,房地产价格、销售及投资与经济增长走势之间的相关性也有显著减弱。究其原因,一方面,这可能是由于2012年之后随着我国金融市场的不断深化,房地产价格的周期性变化更多受到流动性、结构性因素以及调控政策的驱动;另一方面,近年来中国经济潜在增速逐步下行,房地产行业对经济拉动的"龙头"作用,逐渐转变为对冲经济下行压力的"稳定器"作用,经济波动被熨平,与房地产周期之间此前高度一致的走势变得松散。

M2是广义流动性,反映了整个市场的资金宽裕程度,对房地产市场的影响较为显著。尤其是金融危机之后,M2同比增速是房地产周期较好

---

① 张明,陈晓,魏伟.房地产的周期嬗变:短期走向、城市差异与宏观影响[J].平安证券研究,2017.

的领先指标。无论是住宅价格同比、销售面积同比、新开工面积同比还是房地产开发投资完成额同比，都与M2同比保持较好的相关性。

信贷周期（个人按揭贷款、房地产开发贷款）与房价周期的走势大体一致，但近两轮周期存在不同的领先和滞后规律。

利率是资金的成本，个人住房贷款利率和金融机构贷款利率的上升会增加个人购房和房地产投资的融资成本，从而抑制房地产价格的上涨；同理，贷款利率的下行，有助于刺激房地产价格的上涨。房价周期与贷款利率（滞后三个季度）周期基本呈现完全反向的关系；房地产销售面积周期与个人住房贷款利率周期同步呈现反向的走势；新开工面积周期则与金融机构贷款平均利率（滞后三个季度）周期呈反向走势。

中国房地产周期受到调控政策的显著影响。房价快速上涨及到达峰值的过程中，一般都伴随着房地产调控政策的收紧；在房价处于低位、经济下行压力凸显的情况下，政府则倾向于放松调控政策以刺激房地产行业的增长。我国的房地产调控政策以限制需求为主，房价受政策影响较大。政策放松，房价迅速反弹；政策收紧，房价快速回落。

例如，2008年金融危机之后，房地产价格和经济增速都大幅度下滑，政府通过下调房地产相关交易税费及利率、放开二套房限制等政策，全面刺激楼市，房价应声上涨；而在2009年末，房价快速上涨叠加"4万亿"政策刺激下经济回稳，政府又通过停止二手房营业税优惠、提高二套房首付、"新国十条"等措施收紧了房地产调控，房价则迅速回落。

从2015年下半年开始的本轮房地产周期看，房价的上涨受惠于2014年底开启的一轮货币政策宽松周期，以及2015年以来的一系列房地产调控政策放松；而从2016年"930"调控开始，房价已经进入了下行周期，再考虑2017年3~5月各地再度纷纷出台限购限贷甚至限售政策，以及近期政府着意推广"租售同权""集体用地建设租赁用房"等试点，可见，本轮房地产调控政策收紧的方向仍未改变，并且政府正在着意通过长效调节机制的作用，致力于扭转市场对于房价的预期，逐步化解房地产泡沫。因此，当前的房地产调控政策环境很难对房价的上行提供支撑。

第二节 研究问题与研究意义

一、研究问题提出的理由

1. 持续竞争优势的保证——动态能力观的研究视角

（1）从资源到能力的演变。企业的竞争优势及其可持续性，已经成为战略管理理论和企业理论中的一个重要研究方向。以波特为代表的战略管理理论继承了传统产业组织（IO）的范式，采用一种"由外而内"(Outside-In)的研究方法。企业为什么会成功或失败，是战略领域的核心问题。波特从企业外部，即从产业结构（Industry Structure）角度研究企业竞争力的来源，并构建"五力分析模型"（Five Forces）。波特认为，企业的绩效取决于企业采取的战略，而企业采取的战略则取决于行业中的五种竞争力量。行业中的五种力量直接影响到企业的价格水平、成本结构和投资需求，从整体上决定了产业的营利性，而企业只能采取适当的战略，适应企业所处的外部环境。因此，最终来讲，战略管理理论的观点认为行业结构决定了企业的竞争优势。波特的思想很快受到资源观学者的批评。Wernerfelt 和 Barney 等在继承 Penrose 思想的基础上，从企业内部资源能力角度研究竞争优势，企业理论中的资源观点（Resource-Based View，RBV）认为，企业是一系列独特资源和能力的组合。这些资源被定义为与企业半永久性结合（Semi-Permanently）的有形或无形的资产。例如，机器设备、企业拥有的专利技术和产品、营销渠道、稳定的顾客群体、企业声誉、品牌名称、企业内部的技术知识、熟练的雇员、高效的运作程序等(Barney, 1991)。只有那些不可交易、不可模仿、不可替代的资源，即仅是战略资产存量中那一部分才能持续创造价值。但竞争优势的可持续性问题并没有得到足够的重视，直到 Barney（1991）发表《企业资源与持续竞争优势》一文。文中他首次对竞争优势和持续竞争优势进行了区分。他认为，当一个企业实施能创造价值的战略，而同时其他任何既存企业和潜在的竞争对手无法实施该战略时就拥有了竞争优势。这种资源应该具有四个特性（资源观的 VRIO 分析框架），即有价值的（Valuable）、稀少的（Rare）、难以模仿的（Imperfectly Imitable）、不可替代的（Nonsubstitutable）。Barney（2002）对 Barney（1991）建立的分析框架做了修改，他将"难以模仿"与"不可替代"合并为"可模仿性问题"，同时加入了"组织问题"要素，从而使模型更接近于现实。

无论经济租的本质如何，要获得持续竞争优势，企业就必须保持异质性的条件。如果异质性成为暂时现象，那么租就可能流失。企业的主要任务就是创造租，并延续租的时间，尽可能保持异质性的条件以便为企业创造价值。竞争优势的保持需要企业选择合适的隔离机制（Isolating Mechanisms），以保护企业异质性资源不被模仿，隔离机制分为两类：模仿障碍和率先行动者优势。企业持续竞争优势受到多种因素的制约，这导致资源观将资源这一概念的外延扩大，否则它将难以对持续竞争优势做出圆满的解释，问题是这样的逻辑可能难以找到持续竞争优势源泉（贺小刚，2006）。

夏清华（2002）论述了从资源到能力的战略演变，在市场竞争中，很多企业发现获取竞争优势并不难，难就难在如何维持竞争优势并使之持久。持续优势分为三种：目标市场的规模；优先可得到的资源或消费者；对竞争者选择的限制。持续的竞争优势仍然取决于企业的能力，这种能力是广义的，既包括企业善于有效率地调动和使用企业内外资源的能力，也包括企业技术创新能力和营销管理创新能力。差异化、成本领先者的地位是能力的体现，有效率地使用时间的快速反应能力也是竞争能力的体现。

（2）从能力到动态能力的演变。在传统的静态的竞争环境下，企业一旦获得竞争优势，并通过有效的隔离机制加以保护，就可以获得一个比较长的优势持平期。在当今激烈竞争环境中，过于关注维持现有的竞争优势也许是致命的。相反，公司的战略目标应该是破坏已经存在的优势，持续创造新的资源和优势。在竞争环境中，长期成功的道路就是不断创造短期成功，而不是试图维持长期的优势，它是在不断干扰市场平衡、不断削弱对手竞争优势的基础上发展的。公司只有不断发展优势来源，才能保持正的经济利润。

Rindova 和 Fombrun（1999）进一步指出，建立持续竞争优势模型时应该考虑到社会的认知因素，即个体、群体对企业的释义，如解释、理解、领悟、归因、推断和预测等是如何影响战略的相互作用进而影响持续竞争优势的。

企业能力是特殊的智力资本,具有类似于管理技能的特征。企业能力有其特殊的、可为人们认同的、呈现非对称分布的组成成分。企业能力可能分别属于企业内不同的个人,但是更突出地表现为一个组织所拥有的资产。企业能力依赖于组织的积累性学习,而不是通过相应的要素市场买卖获得的,其具备非竞争性的特征。但学习是循序渐进的,而不是突破性的。所以企业在进行能力调整时,几乎不可能忽视它过去的行为,而且企业使根本不同于老的惯例的新惯例概念化是困难的。所以从某种意义上可以认为企业能力是企业特殊历史进程的产物,是企业历史发展的"管理遗产"(Bartlett 和 Ghoshal,1992)。因此,竞争优势源泉的寻找是路径依赖性的,它依赖于企业从过去到达现在所走的路。但即使小的路径依赖性也可能有严重的后果,一个已经做出重大承诺的企业,也许会发现在其特定的经营方式上很难采纳看上去很微小的技术变革。企业能力惯性的存在,使企业很难在超竞争的环境中做出重大的变革,以保持动态战略适应。为了获得持久的竞争优势,企业需要的是能够进行创造性毁灭的能力(黄江圳和谭力文,2002)。

Teece(1994)将动态能力定义为企业整合、建立和再配置内外部资源以适应快速变化环境的能力。动态能力是在动态环境下挖掘竞争优势新来源的一种逐渐显现出来和潜在的综合理论。动态能力理论是改变企业能力的能力,从本质上分析,其与企业核心能力存在着区别。企业动态能力是一种开拓性的能力,创新的动力可能是再生性的或开拓性的。从资源到能力,从能力再到动态能力是近年来战略理论的重大突破。

2. 可持续竞争优势的源泉——创新

持续的竞争优势需要不断的创新,创新来自竞争的压力,也来自企业家精神的动力。对企业家而言,要具有判断确定创新和企业家精神最有可能在哪个产业出现的能力,"钻石结构"的决定要素训练了企业家的思维,而具有决定意义的是要将其远见或创新转化成产业的国际竞争能力(夏清华,2002)。

熊彼特认为,企业只有通过创新才能更新其资产禀赋的价值。创新对企业竞争优势的重要经济意义就在于:首先,创新可以为企业提供对一些具有潜在价值和企业特性的资源的更深入的洞察和获取途径,这样企业可以通过对这些"竞争优势资源"提前进行投资和配置,而与此同时其竞争对手可能对此一无所知;其次,通过创新活动的进行可以在企业内部生成一些难以为竞争对手所模仿的特异资产和能力。

一个企业的技术创新能力首先体现在它对产品市场和技术声誉层次上的竞争力所做出的相对贡献,以及企业相对于竞争对手的技术位势。这表明,为了确定企业技术创新能力现实和潜在的竞争作用,除了重视企业内部,还要广泛关注企业外部,如产业走势、技术机会、竞争者动向、消费者需求、规律性措施等,因为企业的持续竞争优势依赖于对产业组织变革的适应性。竞争优势的秘密是创新,这在现在比历史上的任何时候都更是如此。创造力对于创新是必要的,公司文化应该提倡创造力,然后将其转变成创新,而这种创新将导致竞争的成功。

3. 可持续竞争优势的源泉——社会资本

Nahapiet 和 Ghoshal(1998)从企业网络嵌入程度的角度对企业社会资本做出了一个"折中"的定义,企业社会资本为"嵌入在个人和社会个体占有的关系网络中、通过关系网络可获得的、来自于关系网络的实际或潜在资源的总和";并划分了三个基本维度:一是结构维度,二是关系维度,三是认知维度。这一分析框架对于社会资本理论在战略管理领域应用具有重要的意义,尤其是在解释企业内部智力资本的产生机理和组织竞争优势获得方面。另外,运用该理论的观点和研究方法,内部默会知识的转移和转化、组织内部单元合作关系、网络环境下组织间的关系、战略网络管理等方面的研究取得了丰硕的成果。可以说,社会资本理论在一定程度上对企业网络竞争优势的产生机制做出了很好的解释。

根据 Kogut(1998)的观点,企业社会资本为企业带来的经济租金包括两种,一种可以称为"合作租金",是企业社会资本的存在,促进了企业或其内部成员之间在关系网络中的合作而产生的一种租金,它有益于合作网络中的每一个成员;另一种是"位置租金",它来源于企业或其内部成员在关系网络中的位置,不同位置的企业可以获得不同的"位置租金",一般来说,居于网络中心性位置的企业能够获得更多的"位置租金"。合作租金和位置租金的有机结合,就表现为企业最终的竞争优势(王晓玉,2005)①。

边燕杰和丘海雄(2000)在国内较早地对企业社会资本进行了实证研

---

① 王晓玉.基于企业社会资本的竞争优势探索[J].商业研究,2005(5):45-48.

究，发现社会资本对企业绩效有直接的提升作用。进一步地，张其仔（2001）从企业内部资本角度，立足于国有企业，针对社会资本对企业绩效的影响进行研究，得出不同形式的企业内部社会资本对企业绩效的影响不同。此外，储小平和李怀祖（2003）在构建家族企业成长路径模式时提出，企业的成长实质上就是不断地有效融合社会资本的过程。

二、研究问题的理论与实践意义

1. 理论意义

传统意义上对竞争优势的源泉的认识一直固定在资源观的范围内，尽管动态能力观的发展已有十多年的时间，战略理论界对于资源、能力、动态能力的争论一直没有停止过，但是回顾各种定义及其对持续竞争优势的贡献，本书认为，动态能力观研究变化的市场中如何保证企业的持续竞争优势而不是暂时的资源或能力，有着特别重要的理论意义。通过分析竞争优势的源泉，针对特定的行业——房地产业，找到其竞争优势的源泉。业界普遍认为社会资本对企业的持续优势有着重要影响，但对房地产企业的创新一直缺少深入的理论研究，甚至在实际业界对此方面的工作也不重视[①]。本书理论意义包括：

（1）探讨了社会资本、创新共同对企业可持续竞争优势的影响。理论研究上，关于创新对可持续竞争优势的影响的研究很多，理论与实证方面都有大量的文献可以证明。另外，社会资本也是近年来研究的热点，企业的社会资本是长期投资的积累结果，即使是继承性关系，也是做出的选择和投资的结果，它不可当下通过市场交易来实现；通过长期交往实现的促进合作的信任、规范和信息渠道等具有难以发现、观察和量度的特性；社会资本结构因素在结构形式、节点的主体和联结方式上也具有社会复杂性和异质性特征。因此，企业社会资本的特性构成了企业在竞争能力上的模仿障碍，它们强化智力资本在企业保持竞争优势上的隔绝机制；企业的社

---

① 正如 Ghemawat（1997）所指出的那样，与传统产业组织理论试图揭示所有产业的结构—规律不同，新产业组织理论更关心产业的特质。也就是说，只有在单个产业的层面进行仔细的研究，人们才能真正认识到一个产业究竟在哪些方面与另一个产业有所区别。关心的也即一个产业内所从事的各种策略性行为的相互作用（Strategic Interaction）。Tirole（1988）对这些策略性行为包括的内容进行了论述。参见：Tirole J. The Theory of the Industrial Organization [M]. MIT Press, 1988.

会资本通过激发企业的知识创造，特别是隐性知识的创造又可以在创新活动中处于领先地位[①]，保持动态优势，持续性强化了企业在竞争过程中的优势地位（周小虎和陈传明，2004）。

社会资本与创新共同作用对竞争优势产生影响，以往的研究不论是理论还是实证，都假设社会资本或创新对绩效产生影响，在这种假设下，固定其他变量。本书研究的是多因素共同作用对竞争优势产生的影响。

（2）社会资本与动态能力、创新、可持续竞争优势之间相互影响。社会资本对创新有着直接影响（吕淑丽，2007），创新对可持续竞争优势有着直接影响，社会资本对可持续竞争优势也有影响。社会资本对动态能力、创新有着直接影响。多种潜变量、因变量之间的相关关系是如何？本书从理论上对相互之间的作用"黑箱"进行了研究。

（3）突破了资源观的研究范式。一直以来，资源观对企业战略研究一直占据主导地位，但面对动态复杂的市场环境，传统静态的分析模型已经不太适用。资源观强调战略准备的异质性、稀缺性、不可模仿性，且把各种资源、能力都统装到资源里去。但却没有很好地解释环境变了，需要新的资源或能力与其匹配时，从旧的资源到新的资源的演变，它只解释了"是什么"，没有解释"为什么"或"怎么样获得"的问题。动态能力很好地解释了这些问题，克服了资源或能力的刚性与路径依赖。

2. 房地产企业实践价值

以往关于上述因素之间的研究都是针对整个社会企业，本书只关注其中的某一行业，对该行业的实际操作有深刻的指导意义。

（1）纠正了实业界对社会资本的误解。社会资本各项资源对企业的创新及可持续发展有着重要的作用，但社会资本不只是包括政府关系，更不是与政府官员的权力寻租。官商、官企勾结现象的加剧给市场埋下了"地雷"，因为官员或者与官场接近者做生意，混淆了权力与经营的敏感界限，从而出现反复滥权行为，很容易就能实现对市场的操控，使社会总体财富向权力集中倾斜，各种资源的配比也会被扭曲，"权力—资本"型的富人不断被制造出来。我国市场经济的步伐明显加快，民营资本在房地产领域开始表现出主导作用，但带着利益嗅觉的滥权行为向各个角落的延伸并没有被彻底改变。社会资本包含关系，但主要是规范、信任、合作等关系。

---

① 周小虎，陈传明. 企业社会资本与持续竞争优势 [J]. 中国工业经济，2004（5）：90-96.

（2）纠正了实业界对创新要素的忽略。创新的重要性不言而喻，但是对房地产行业来说，大量企业并没有将创新提升到应有的高度来考虑。从人类居住、环境、心理学、美学等方面考虑，房地产业并不是传统产业。

房地产企业创新就是与房地产有关的知识创新、技术创新以及实践活动的创新，它包括生产、传播和应用技术类以及非技术类房地产知识的创新活动。市场创新主要指运用经济学、市场营销学、人口学等社会科学的理论和最新研究成果，依据市场需求，开辟新的市场，创造出新的房地产服务产品和业务经营模式。管理创新运用战略管理、运营管理、人力资源管理、财务管理、房地产开发项目管理等管理学新理论，建立企业新的管理和经营模式。

（3）探讨了实践中动态能力如何克服能力刚性。在真实的商业环境中，一项创新可能会迅速被竞争者模仿，从而失去其竞争优势。但是所有朝着新方向努力的企业都会受到惯性的抗阻，且过去的创新越成功，任何试图改变原有进程的后续创新越会面临强大的阻力。这种刚性的演化机理的研究使企业在运营中注意其动态能力的培养，防止僵化。

第三节 研究内容和研究方法

一、研究内容

创新是一个国家获取竞争优势和取得可持续发展的关键因素，是国家、地区以及企业培育持续竞争力的内在变量。从社会资本视角来看，企业要在全球化的竞争过程中持续性拥有竞争优势的地位，必须实现在管理企业社会资本的观念和能力上的根本性转变。在动荡多变的竞争环境下，为了获得持续的竞争优势，企业的核心能力必须动态地更新，即建立和培育自己的动态核心能力。以上几方面是在企业运营中互相作用的，因此本书主要通过理论与实证进行研究。

（1）检验企业社会资本是否对可持续竞争产生影响。分析房地产企业在不同发展阶段所起的作用以及对创新绩效的影响程度，以支持定性理论分析的结论。

（2）分析创新对可持续竞争优势的作用，创新的实质、来源以及如何进行创新管理。企业中影响创新发展包括哪些要素。

（3）探讨动态能力的内涵，以及动态能力对社会资本和创新的影响与形成机理，分析其与可持续竞争优势的关系。

（4）对社会资本、创新、动态能力进行测度和评价，为实际企业管理提供可操作化依据。

二、研究方法

（1）文献研究。回顾与本书相关的国内外理论与实证文献，总结和归纳现有文献的研究成果和主要不足，为本书提供切入点和理论素材以及需要进一步解决的问题。本书通过分析企业社会资本、创新、动态能力等变量相互之间的影响及其对可持续竞争优势的影响，建立本书的基本概念框架与研究模型，并为本书提出的相应假设提供理论依据。

（2）实证研究。根据文献研究提出的假设性研究模型，通过对教授、业界进行半结构访谈，再结合文献对模型进行变量测量及量表编制，确定小样本预调。最后对本书提出的假设进行验证，总结本书的结果与发现。研究过程中将采用结构方程模型等实证方法，以及 SPSS、AMOS 等统计软件。

（3）案例研究。通过研究社会资本、创新、动态能力等方面做得比较好的企业，并进行对比分析，来验证对可持续竞争优势的影响。

第四节　研究的基本结构

本书的技术路线如图 1-1 所示，逻辑结构安排如图 1-2 所示。

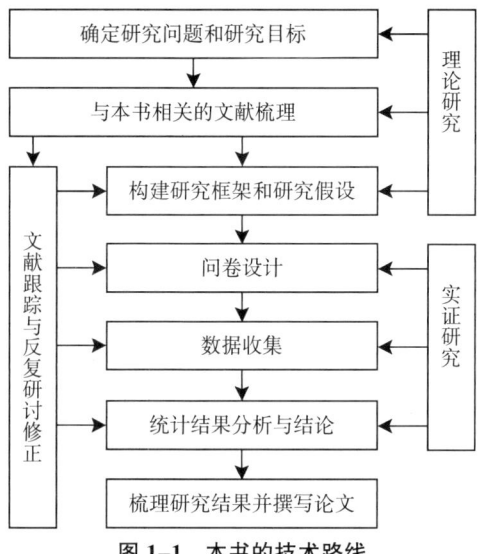

图 1-1 本书的技术路线

社会资本、创新与可持续竞争优势

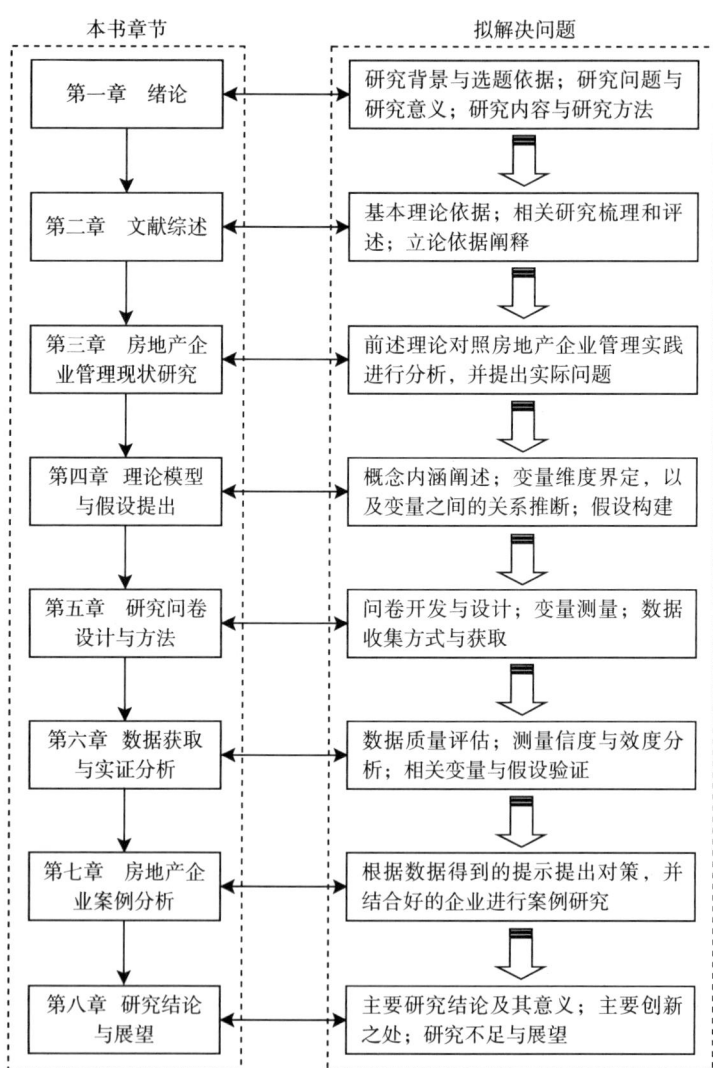

图 1-2 本书的逻辑结构安排

第二章 文献综述

第一节 社会资本的文献研究综述

一、社会资本理论提出、概念界定

1. 社会资本的提出

社会资本作为一个跨学科的理论工具,由经济学的"资本"概念演变而来,并作为一个社会学的概念被第一次提出。20世纪以来,经济学和其他社会科学的分析工具有了长足的发展,社会资本逐渐突破了社会学的学科领域,迅速发展成为对宏观经济发展水平和微观组织绩效最有影响力的分析工具之一。

最早使用社会资本概念的是经济学家Loury,其在1997年的《种族收入差别的动态理论》中批评新古典经济学理论在研究种族间收入不平等时太注重人力资本的作用[①]。Loury从社会结构资源对经济活动影响的角度出发,首次提出了与物质资本、人力资本相对应的一个崭新的理论概念——社会资本。在他看来,社会资本是一种资源,存在于家庭关系与社区的社会组织之中。Loury虽然使用了社会资本这一概念,但他并没有对此进行系统研究,因而也没有引起学界的重视。第一个对社会资本进行系统分析的是法国社会学家Pierre Bourdieu。1980年,法国社会学家Pierre Bourdieu

---

① Glenn C. Loury. A Dynamic Theory of Racial Income Differences [C]. Discussion Papers, Northwestern University, 1976.

在《社会科学研究》杂志上发表了题为"社会资本随笔"的短文，正式提出了"社会资本"（Social Capital）这一概念。

2. 社会资本理论概述

社会资本理论的核心主张是，关系网络创造了一种解决社会问题的有价值的资源，并向成员提供集体所有的资本，即成员相互信任的可信度的高低（Bourdieu，1986）[①]。一般认为，皮埃尔·布迪厄（Pierre Bourdieu）是从社会网络的角度来研究社会资本的。从这个意义上来说，Bourdieu 开创了社会网络分析的社会资本研究。Bourdieu 在其关系主义方法论的基础上提出"场域"和"资本"概念。"场域是以各种社会关系连接起来的、表现形式多样的社会场合或社会领域……一个场域可以被定义为在各种位置之间存在客观关系的一个网络，或一个构型。"场域是由不同的社会要素连接而成的，社会不同要素通过占有不同位置而在场域中存在和发挥作用。场域就像一张社会之网，位置可以被看成是网上的纽结。

社会资本理论的主要发展者是布迪厄（Bourdieu）、科尔曼（Coleman）、这普特南（Putnam）三人。他们的社会资本理论是相互之间不断继承并不断完善的[②]。这个理论首先由 Bourdieu 提出，并且 Bourdieu 还提出了社会网络分析的视角。后来 Coleman 进一步完善社会资本理论，他指出社会资本不仅对个人利益有利，而且也有利于集体利益，而 Putnam 则将社会资本理论应用到社会民主治理和公共政策的宏观层面，并进一步发展了一套自己的社会资本理论。之后的学者对社会资本理论提出了很多批评和建议，不过都没有超越他们三人。在社会资本理论的发展过程中，Bourdieu、Coleman、Putnam 可以说是三位代表性人物，除了他们之外，还有很多社会科学家分别从不同角度提出了自己对社会资本的理解，并用它来研究家庭问题、青少年问题、公共卫生问题、社区生活问题、民主问题、经济发展以及一般的集体性问题，这些学者中比较有代表性的有 Fukuyama、Janine Nahapiet、Summantra Ghoshal、Ron Burt、Alejandro Portes、Lin Nan 等。

3. 概念界定

社会资本自提出以来引起了人们广泛的关注，学术界也对其进行了广

[①] Bourdieu P. The Forms of Capital [M] //Richardson. Handbook of Theory and Research for the Sociology of Education. Westport, CT: Greenwood Press, 1986.
[②] 周红云. 社会资本：布迪厄、科尔曼和帕特南的比较 [J]. 经济社会体制比较, 2003（4）：46-53.

泛而深入的研究，并在某些层面上达成共识，但在有关社会资本的概念、分析维度、表现形式、测量指标、作用机制及其对经济绩效的影响等一些基本问题上却还是众说纷纭，呈现出一种丛林状态。社会学家、经济学家、政治学家、管理学家纷纷使用这个术语来解释社会经济现象，由于角度不同，概念有些混乱。

第一个系统表述源自布迪厄（Bourdieu），他指出："社会资本是现实或潜在的资源的集合体，这些资源与拥有或多或少制度化的共同熟识和认可的关系网络有关，从集体拥有的角度为每个成员提供支持，在这个词汇的多种意义上，它是为其成员提供获得信用的'信任状'。"（Bourdieu，1986）布迪厄的定义表明，社会资本由两部分构成：一部分是社会关系本身，它使个人能摄取（Access to）被群体拥有的资源；另一部分是这些资源的数量和质量。其认为社会资本与生产和再生产预设了对社交活动的不间断努力，意味着时间和精力的投入、直接或间接地消耗经济资本。其局限就在于把每一种类型的社会资本都化简为经济资本，忽略了其他类型资本的独特效用。

在社会资本研究领域影响最大的是 James Coleman，他从社会资本的功能来定义社会资本："社会资本是根据其功能定义的。它不是一个单一体，而是有许多种，彼此之间有两个共同之处：它们都包括社会结构的某些方面，而且有利于处于某一结构中的行动者——无论是个人还是集体行动者的行动。和其他形式的资本一样，社会资本也是生产性的，使某些目的的实现成为可能，而在缺少它的时候，这些目的不会实现。与物质资本和人力资本一样，社会资本也不是某些活动的完全替代物，而只是与某些活动具体联系在一起。有些具体的社会资本形式在促进某些活动的同时可能无用甚至有害于其他活动。"（Coleman，1988）。他把社会资本表述为义务与期望、信息网络、规范与惩罚以及权威的关系，其分析了影响社会资本创造、保持和消亡的各种因素：网络封闭性、社会结构稳定性、意识形态、官方认可的富裕及需要的满足。Coleman 研究的局限有两点：①对社会资本的界定模糊，Portes 指出他混淆了社会资本拥有者、来源及本身三者之间的关系，带来了概念用法和使用范围上的混乱（Portes，1998）。②其将社会资本的功能作为社会资本的定义，在逻辑上混淆了原因和后果。当然我们不能否认其在社会资本研究的开创性和富有洞察力的工作，只是他在概念界定方面的错误需要纠正。

普林斯顿大学的 Alejandro Portes 对社会资本提出了精致和全面的表述（Portes，1998）。在他看来，"社会资本是个人通过他们的成员身份在网络中或者更宽泛的社会结构中获取稀缺资源的能力"。而且，他认为社会资本是嵌入的结果。他的逻辑是，先有结构的存在，结构提供给行动者"互惠的预期"和"可强制推行的信任"这两种结构性约束，使行动者能够通过"理性的嵌入"或者"结构的嵌入"来具有某种成员资格，从而得到获取短缺资源的潜力。获取能力不是个人固有的，而是个人与他人关系中包含着的一种资产。社会资本是嵌入（Embeddedness）的结果。借用 Granovetter 的说法，Portes 区分了理性嵌入（双方对互惠的预期，建立在双方关系取得强迫对方承认的预期能力基础上）与结构性嵌入（行动双方成为更大网络的一部分，此时信任随着相互期待而增加，更大的社会强制推行各种约束因素，被称为"可强制推行的信任"）。通过从双方约束预期调节的社会联系向由强制推行的信任调节的社会联系的过渡，把社会资本概念从自我中心（Ego-center）层次扩展为更宏观的社会结构层次。Portes 的社会资本理论价值有两方面：一是详细阐述了不同自我之间社会联系特征的差异；二是区分了社会资本结构化背后的各种不同动因。

美国哈佛大学社会学家罗伯特·普特南（Robert Putnam）把社会资本解释为"能够通过推动协调的行动来提高社会效率的信任、规范以及网络，社会资本提高了投资于物质资本和人力资本的收益"。Putnam 主要从"社会资本存量"这个概念来研究社会资本，他将社会资本与公民参与网络联系起来，认为对个人行动的促进完全是繁荣社群，或者说是丰富了社会资本存量的副产品。这一概念将信任、规范、网络等原本不属于经济学范畴的因子作为解释成本和效率的变量，开拓了社会资本研究的新视角，得到了不少学者的赞同，并被广泛地运用到各个层面的研究之中。

自 Putnam 后，社会资本开始受到来自社会学、经济学、政治学、管理学等诸多学科的广泛讨论。1995 年，美籍日本人福山（Fukuyama）出版《信任，创造社会财富与经济繁荣》一书并提出，构成社会资本的规范必须能够促进群体内的合作。因此，它们往往与诚实、遵守诺言、履行义务及互惠之类的美德存在联系。Fukuyama 从经济发展与社会特征方面考

---

① Alejandro Portes. Social Capital: Its Origins and Applications in Modern Society [J]. Annual Review of Sociology, 1998 (24): 1–24.

量了这一概念,认为一个社会的富裕与否同其拥有的社会资本的多寡存在着密切关联。

牛津大学的 Janine Nahapiet 与伦敦商学院的 Summantra Ghoshal 发表的《社会资本、智力资本和组织优势》一文,将社会资本界定为镶嵌在由个体或组织拥有的关系网络中的现实和潜在资源的总和。

而对社会资本做出较为透彻的社会学分析的学者首推芝加哥大学的 Ronald Burt,他的 *Structural Holes*: *The Social Structural of Competition* 一书对社会资本进行了全面分析,并且最早把社会资本由个人层次延伸至企业层次,把社会资本定义为网络结构给网络行动者提供信息和资源控制的程度,通过他们获得使用金融和人力资本的机会,也即结构洞资本(Burt,1992)。他认为社会资本是社会行为者从社会关系网络中所获得的一种资源,企业作为有目的的社会行为者,社会资本的逻辑不可避免地会扩展到企业层次。企业内部和企业之间的关系就是社会资本,它是竞争成功的最终决定者。他强调企业家在开发关系稠密地带之间的结构洞方面的重要性,企业家通过联结不同的、一定程度上相互隔断的关系网络为企业提供新的资源。他认为社会资本的网络结构受到网络限制、网络规模、网络密度和网络等级制等因素的影响,对封闭网络和开放网络进行了概念上的整合,并进行了实证研究。结构洞观点试图解释的是效率问题,寻求的是一种链合社会资本(Linking Social Capital),而闭合的观点试图解释的是协作的问题,寻求一种共有社会资本(Communal Social Capital),两者所要达到的目的不同(Adler 和 Kwon,2002)。

Lin Nan 的社会资本概念最具综合性,其对概念表述、指标测量和理论模型的建构做出了很大贡献,在吸收马克思的资本概念,舒尔茨的人力资本概念以及 Bourdieu、Coleman、Putnam 的社会资本概念的基础上,强调社会资本是投资在社会关系中并希望在市场上得到回报的一种资源,是一种镶嵌在社会结构之中并且可以通过有目的的行动来获得或流动的资源。其概念涉及三方面:结构的嵌入性、机会可摄取性和行动导向(运用方面)。Lin Nan 定义社会资本时强调了社会资本的先在性,它存在于一定的社会结构之中,人们必须遵循其中的规则才能获得行动所需的社会资本,同时该定义也说明了人的能动性,人通过有目的的行动可以获得社会资本。与 Coleman 和 Putnam 不同,Lin Nan 是从个体主义原则出发的互动的关系论视角来弘扬结构中行动者的选择能力。Lin Nan 从个人主义的视角发展了社会资本理论,并综合以往的研究成果,突出了社会资本的两个重要属性——关系性和生产性,为社会资本理论的发展和完善奠定了良好的理论基础。

Granovetter的"弱联系"理论为社会资本理论中社会网络结构观点的应用奠定了基础,它的镶嵌理论一方面是结构性因素,另一方面又是具体的社会关系的表现。

其后,随着社会资本在各学科的广泛运用,社会资本研究呈现出一种逐步细化的趋势。在社会经济学理论中,社会资本被用于对市场结构和交易成本的探讨;在政治社会学领域,学者使用社会资本的概念去解释公民参与、民主发展、权力结构等问题;在管理学领域,社会资本被广泛应用到知识管理、智力资本与人力资本的开发、虚拟团队建设、组织结构重组、战略联盟的形成和合资公司管理、市场营销中的客户关系管理等诸多领域。

二、社会资本的类型及分析维度

1. 社会资本的分类

作为社会资本理论的先驱,Coleman认为像其他资本形式一样,社会资本的使用也是为了获取回报,他根据社会资本是为个体带来回报还是为群体带来回报,将社会资本划分为两种类型,即个体社会资本和群体社会资本。个体社会资本在某种意义上与人力资本相似,因为其投入带来的回报是对个体的,同时个体回报的累积对群体也能带来效益;群体社会资本是指群体所拥有的各种关系网络中现实和潜在的资源的总和,它作为一种集体资产,能提升群体成员的工作机会和生活质量(Coleman,1988)。

无论从微观层次、中观层次还是宏观层次,从社会资本赖以发挥作用的基础以及主客观程度,社会资本可以划分为两种完全不同的类型:结构型社会资本(Structural Social Capital)和认知型社会资本(Cognitive Social Capital)。结构型社会资本通过规则、程序和先例建立起社会网络和确定社会角色,促进分享信息、采取集体行动和制定政策规定。因此,结构型社会资本相对而言比较客观,并且是能够被观察到的。与此不同,认知型社会资本是指共享的规范、价值观、信任、态度和信仰,它更为主观,且难以观测。同时,结构型社会资本和认知型社会资本能够互补,但并不是一定需要互补，它们单独也能产生作用。

托马斯·福特·布朗的本体论起点是系统主义（Systemism），他认为社会资本就是一个程序系统（Processual System），它根据组成社会网络的个人之间的关系模式分配社会网络资源。他还指出，社会资本系统可以按照系统主义"要素、结构和环境"的三维分析被划分为微观、中观和宏观三个分析层面。微观社会资本的研究者发现个人可以通过建立社会关系来获得通向所需资源（如信息、工作机会、知识、影响、社会支持以及长期的社会合作等）的途径，并区分了微观社会资本的三种构成形式——嵌入社会结构中的资源、资源的可获得性以及对这些资源的使用。中观层次的社会资本包括个人因其在社会结构中所处的特定位置而对资源的可获得性，中观层次关注的是网络形成的过程及其分配结果，而不是组成网络的个体自我，所有以组织作为社会资本的基本分析单位的研究都属于这个层次。社会资本的宏观分析关注的是在团体、组织、社会或国家中某一行动者群体对社会资本的占有情况，也称为嵌入结构的观点（Embedded Structure Perspective）。

与布朗这种三层次分类方法不同的是，阿德勒等采取了一种两分的分类方法（Adler 和 Kwon，2002）。他们将微观层次和中观层次的社会资本合称为"外部社会资本"，因为它产生于某一行动者的外在社会关系，其功能在于帮助行动者获得外部资源。而宏观社会资本则被他们称为"内部社会资本"，因为它形成于行动者（群体）内部的关系，其功能在于提升群体的集体行动水平。前者归属于个人而且服务于个人的私人利益，因此被列纳等（Leana 和 Van Buren，1998）归为一种"私人物品"（Private Goods）。后者则正相反，它被视为一种"公共物品"（Public Goods），因为它归属于某一群体，而且服务于该群体的公共利益①。

在组织层次上，社会资本的产生有赖于组织内网络的结构特征、组织成员之间的信任和以共同目标作为行动导向的水平，它通过推动成功的集体行动来创造价值。Leana 和 Van Buren（1998）将其定义为组织社会资本，指"反映企业内社会关系特征的那些资源"。企业组织是通过资源的组合与交换来创造价值的，因此，组织资本就成为组织实现有效管理不可或缺的条件。

---

① 陈柳钦. 社会资本及其主要理论研究观点综述［J］. 东方论坛，2007（3）：84-91，121.

2. 社会资本的分析维度

社会资本是一个广义的概念，它包含了多种形式和多个分析层次，因此澄清社会资本概念的维度对于理论探讨而言是很重要的。Nahapiet 和 Ghoshal（1998）的分析性框架区分了社会资本的三个基本维度，即结构性维度（Structural Dimension）、关系性维度（Relational Dimension）和认知性维度（Cognitive Dimension）。

所谓结构性维度是行动之间联系的整体模式。这一维度主要关心的是网络联系的存在与否、联系强弱及网络结构，是社会关系网络的非人格化方面（Impersonal Aspects）。

所谓关系性维度是指通过关系创造或者由关系手段获得的资产，包括信任与可信度、规范与惩罚、义务与期望以及可辨识的身份。

社会资本的第三个维度是认知性维度，指的是提供不同主体间共同理解的表达、解释与意义系统的资源，对组织智力资本的产生和积累具有非常重要的影响（见图2-1）。

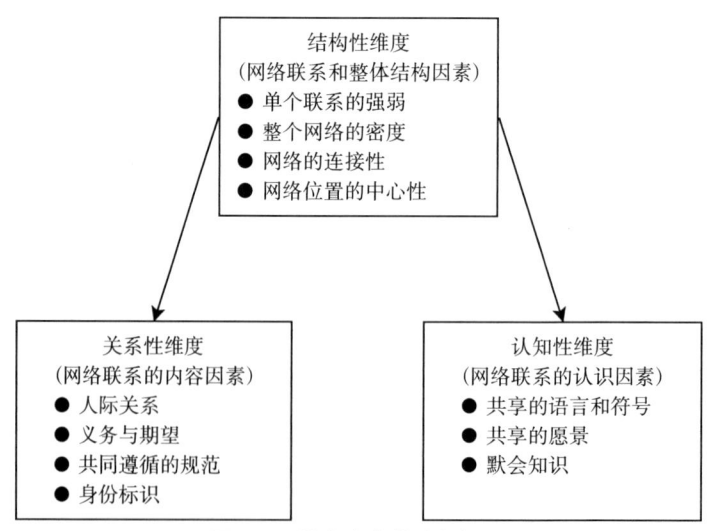

图2-1 社会资本的分析框架

资料来源：Tsai 和 Ghoshal（1998）、Nahapiet 和 Ghoshal（1998）等。

三、国内文献综述

中国一些学者在20世纪80年代末西方学者系统提出社会资本理论

时,就敏锐地注意到了这一理论的解释力及其在中国社会的适用性。海外的华裔学者首先尝试用它来解释中国的一些社会现象,杜维明、林南和金耀基都发表过专门的研究成果。紧接着内地的社会学者和政治学者也开始关注社会资本理论,并且发表了若干研究成果。

从1988年起,国内关于社会资本理论的研究大致可分为三个阶段:一是从比较宽泛的经济与文化的角度所进行的研究,这些研究普遍注意到了文化、信任、规范和制度对于经济和社会发展的重要意义;二是20世纪90年代以来从制度经济学的角度研究制度、规范以及网络对于经济发展的意义;三是主要关注社会网络关系,直接以社会资本为对象进行理论研究。从20世纪90年代中期开始,中国学者开始对社会资本进行直接介绍、研究和应用,应用的主要领域是乡镇企业、私营企业发展原因和农民工流动的方式。赵延东是国内对社会资本的研究比较深入的一位学者,尤其是在人力资本、社会资本和下岗职工的再就业方面。他在研究中发现,下岗职工拥有社会资本的情况将对其再就业情况产生影响,社会资本越丰富,再就业情况越好。赵延东(2002)通过对武汉市下岗职工再就业过程进行分析,研究了社会资本与人力资本在社会转型时期的作用及其变化趋势,但是其进一步研究表明,社会资本作为一种非正式制度性因素,在求职过程中的作用是具有相当局限性的。虽然通过对社会资本的使用可以从社会网络中获得信息和资源,但是通过社会网络来配置劳动力资源的效率毕竟无法与劳动力市场的配置效率相比。

对于社会资本的定义,基于不同的视角会有不同的结论,但是国内的研究基本上可以归纳为以下几类。

1. 将社会资本定义为一种社会网络的视角

国内研究社会资本概念比较早的是张其仔[①],他是国内首次真正提出并具体研究社会资本的。其研究主要是围绕社会网络范畴进行,一方面把社会网络视为一种最重要的人与人之间的关系,另一方面又把社会网络视为资源配置的一种重要方式。李惠斌和杨雪冬(2000)认为[②],社会资本是指与物质资本、人力资本相区别的以规范、信任和网络化为核心的从数量和质量上影响社会中相互交往的组织机构、相互关系和信念,是社会机

---

① 张其仔. 社会资本论——社会资本与经济增长 [M]. 北京:社会科学文献出版社,1997.
② 李惠斌,杨雪冬. 社会资本与社会发展 [M]. 北京:社会科学文献出版社,2000.

构、社会成员互动作用产生的具有生产性的社会网络。该定义既包括了社会资本的性质，又包括了社会资本的作用以及发挥作用的基础，可谓是理论的集大成者。

2. 将社会资本定义为一种普遍联系或社会关系的视角

边燕杰对企业的社会资本问题进行了深入研究，其中重要的一篇文章是边燕杰和丘海雄署名的《企业的社会资本及其功效》。在这篇文章中，他们提出了企业的社会资本的概念，认为"社会资本是行动主体与社会的联系以及通过这种联系摄取稀缺资源的能力——能够通过这些联系而摄取稀缺资源是企业的一种能力，这种能力就是企业的社会资本"。并进一步将企业的社会联系分为三类：纵向联系、横向联系和社会联系。张方华（2004）从企业的纵向关系资本、横向关系资本和社会关系资本三个维度对企业社会资本与技术创新绩效的关系进行了深入的研究，在构建企业社会资本通过对资源的获取进而影响技术创新绩效的概念模型的基础上，通过理论分析和实证研究相结合、线性分析和非线性分析相结合的方法系统地研究了企业社会资本与技术创新绩效之间的关系，最终得到企业社会资本对技术创新绩效存在着显著影响的结论。

3. 将社会资本定义为一种行动者隐藏于社会结构中的资源的视角

杨永福认为，所谓社会资本，是指存在于社会结构之中，通过促使行动者交易与协作等特定活动而产生效益的资源。社会资本是一种结构资源，它蕴含于结构本身，而不是像社会资源理论所指的那样，是通过关系网络可以汲取的实际资源。

4. 将社会资本定义为信任、网络、规范、制度等的视角

当然，社会网络不等于社会资本，卜长莉和金中祥（2001）认为，社会资本是以一定的社会关系为基础，以一定的文化作为内在行为规范，以一定的群体或组织的共同收益为目的，通过人际互动形成的社会关系网络。朱国宏对社会资本的性质进行了较为深入的研究，他认为社会资本具有不可转让性、具体性、个人特质依赖性，主体可能为个人、组织或社会整体等方面特征。

5. 将社会资本定义为一种获取资源的能力的视角

顾新等认为，社会资本是指两个以上的个体或组织通过相互联系与相互作用过程中所形成的社会关系、网络关系来获取资源的能力。他们进一步强调社会资本是指获取资源的能力，资源本身不是社会资本。徐延辉

(2002)从经济社会学比较分析的视角出发,将企业社会资本界定为基于企业家和员工个人品行(信任)而产生的动员社会稀缺资源的能力,通过企业的社会交换能力表现出来,并以企业为圆心,依据企业可以实现的社会交换的距离和密度划分为企业内部社会资本和外部社会资本两部分。他根据社会资本对企业生产函数的贡献率,将企业内部的社会资本依次分解为企业家个人品行、员工个人品行以及企业产品的社会形象三个要素。企业外部社会资本指企业对外交往以及取得外部资源的能力,包括企业的社会网络和共生契约。企业的社会网络是企业在产品的产销过程中与其他贸易伙伴所发生的一些长期性和重复性的社会联系。边燕杰对中国劳动力市场上职业流动过程中"关系"的存在及其作用提供了一种制度的解释。在他看来,正在浮现的劳动力市场充满了"体制洞"(Institutional Holes),从而使正式渠道在求职者与未来雇主之间传递信息、建立信任和形成义务的功能失效,而体制洞为关系在劳动力市场中发挥作用提供了可能。边燕杰(2004)发展了对于社会资本概念的理解以及测量方法。他在《城市居民社会资本的来源及作用:网络观点与调查发现》一文中进一步提出,"社会资本的存在形式是社会行动者之间的关系网络,本质是这种关系网络所蕴含的、在社会行动者之间可转移的资源。任何社会行动者都不能单方面拥有这种资源,必须通过关系网络发展、积累和运用这种资源"。该文实际上已经把社会网络与社会资本的概念做了区分,社会资本蕴含于网络之中,但是不等于就是网络。如果没有曲解其中的含义,实际上,边燕杰把社会资本看成是"通过关系网络发展、积累和运用这种资源"的能力。这种理解与林南基本是一致的。

四、关于中国的"关系"问题

关系是社会资本的一种,但不是全部。社会学家费孝通提出了"差序格局"(Differential Mode of the Association)的概念,以自己为同心圆,依亲疏远近构成。中文"关系"(Guanxi)已经成为打入西方语言词汇的少数中文词之一(不需翻译了)。关系在华人商界一直有着深厚的影响,在中国被认为是使事业成功的关键因素。中国人的关系概念与西方的社会连带又是不同的,这至少表现在两个方面:一是中国人是特殊主义的,以不同的方式处理不同类型的关系,也称作关系主义或特殊主义;二是熟人连带，这在西方文化中没有中国明显。中国的这种特殊关系，暗喻了一些公平处事、制度、市场交易等原则可能会有缺失。学术界公认中国的私有经济将以某种形式遵循关系资本主义的模式①。

由在不同环境中运营的多个业务单位所构成的复杂组织，可以被看成是一个差异化程度高的网络。这种业务单位网络的成败，取决于这一网络是如何在相互作用的业务单位之间共享技能、知识及资源的，组织内部联系的类型以及与大环境中资源供应者的外部联系，就可能成为决定其生存能力与盈利能力的关键。

就多单位企业内部而言，在资源交换中更接近中心位置的业务单位，能更加迅速地建立起单位间的资源交换关系，而且单位间的社会联结促进了在同一细分市场中竞争的各业务单位之间的知识共享。业务单位领导人与负责整个企业运营的统治集团成员之间的联结网络，对于该业务单位的绩效具有正面的影响。

通过新的合作方式带来的知识和横向网络型协作拓展了新知识的领域，通过向他人学习而不是战胜他人可获得更多。在巴里·卡特（Barry C. Carter）称为"无限经济"的观点中，他对个人和社会的关系"走"出了完美的连接：个体财富的增加直接伴随着其他个体财富和整个团体财富的增加，因此，双赢和协作是最主要的道德规范。

社会资本理论在20世纪90年代后期被引入管理学，近几年在《管理学评论》《管理学期刊》《管理科学季刊》《战略管理期刊》和《组织科学》等期刊上，有许多应用社会资本的理论视角和研究方法的研究，如工作绩效、资源交换、组织创新、组织合作等管理问题的研究。Roger和Shaul主编的《公司社会资本与社会负债》以及《组织社会资本》，汇集了战略、人力、营销等领域的学者们把社会资本与各自领域相结合的研究成果，见表2-1。

---

① 根据Wank等的观点，当私人企业家在市场开展业务时，地方政府官员通过各种形式的控制和影响寻求利益，以充实自己和政府的钱袋。互惠互利的交易促成了这两个群体之间的庇护关系，被认为是有利于促进新兴市场经济下的经济效率或有利于私人企业家的。

表 2-1　社会资本与管理学相结合的主要文献

研究层次	研究者	研究观点
组织层次	Nahapiet 和 Ghoshal（1998）	组织作为一种制度环境有利于社会资本的产生，组织市场更为密集的社会资本使组织在创造和分享智力资本方面更具竞争优势
	Leana 和 Van Buren（1998）	组织社会资本能够强化共同目标，促进信任产生，从而通过更成功的集体行动来创造价值。组织社会资本可以通过雇用实践加以培养
	Tsai 和 Ghoshal（1998）	社会互动和信任（结构和关系维度是社会资本的一部分）明显影响组织内小组间资源交换的范围，而后者明显影响创新
	Hansen（1999）	组织内小组之间的弱联系有助于发现并传递有用而且不复杂的信息，但是阻碍了复杂信息的传递。复杂信息的传递要求小组间具有强联系
	Gabbay 和 Zuckerman（1998）	社会资本有助于组织内部资源与信息的交换，并且促进创新
	Rosenthal（1996）	社会资本有助于跨部门、跨职能的团队合作，能够提高团队合作效率
	Krackhardt 和 Harson（1993）	社会资本能促进员工参与组织职能，提高员工对组织的忠诚度，降低员工的流动性
	Bolino、Turnley 和 Bloodgood（2002）	社会资本能够促进组织公民行为的产生，而组织公民行为又能够创造和积累新的社会资本
组织间层次	Baker（1990）	组织间的强联系是一种很重要的市场关系，这种关系是社会机构化的。配置和动员市场中的社会资本是企业经营管理的重要方面
	Saxenian（1991）	开放式的组织网络往往比封闭式的科层组织在信息和资源的扩散方面更具效率，更快更便捷的信息和资源扩散使不同的组织形式能够产生不同的绩效
	Ring 和 Van de Ven（1994）	社会资本强化组织间关系，维系组织间网络，促进组织间信任的产生
	Powell、Koput 和 Smith-doerr（1996）	创新往往是在较大的范围内而非单个组织中实现，创新能力强的产业通常都具有组织间网络紧密、合作关系普遍、信息传递和获得意识强烈等特征
	Kraatz（1998）	社会资本促进组织间合作和组织间学习，使企业能够更快积累知识
	Granovetter（1973，1985）	弱联系、镶嵌理论为社会资本理论中社会网络结构观点的应用奠定了基础

资料来源：郭毅，罗家德. 社会资本与管理学 [M]. 上海：华东理工大学出版社，2007.

社会资本、创新与可持续竞争优势

第二节 关于创新的文献研究

一、创新概念、类别与模式演变

1. 创新理论与概念提出

熊彼特将企业家视为创新的主体,企业家的作用在于创造性地破坏市场均衡。其在《经济发展理论》(*The Theory of Economic Development*)一书中指出,经济发展总是以破坏旧的经济运行秩序的形式表现出来,而企业家正是这一创新过程的组织者和始作俑者,其动力则是企业家追求利润目标的初衷。通过创造性破坏市场均衡,企业家获取超额利润的机会得以出现[①]。改革者不仅仅对变化的数据做了反应,他们还让数据发生变化。但随着跟随者的到来,这种机会将逐渐消失。企业家是一种稍纵即逝的状态,指企业家发现企业家机会(Entrepreneurial Opportunity),并通过建立企业来把握这一机会的过程,拜格雷(1989a,1989b)将其称之企业家事件(Entrepreneurial Event)。

1962年,美国埃弗雷特·罗杰斯(Everett M. Rogers)教授研究了多个有关创新扩散的案例,出版了《创新扩散》(*Diffusion of Innovations*)一书,他考察了创新扩散的进程和各种影响因素,总结出创新事物在一个社会系统中扩散的基本规律,提出了著名的创新扩散S形曲线理论。彼得·德鲁克在1985年就远见卓识地提出企业创新和企业家的创新精神[②],其《创新

---

① 1939年熊彼特在《商业周期》中比较全面地阐述了其创新理论。他认为创新是在新的体系里引入"新的组合",是"生产函数的变动"。这种新组合包括以下内容:a. 引进新产品;b. 引入新技术;c. 开辟新的市场;d. 控制原材料新的供应来源;e. 实现工业的新组织。显然熊彼特的创新概念的含义是相当广泛的,它是指各种可提高资源配置效率的新活动,这些活动不一定与技术相关。当然,与技术相关的创新(新组合a、b)是熊彼特"创新"的主要内容。
② 管理学大师德鲁克写了一篇《创新的法则》(原发表于1985年《哈佛商业评论》,国内见中国人民大学出版社出版的《突破习惯性思维》一书)。他提出企业家精神就是创新实践,并讨论了大公司创新的"创业型管理"工作。对于系统性创新,德鲁克具有创造性地提出了"七大机遇"的创新来源,前四项来源于公司内部,后三项来源于企业外部。

与企业家精神》对创新理论与实践作了精辟论述。

Dewarand Dufton 指出，创新的定义是将新的构思经过适当过程淬炼，予以产品化；Glynn 认为，任何与以往不同的方法均为创新。Carter 等认为，创新是以对新市场或新服务机会启动的技术为基础的发明，导致发展、生产、营销，使该发明能成功商品化的递归①。营销专家 Levitt 将创新定义为：创意是指产生新的想法，创新则是指落实新的想法。所以创新的角色扮演是科学、技术、复杂互动且多方向的（Dror，1993）②。组织创新指的是一种新观念或行为被组织所采用；将新的组织创意付诸实现的问题解决流程称为组织创新。

莱斯特（Lester）及皮奥雷对创新概念构建了解释性维度。以往分析性观点在有关创新、竞争力和经济学的学术文献中占据主导地位。分析性方法是一种理性决策方式或标准的工程方法，是分析如何出现问题、如何解决问题的框架。对新产品开发的研究使我们得到一个结论：创新涉及一个过程，这一过程并不指向解决一个界定清楚的问题。事实上，他们认为创新的前端是一个模糊的过程，这一过程很难说有一个清晰的终点，相反，可能一直在进行中。所有这些产生创新的活动，可以被称为解释（Interpretation），即发起和指导个体及小组之间的对话。这些参与者所从事的是解释性活动。这与分析性对话涉及的是一种不同的互动方式，解释性对话是一个开放式过程，是持续进行的，或许有起点，但没有真正的终点。为了保持创新能力，企业必须持续寻找并参与各种探索性和解释性的对话，而这需要企业在解释方向上调整管理战略。

2. 创新的类别、内容

关于创新性（Innovativeness）的定义，Garcia 和 Calantone（2002）对定义进行了较详细的综述，指出了目前创新在范围、内涵、外延等方面都是模糊的③。同时他们提出了对创新进行测量的方法建议。"创新性"是指一项创新的"新"的程度。Garcia 和 Calantone 认为，根据创新性大小，可以

---

① Carter C. R., et al. Social Responsibility and Supply Chain Relationships [J]. Transportation Research Part E: Logistics and Transportation Review, 2002 (38): 37-52.
② Dror. The Process of Technology Evolution [J]. Technological Forecasting and Social Change, 1993 (44): 49-58.
③ Garcia R., Calantone R. A Critical Look at Technological Innovation Typology and Innovativeness Terminology: A Literature Review [J]. The Journal of Product Innovation Management, 2002 (19).

把创新分为根本型创新、适度型创新和渐进型创新。

Henderson 和 Clark、Rosanna Garcia 和 Roger Calantone 所做的分类中都提到了渐进型创新和根本型创新。

Henderson 和 Clark 从知识管理的角度将创新分为渐进型创新、构建型创新、模组型创新和根本型创新。Rosanna Garcia 和 Roger Calantone 认为，根据创新性大小，可以把创新分为根本型创新（Radical Innovations）、适度创新（Really New Innovations）和渐进型创新（Incremental Innovations）。

根据创新所依赖的价值网络（市场）的不同，Bower 和 Christensen 将创新分为延续型创新（Sustaining Innovations）和破坏型创新（Disruptive Innovations）[①]。

克莱·克里斯腾森（Clay Christensen）在其关于颠覆性创新方面的力作《创新者的困境》（*The Innovator's Dilemma*）中详细阐述了其观点，并介绍了如何对颠覆性创新（Disruptive Innovation）进行管理。克里斯腾森提出，为什么这么多成功的、经营良好的企业都发现，要长期保持成功是如此困难。根据克里斯腾森的解释，这是因为这些企业所获得成功常使他们对新技术视而不见，这些新技术可能比现有技术更简单、更便宜，虽然在初期这些技术还无法与旧技术相竞争。

熊彼特指出了创新的五种形式：新产品的引进、新生产方法的采用、新市场的开拓、新原料的取得与新的产业组织的推行。Johannessen 等认为，创新形式有新产品、新服务、新方法、新市场、新的供应来源及新的组织方法六种。

为了实现这些不同的创新内容，Jensen 和 Lundvall 教授提出技术创新的两种方式——基于科学研究的创新模式（Science-Technology-Innovation，STI-Mode）和基于经验的创新模式（Learning by Doing, Using and Interaction，DUI-Mode）。

---

① 如何对创新类型进行分类，不同的学者有不同的看法，有些看法本书认为只是词语的表述不同而已，其实质内容很类似，如突破型、破坏型创新（Disruptive Innovations）与根本型创新、激进型创新（Radical Innovations）表达了同一个意思，渐进型创新（Incremental Innovations）与延续型创新（Sustaining Innovations）表达的意思也较为类似。本书倾向于采用达维拉（Davila）所用的三种类型，即突破型创新、渐进型创新和半突破型创新。

3. 创新发展的模式演变

近年来，创新理论与实践已经得到了很大的发展，传统的封闭式创新模式下企业研发活动的循环见图2-2。

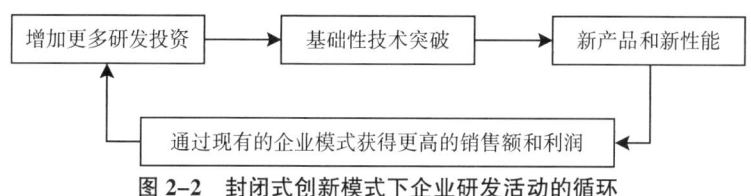

图2-2 封闭式创新模式下企业研发活动的循环

资料来源：Chesbrough H. Open Innovation, the New Imperative for Creating and Profiting from Technology [M]. Harvard Business School Press, 2003.

但封闭式创新模式过分强化和控制自我研究功能，结果意味着：①那些无力承担高额研发投入的企业将处于竞争劣势；②大量的技术因过度开发或者与市场需求相脱离而被束之高阁、不能获利；③企业内部不断有怀揣重要创新成果的骨干力量离职出走、另立门户；④企业无视外部众多优秀且廉价的同类创新成果而导致"闭门造车"；⑤因局限于既有的组织资源、知识和能力，企业不能应付快速变化与新兴的市场。

在创新过程中，通过与外部组织的互动获取新的科学和技术知识尤其重要。开放式创新模式最早由美国创新管理专家Chesbrough在2003年提出。开放式创新模式意味着，有价值的创意可以从公司的外部和内部同时获得，其商业化路径可以从公司内部进行，也可以从公司外部进行。Chesbrough提出的开放式创新模式为企业走出创新的两难境地、维持竞争优势提供了一种全新的管理研发方式和创新的模式①。五代创新模式的总结见表2-2。

麦肯锡的研究显示：在当今竞争激烈的环境中，超过开发预算而及时将新产品导入市场的项目要比未超出预算而延迟进入市场的项目获得更多的利益；新产品拖后6个月投放市场，5年内的累计收益将会减少17%~35%；如果开发投入超出了预算的50%以使新产品快速进入市场，那么收益仅仅减少4%。封闭式创新极其容易导致"硅谷悖论"：最善于进行技术创新的企业往往也是最不善于从中盈利的企业。尽管客户关系管理的观点

---

① 陈钰芬，陈劲. 开放式创新：机理与模式 [M]. 北京：科学出版社，2008.

集中在客户界面价值上,但谁能认识到下一次思想浪潮——同利益相关者的协作和创新,谁就可能在未来保持竞争优势。上述因素使企业的创新模式正在从封闭式创新(Closed Innovation)走向开放式创新(Open Innovation)。几种不同创新模式比较见表2-3。

表2-2 五代创新模式

年代	代别	主要特性
20世纪60年代	第一、第二代	●简单线性模式——技术推动,需求拉动
20世纪70年代	第三代	●耦合模式,识别不同因素间的相互作用和反馈环节
20世纪90年代	第四代	●并行模式,公司内部一体化,上游为关键供应商,下游为有需求的活跃的顾客,强调连接和联盟
21世纪以来	第五代	●系统的一体化和广泛的网络化,灵活的定制化的响应,持续创新

资料来源:Tidd J., Bessant J., Pavitt K. Managing Innovation: Integrating Technological, Market and Organisational Change [M]. Chichester: John Wiley & Sons. Ltd., 1997.

表2-3 几种不同创新模式的开放程度和边界特征比较

指标\创新模式	封闭式创新	合作创新	开放式创新	网络组织创新
创新的来源	内部研发	内部研发为主,伙伴间部分共享	内部研发和外部创新资源并重	共享全球创新资源
外部技术环境	知识贫乏	知识较丰富	知识丰富	知识丰富
与其他企业的关系	竞争	竞合	分工协作	合作
组织边界	完全封闭	合作伙伴边界可渗透,对外封闭	边界可渗透,动态开放	边界模糊,完全开放
创新组织方式	纵向一体化,内部严格控制	内部纵向一体化,强调合作	垂直非一体化,动态合作	松散的、非正式的

资料来源:陈钰芬和陈劲(2008)。

二、创新与企业内部管理

从产业的角度讲,异质性(Heterogeneity)本身也能够促进创新(Anne Marie, 2003)。Marie的研究潜在逻辑为:异质促进了市场扩散,扩散市场中领导者份额下降,导致创新的产生,然后又有新一轮的扩散创新。Marie通过模型模拟发现:Marie异质要素占据行业中的一半,那么创新与增长较为稳定,并得出几点结论:异质性促进了增长;坚持这种异质是可行的,即使这些资源的过多异质会有溢出(Spillover);实现要依赖管理者积极保留资源优势的内在价值。

企业会陷入创新的两难境地,在新挑战与新规则面前,不创新,企业难以生存,而创新则面临着巨大风险,甚至陷入困境。

到底是什么样的行业更需要创新?生产型企业还是服务型企业?Prajogo对此进行了研究,其实证研究表明:①生产型企业与服务型企业在创新绩效方面没有显著性区别;②生产型企业创新与企业绩效之间显著相关(特别是过程创新方面);③过程创新与企业绩效之间的关系比产品创新与企业绩效之间的关系更加显著。

Elena Cefis 和 Orietta Marsili 研究了创新在公司幸存中的作用(The Role of Innovation in Firms' Survival)[1]。研究发现:通过控制一些过去被认为对公司生存有影响的变量(如规模与年龄等),创新对于小型及较年轻的公司显得特别重要,这些公司也是之前的文献中认为处理最大的市场风险中的公司,这些小型、年轻且没有创新的公司与其他类型公司相比存活率是最低的,而只有增加创新因素其存活概率才会大大提高,在所有种类中,创新增加了这类公司的存活率(23%)。

创新必然更多关注内部程序化,已经有众多学者对创新与全面质量管理(TQM)之间的关系进行了深入研究,一些研究观点认为两者是正向关系,同时也有相反的观点认为两者是负相关的。特别是Singh和Smith(2004)的研究认为两者之间关系不明显。这些观点认为TQM将会导致公司战略跟随模仿而不是创新,同时标准化及格式化必然会减少公司的创造力。对这两种观点Prajogo和Sohal进行了总结和实证研究,发现TQM与产品质量及创新都正相关,但是对质量的解释力更强一些,同时,尽管质量本意不是创新,但任何组织为达到创新,必须要有能力管理好质量[2]。创新管理使企业的管理风格发生重大变化,如表2-4所示。

---

[1] Elena Cefis, Orietta Marsili. Survivor: The Role of the Innovation in Firms' Survival [J]. Research Policy, 2006, 35(5): 626-641.
[2] 虽然Singh和Smith(2004)的文章(Singh, Smith. Relationship Between TQM and Innovation: An Empirical Study [J]. Journal of Manufacturing Technology Management, 2004, 15(5): 394-401)不能得出肯定性结论,但是本书认为随着研究数据及方法更加科学,一定会对此结论更加肯定,一些著名公司如3M、FORD、AT&T、HP就是明证。

表 2-4 传统型产业与创新型产业管理风格对比

	传统/产业型（财务资本）	知识/创新型（人力资本）
绩效衡量	● 财务的 ● 静态的 ● 以货币为资产	● 全面的 ● 动态的 ● 以关系为资产
结构/文化	● 竞争性的 ● 市场份额 ● 边界间的不信任	● 协作的 ● 联盟 ● 价值增加
人员/领导	● 成本/费用 ● 利润	● 收入/投资 ● 持续增长
过程	● 独立 ● 因与果	● 互相依赖 ● 价值体系
技术	● 信息过程 ● 数据/信息 ● 物品/仓库	● 知识过程 ● 隐性/显性知识 ● 流程/过程

资料来源：戴布拉·艾米顿. 创新高速公路：构筑知识创新与知识共享的平台 [M]. 陈劲，朱朝晖，译. 北京：知识产权出版社，2006.

三、影响企业创新的因素

Subramaniam 和 Youndt 于 2005 年在 AMJ 上发表了非常有意义的文章，分析组织的哪些因素对创新的影响最为重要[①]，通过研究 93 个组织纵向数据信息，他们发现了人力资本、组织能力、社会资本及相互作用因素对渐进式创新与激进式创新的影响作用，组织能力对渐进式创新有正向影响，而人力资本与社会资本的交互对激进式创新有影响，与期望的相反，人力资本本身与渐进式创新与激进式创新是负相关的。有趣的是，社会资本对各类型的创新都有显著的正向作用。

Kontoghiorghes 等（2005）的实证研究表明，公开沟通与信息分享、风险承担与新主意推广、资源可利用性是创新的最强先验指标[②]。Dombrowski

---

① Mohan Subramaniam, Mark A. Youndt. The Influence of Intellectual Capital on the Types of Innovative Capabilities [J]. Academy of Management Journal, 2005, 48 (3): 450.
② Constantine Kontoghiorghes, Susan M. Awbrey, Pamela L. Feurig. Examining the Relationship between Learning Organization Characteristics and Change Adaptation, Innovation, and Organizational Performance [J]. Human Resource Development Quarterly, 2005, 16 (2).

等（2007）研究了创新文化所需要的各种组成部分[①]，人们都认为组织文化对创新有着非常重要的促进作用，他们的研究表明有八种组织创新文化的成分：创新的愿景与使命、民主沟通、安全空间、柔性、协作、跨边界、激励和领导。并且这些成分的良好消化将会有助于可持续的创新行为。3M 及 P&G 的员工都处在一种鼓励创新、试验、提出与上级不同创新主意的氛围中。尽管公认组织文化是创新的重要决定因素，但要改变文化是非常难的。另外，组织及联盟中分享、学习的氛围也可以促进创新。

Nijhof 等提出创新型组织的组件有使命、领导及创新意愿、适当的结构、有效的团队、持续的个人发展、充分沟通、高度参与创新、顾客为焦点、创意的气氛、学习型组织等。*The Circle of Innovation* 一书的作者彼得斯（T. Peaters）强调，创新对企业文化而言很重要。并非研发有形产品才是创新，无形的服务、管理层面上任何新概念的发掘以及新点子的成功运用，皆是创新的表现。

创新需要许多知识及信息的支持，组织学习是组织成员有效地利用与分享创新之信息及知识，并且接受教育训练的过程，因此组织学习是管理创新的关键（Stara，1989）。

激励的目的是有效地鼓励创新行为及创新成果，透过适当的激励方法形成刺激组织成员创意与创新的诱因，以达到组织创新绩效。Cooper（2000）在其论文中提到创意性发展的因素，将个人工作动机分成内在动机（自主性、专业成长机会及发展流程有趣性）与外在动机（金钱及职位晋升之报酬，对于愿冒风险者，不论成功或失败，均予以奖励）；Glynn（1996）提出智能与组织创新之架构，其中提到促成条件为机会与限制、适当资源以及支持、奖励及诱因；Nijhof 等（2002）认为，给予创意构想正面的支持及激励有助于组织创新；Amabile（1996）指出，鼓励组织成员勇于提案，并给予支持与公平的评估，再加上主管与工作伙伴之间的鼓舞，皆有助于激励创意之产生。

Greenhalgh 等通过目前发表的大量文献，对服务业组织中影响组织创新的因素进行了筛选，最终通过元分析得出 14 个可能影响（正向或负向）

[①] Caroline Dombrowski, Jeffrey Y. Kim, Kevin C. Desouza, Ashley Braganza, Sridhar Papagari, Peter Baloh and Sanjeev Jha. Elements of Innovative Cultures [J]. Knowledge and Process Management, 2007, 14 (3): 190-202.

社会资本、创新与可持续竞争优势

创新的因素，如管理强度、中心化、管理成熟度等，吸收能力与应对环境变化的准备度这个非组织结构性因素也非常重要。

Gatignon（2000）等采用结构方法来评估创新，使用综合的方法来评估创新的类型与特质，他们发现两种不同的建构（Constructs）影响着不同的创新：新资质的获得与提高或摧毁。通过量表测试，他们发现这两种建构造成的创新与其他创新不同，体现为产品创新的不同，如核心与外围（Core/Peripheral），创新的特点也不同，渐进/激进（Incremental/Radical），研究表明创新可以通过这些多维变量及其相互间关系测量，通过结构的方法可以分析不同类型的创新并且知道最终创新可能的结果，有着非常重要的现实意义。

Lowson 和 Samson 从知识的角度出发，认为创新就是一种组织能力，优秀的公司执行并培养这种组织能力，从而获得产品、服务及流程方面的创新并且有高绩效表现。通过大量的文献回顾并在动态能力的基础上他们发展了一种创新的概念模型，把创新能力解释为七种成分，分别是愿景与战略、管理能力、创意管理、组织智力、组织结构、文化环境、技术管理。

艾米顿（2006）认为促进创新必须形成以下战略思考：①创新的主要推动力是知识，而不是技术；②人类潜能的价值能够而且必须与经济结果相联系；③起作用的是系统动态，而不是因果价值链；④繁荣的未来越来越多地建立在互相依赖、互动和协作的基础上；⑤知识流必须可视化、被监控和被激励。校准创新过程的方法之一是回答知识创新"石蕊测试"（Litmus Test）中的十个问题。创新与知识、协作一直是共生的，成功的创新建立在将知识存量和知识流转化为可销售的产品和服务的基础上。

我们如果不能在组织层面或过程中优化创新，那么创新只能是偶然。Darroch 和 Mcnaughton 通过对 443 家新西兰公司的实证研究，证实了知识管理与创新的关系，知识管理实践的六个方面对创新影响显著，它们是对市场信息敏感、科技人力资源规划、与市场顾客合作、通过技术传播知识、对技术知识敏感及柔性系统。有意思的是，过多的财务控制系统与创新负相关。

四、创新的本质与动力

创新的本质是什么？持续创新的动力是什么？野中郁次郎（Nonaka）

三本系列论著对此作了最深刻的回答,故其被誉为"知识运动之父"。其先后发表的专著《创造知识的企业——日美企业持续创新的动力》《知识创造的螺旋》及《创新的本质》以最深刻的理论及实践回答了"创新的本质是什么"以及"持续创新的动力是什么"两个问题。理论上野中郁次郎的论著研究了从知识到创新的机理,而他的研究成果源自对日本创新型企业的实践总结。"日本企业在短时间内成为具有很强竞争力的组织,为知识创造模型提供了非常好的实验场所",从一个新的视角揭示了日本企业为什么能持续创新。任何企业都有诀窍(Know-how)或各种知识,当然也包含各种冗余信息(Redundancy),组织知识的有效管理包括四种模式:共同化(Socialization,暗默知识到暗默知识)、表出化(Externalization,暗默知识到形式知识)、联结化(Combination,形式知识到形式知识)及内在化(Internalization,形式知识到暗默知识),这种暗默知识(Tacit Knowledge)、形式知识(Explicit Knowledge)的互动与积累形成组织的学习与积累过程(野中郁次郎称为SECI过程,见图2-3、图2-4),触发了主意或发明的产生,当然最终的创新需要成功的商业化,发明只是创新过程的第一阶段。

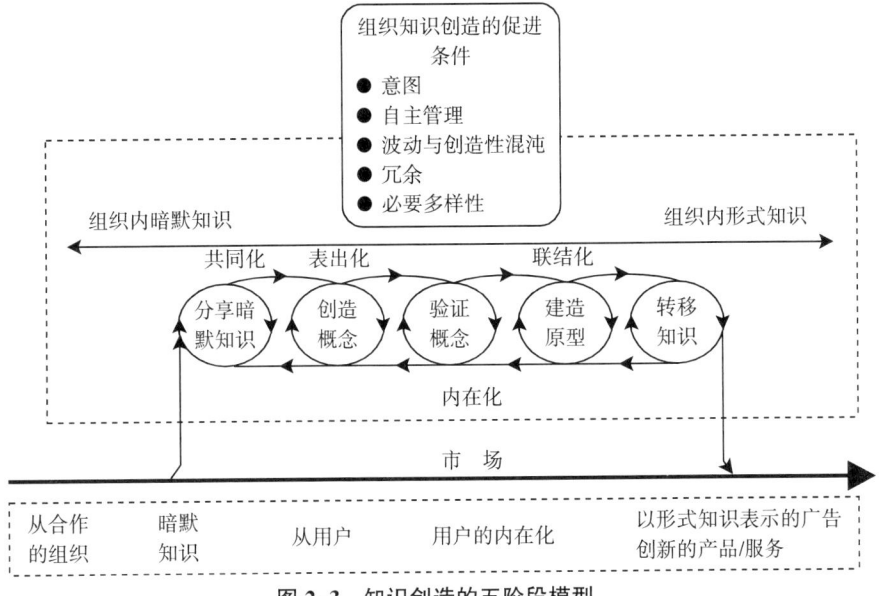

图2-3 知识创造的五阶段模型

资料来源:野中郁次郎. 知识创造的螺旋[M]. 北京:知识产权出版社,2005:76.

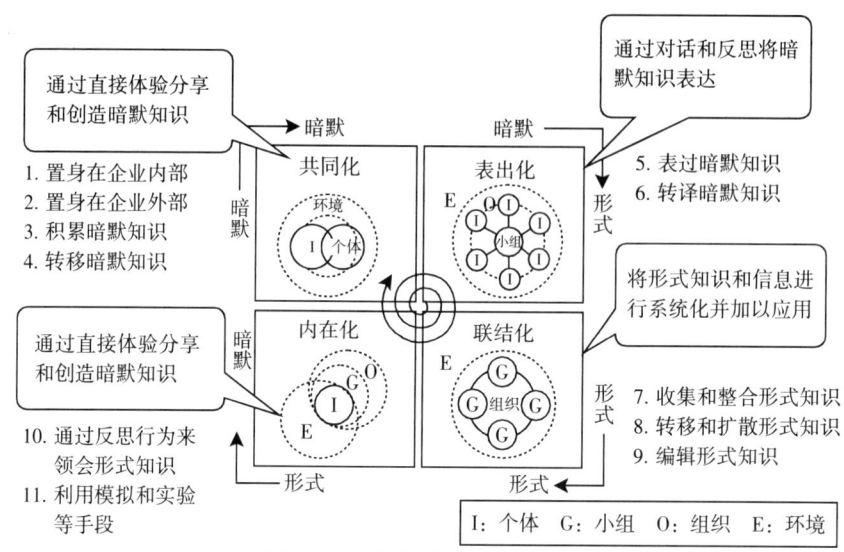

图 2-4 知识创造的 SECI 模型

资料来源：野中郁次郎.知识创造的螺旋[M].北京：知识产权出版社，2005：91.

从智力资本的角度，沙利文认为随着产品生命周期的缩短及技术和管理复杂性带来的压力增大，人们越来越强调知识的重要性[①]。在同等档次竞争对手普遍存在的情况下，采用最新工艺、进行高明的营销等传统方式难以有效，各家公司都想完善运营和产品开发流程，所以必须更加重视全方位的知识管理。对创新和智力资本进行经济和组织的管理方法有两种：①创新作为商业战略，聚焦于管理智力资本，包括创新的商业化、为获得竞争优势而对某些技术的保护等，创造性创新过程的管理被视为一个内部不明机制的"黑箱"；②管理作为组织学习（Learning）和知识（Knowledge），主要是聚焦于提高内部的效率与适应性。

宋志红（2005）认为，企业吸收能力与创新能力之间存在显著的正相关关系。企业的吸收能力是一个企业成功地开发利用来自组织外部的技术能力或知识的一个必要条件，是企业内部吸收这些知识的能力。实证研究的结果表明，知识的隐含性、分散性与知识共享行为之间存在显著的负相关关系，而共享行为与创新能力之间存在显著的正相关关系。

---

① 帕特里克·沙利文.智力资本管理：企业价值萃取的核心能力[M].陈劲等，译.北京：知识产权出版社，2005.

李贺（2006）的研究以知识管理—组织学习—组织创新为研究主线，在对知识管理、组织学习、组织创新及相关理论进行深入系统研究的基础上，分析了知识管理、组织学习、组织创新之间的互动作用机理；建构了知识管理、组织学习、企业组织创新相关性概念模型和结构方程模型，完成了知识管理对企业组织创新作用机理的实证研究。

五、创新研究的趋势

Anderson 等研究了 1997~2004 年以来发表在顶级管理学期刊上的关于创新方面的文献并对未来创新研究提出了五个方向：把创新作为独立变量而不是中间变量、创新的跨文化与国界的差别、多层次理论与多维设计、运用元分析技术（Meta-analysis）、三角研究技术（Cross-section Design, Longitudinal Survey and Experimental Research）。

研究创新管理的文献提倡"混沌"（Chaos）管理，对太过整合而缺乏创新进行矫正，Quinn 认为应视随机、混沌和不规则为创新过程固有的。

Gassmann 等（2004）提出了开放创新的三核心基模（Archetypes），即由外至内、由内至外及双过程的结合①。

为达成创新，在组织机构和营运流程上，要使制度化领域和创造性领域两者达到一种完美的平衡。制度化领域指组织机构化的、规范化的、受控制的和受评估的行为，它是一种约束机制，将员工圈在安全地带，不做出过度创新之事；创造性领域则包括自发的、创造性的、动态的和实验性的活动，它是一种激励机制，为员工搭设舞台，让他们在上面尽情展示各自的才华。在承上启下的管理中，中层管理者是创新成功的关键。

复旦大学司春林教授在 Christensen 的研究基础上，结合 Tushman 二元化组织理论，提出解决"创新者困境"的途径是组织变革和组织学习（司春林，2005）。即在创新的 Utterback 模型中加一条反映组织创新的曲线，可以更全面地反映企业创新的动态，这一观点具有新意，丰富与发展了 Utterback 模型。技术、组织、市场三个维度组成的"企业创新空间"，能包容对企业技术创新的各种理解，而且是一个总结和综合技术创新管理理

---

① Oliver Gassmann, Ellen Enkel. Towards a Theory of Open Innovation: Three Core Process Archetypes [C]. Proceedings of the R&D Management Conference (RADMA) 2004.

论的新框架。从技术、组织、市场这三个维度来考察企业技术创新，可以理解人们从技术与市场、技术与组织、技术市场组织各个角度对企业创新的探讨。

陈劲对中国企业的创新进行了大量理论与实际研究，探究了我国企业技术和市场协同创新的有序发展所需建立的协同机制，指出技术和市场协同创新机制的内在本质在于"环境—管理—过程"的全面联系。他提出了全面创新管理新范式，以培养核心能力、提高核心竞争力为导向，以价值创造（价值增加）为目标，以各种创新要素（如技术、组织、市场、战略、文化、制度等）的有机组合与全面协同创新为手段，通过有效的创新管理机制、方法和工具，力求做到"全要素创新，全时空创新，全员创新和全面协同"。

王凤彬和江鸿（2008）提出企业创新"悖论"及其解决之策，新产品开发是企业知识探索与知识利用有机结合的过程。在对两者的悖论关系进行辨析的基础上，借鉴矛盾管理的思想，对创新过程悖论问题处理的4种方略做了归纳和比较，评析了依靠高层管理的协调作用及员工角色可变换的结构来实现两者对立统一而存在的空间上或时间上的分割问题，由此提出在较低的组织层次上构建具有两栖能力的组织主张。两栖不是一个连续的两极，而是同一事物的两个构面，是可以且应该得到统一的。

第三节　关于动态能力的研究

一、动态能力的现实与理论背景

1. 动态竞争环境的现实情况

《财富》杂志1965年所列前100强企业中，至2005年仍有的仅19家[①]，

[①] 1965年前100强中幸存下来的19家是：通用汽车、埃克森美孚、福特汽车、通用电气、IBM、雪佛龙—德士古、波音、宝洁、洛克希德·马丁、康菲石油、联合技术、陶氏化学、卡特彼勒、杜邦、国际纸业、霍尼韦尔、美铝公司、可口可乐和惠好公司。

100家中有15家跌出前100名，其余66家消失或被兼并。相关研究表明，无论规模有多大，企业的平均寿命周期只有12.5年。主要原因是这些公司长期基于稳定的环境或线性战略思维，缺少对动态环境的制度性长寿计划，而中国企业的平均寿命更短，大公司平均寿命在7~8年。中国房地产企业的寿命更短，平均寿命是3.8年①。

关于美国房地产企业寿命的直接数据有限，但参照公开交易的REIT（房地产投资信托，类似于公司运作），从1962~2000年公开挂牌交易和摘牌的293家REITs来看，其平均寿命为8年。

动态环境变了，企业就不能生存吗？到底是企业因素还是行业因素解释了公司绩效之间的差异？Rumelt（1991）研究显示，企业因素解释了47.2%，而行业因素解释了8.3%，Hawawini等（2003）研究显示，企业因素和行业因素分别解释了35.8%、8.1%，McGahan也得出了类似的结论②。一个经常被举的反例就是，1990~1993年，美国其他航空公司亏损高达100亿美元，而西南航空公司的利润却持续增长。

Barton认为，环境发生变化，组织也往往会继续坚持其很独特且很成功的传统战略，即使处于动荡环境中，组织对现有资源的保护、发展和利用也会提供组织成功的可选路径。实际上这时组织的"核心能力"（Core Capabilities）反而变成"核心刚性"（Core Rigidities）。Volberda和Baden-Fuller认为，在动态变化的竞争环境下，核心能力可以成为核心刚性或者能力陷阱。企业建立高度专业化资源的同时也就建立了刚性，企业运用这些专业化资源提高了资源利用效率的同时牺牲了企业柔性。因此，企业应该随着时间的推移更新、提升和调整其核心能力。

在动荡的环境中，竞争优势的来源正以逐渐加快的速度被创造出来和侵蚀掉，D'Aveni称这种现象为超竞争（Hypercompetition），此环境中，竞争优势的产生与消逝都是短暂的时间概念，此时无论是核心能力还是独特能力，都会因沉没成本（Sunk Cost）效应、替代效应以及创新的路径依赖所造成的刚性使企业无法保持与环境的动态战略适应。

---

① 1986年中国有1704家房地产企业，1995年有33482家，1997年有21175家，2001年有51901家，2003年有37123家，2004年有59000家。在1995~1997年，"死掉"12307家，占36%；在2001~2003年，"死掉"14776家，占28.5%。中国的房地产公司平均寿命是3.8年（华远集团总裁任志强2006年8月指出）。
② 尽管不同作者对此有一些争论，但最近的数据显示还是企业因素占有较大的解释空间。

夏清华（2002）认为战略的实质是在企业的资源、能力与环境之间保持均衡，持续的竞争优势仍然取决于企业的能力，这种能力是广义的，既包括企业善于有效率地调动和使用企业内外资源的能力，也包括企业技术创新的能力和营销管理创新能力。企业的持续优势和增长的动力越来越依赖于无形的能力优势。

根据模仿的难易程度及其对竞争优势的贡献，Slater（1996）把企业能力分成质量、服务、低成本、速度（投放市场速度、解决顾客问题速度及交货时间）、创新和学习能力等，图 2-5 中自左到右持续竞争优势的潜力也不断增大。

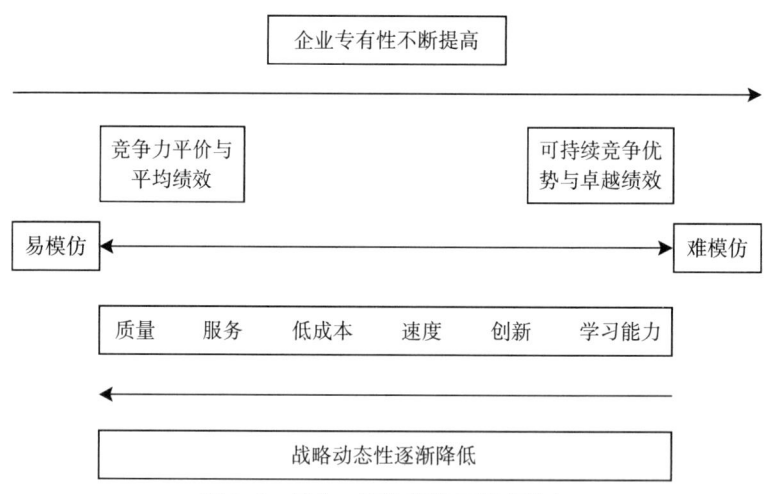

图 2-5 能力、竞争优势与战略动态

资源来源：①Stanley F. Salter. The Challenge of Sustaining Competitive Advantages [J]. Industrial Marketing Management, 1996 (25): 79-86. ②王永贵.战略柔性与企业高成长 [M].天津：南开大学出版社，2003.

2. 战略理论的发展

（1）资源观及其不足。Penrose 于 1959 年首先提出了公司发展的资源视角，认为企业增长的力量来自企业的内部资源，但主要是 Wernerfelt 和 Barney 对以资源为基础的观点做出了重要贡献，其他一些学者均对资源观的概念发展及相关研究做出了更进一步的深入探讨。关于资源观的定义，Barney（1991）认为其是指"一系列资产、能力、组织流程、特点、信息及知识等"。公司的竞争优势来源于利用已有资源执行一系列创造价值过程但同时其他竞争对手又不具备这方面的能力。资源观强调作为竞争优势的资源与能力有以下特性：分布于不同公司的异质性；不完全流动性，资源观的本质在于 VRIN，即价值的、稀缺的、不可模仿、不可替代的。

资源观有其不足：资源观的认识是基于静态的，而在动态的环境中不大可能取得可持续竞争优势（Eisenhardt 和 Martin，2000），资源观未曾强调市场的动态性及公司随时间推移的进化。波特认为，战略问题可分为两类问题：截面问题和纵向问题。截面问题（Cross-sectional）的解决（必要条件）在逻辑上要先于纵向问题（Longitudinal），即战略家如果不能对导致竞争优势地位的基础有充分的理解，那么要达到这个地位是不可能的，战略管理变成了"碰运气"的过程。但假定对横向问题已有理解，那么纵向问题将具有关键作用。资源能力范式通过近 20 年的发展产生了众多理论分支从而充分解释了截面问题，之后需要把更多的精力放到纵向问题的分析上去。如果不解释时序上的动态演化的问题，就无法为企业就何时和怎样重构能力资源提供有实质性的实践指导建议。

动态能力理论主要是在继承和发展 RBV 理论的基础上发展起来的，随着外部环境动态性特征的日益增强而获得了学术界乃至企业界越来越多的关注（吴晓波等，2006）。

（2）动态能力观点。所有公司战略的目的都是揭示怎样才能创造更多的价值（Rodriguez、Ricart 和 Sanchez，2002）。同时 Rodriguez 等认为，企业动态观点源自四个支柱：社会、实物、道德及商业方面。公司必须发展新的资源、能力、行动来应对资源的稀缺性及商业和社会资源间的协同责任以获得可持续发展。基本上，他们认为，动态及可持续发展型公司是基于知识创造的企业。这种知识的建立及相应收益的产生基于以下因素：公司实物及社会系统环境的扩张、公司道德义务的增加和利益相关者之间开放平等真诚的对话机制的建立。因此，企业动态及可持续问题的实质是公司治理问题特别是治理观念的转变。传统企业核心价值观要求公司经济价值最大化，要转化为可持续发展的观念。但最终还是建立企业及社会最大化价值并使股东满意。新的环境下的公司治理模式转变见图 2-6。

要取得可持续竞争优势，最重要的是组织要有比同行创造更多价值的能力。相关文献中关于能力的定义有多种：竞争力（Competence）、集体技能（Collective Skills）、复杂惯性（Complex Routines）、最好实践（Best

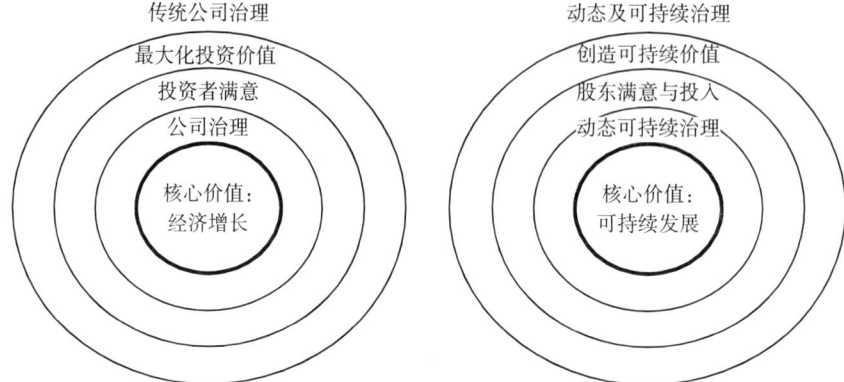

图 2-6　从传统治理到动态治理

资料来源：Rodriguez, Ricart, Sanchez. Sustainable Development and the Sustainability of Competitive Advantage: A Dynamic and Sustainable View of the Firm [J]. Creativity and Innovation Management, 2002, 11 (3): 135-146.

Practices)、组织能力（Organizational Capabilities）等。但比较一致的观点认为能力不是一种单个资源（如财务、技术或人力），而是一系列再拨资源的区别性或优秀的方法。从这个角度，能力有三方面的因素需要考虑：解决问题及复杂性、实践及成功性、可靠与及时性。

20 世纪 90 年代后，关于动态能力的研究引起大量学者的关注，主要区别于以往研究的异质能力（Distinctive Competence）（Learned 等，1969；Selznick，1957）、组织惯例（Organizational Routine）（Nelson 和 Winter，1982）、结构知识（Architectural Knowledge）（Henderson 和 Clark，1990）、核心能力（Core Competence）（Prahalad 和 Hamel，1990）、核心能力与僵化（Core Capability and Rigidity）（Leonard-Barton，1992）、整合能力（Combinative Capability）（Kogut 和 Zander，1992）、结构性能力（Architectural Competence）（Henderson 和 Cockburn，1994）。Teece 等（1997）提出了动态能力观点，后续很多学者进行了发展与研究①。资源观与动态能力观的区别见表 2-5。

---

① 这些学者包括：Eisenhardt 和 Martin，2000；Mahoney 和 Pandian，1992；Nelson 和 Winter，1982；Priem 和 Butler，2001a，2001b；Winter，2003；Zahra 和 George，2002；Zollo 和 Winter，2002，等等。

表 2-5　RBV 与 DCV 的主要区别

指标	RBV	DCV
价值资源来源	事实购买或选择	企业开发或配置
对资产定义	提供优势或劣势的事物	嵌入隐性学习难以模仿的位势
资产与能力开发重点	关注战略资产层面开发	关于技能、学习和无形资产累积
难以模仿的内容	资源	流程、位势和路径
租金性质	李嘉图租	熊彼特租
优势的解释	隔离机制	更快更早整合内外资源与流程

对动态能力的研究可以追溯到战略柔性的重视，海特、豪斯克森和哈瑞森认为，战略柔性是企业对变化的竞争条件做出反应以及提前行动的能力，并因此而获得和保持竞争优势；Sanchez 将战略柔性理解为对高度不确定市场环境和未来资源的选择判断以获得竞争优势的能力。M. A. Hitt 认为，企业战略柔性是企业快速响应变化的竞争环境或在竞争环境变化之前提前行动以便增强或维持企业现有竞争优势的一种能力。Gerwin 和 Gupta 认为，企业战略柔性是指企业有效地适应环境变化的能力，是企业偶然采用的竞争战略的一种类型。Lau 认为，战略柔性就是企业在面临不确定性因素时，依赖自身高级知识和能力不断调整发展目标的一种能力。但动态能力与战略柔性是有区别的，特别是研究问题的视角不同。可以通过某种柔性（组织运营）达成动态能力[1]。本书认为战略柔性是动态能力的必要但非充分条件。企业战略理论研究的演进路径见图 2-7。

---

[1] 安索夫（Ansoff）是第一个深入分析柔性概念的学者；Eppink 认为，企业需要内部柔性和外部柔性来应对不可预测的偶然事件，并把柔性分为运营柔性、竞争柔性和战略柔性；Weick 认为，组织柔性代表了对开拓未来机会的适应性。几乎所有组织柔性的定义都强调管理的适应能力（Adaptive Capacity），这种能力包括发起或适应竞争变革的能力（Aaker 和 Mascarenhas, 1984；Zelenovic, 1982）、看家本领（Weick, 1982）、自由度（Sanchez, 1993）。至今关于柔性做出最为深入研究的当属 Volberda (2005)，其《创建柔性企业——如何保持竞争优势》一书获得安索夫战略管理奖（1993）。书中对柔性的概念、形成机制等做了非常深刻的研究，认为柔性是基于能力创造出来的，动能能力的表现为各种柔性。本书认为战略柔性是动态能力的必要条件。参见：Volberda. 创建柔性企业——如何保持竞争优势 [M]. 项国鹏, 译. 北京：人民邮电出版社, 2005；王永贵. 战略柔性与企业高成长 [M]. 天津：南开大学出版社, 2003.

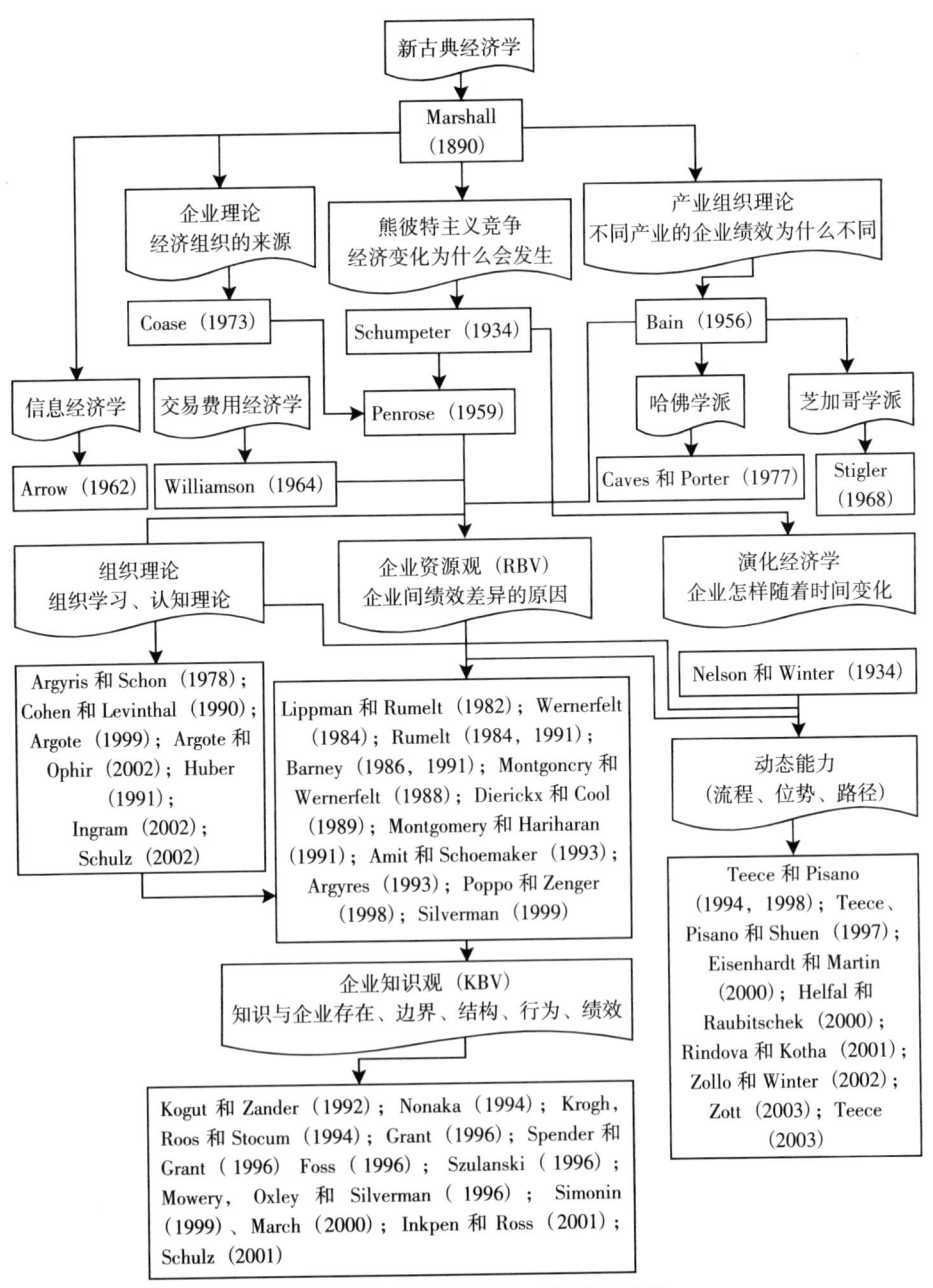

图 2-7 企业战略理论研究的演进路径

资料来源：江积海.动态能力与企业成长 [M].北京：经济管理出版社，2007.

二、动态能力的研究分类

研究人员把动态能力解释为一系列的资源、流程及能力的组合。不同学派对动态能力的定义与分类不同，如 Georg S. 和 Martina K. 将动态能力分为整合学派和过程学派，本书中将动态能力分为三类：

1. 整合学派（Intergration）

按照 Teece、Pisan 和 Shuen（1997）的定义，能力是指"战略管理中适应、整合、构建公司内外部一系列技能、资源以及适合变化环境的能力"。他们强调管理者应不断重构已有的资源和能力。

在 Teece、Pisano 和 Shuen 的《动态能力与战略管理》这篇影响广泛的文章中，作者把演化经济学的企业模型和"资源观"结合起来，提出了一个"动态能力"战略观的框架。这个框架强调以前的战略观所忽略的两个关键方面：第一，"动态"是指为适应不断变化的市场环境，企业必须具有不断更新自身胜任的能力；第二，"能力"是指战略管理在更新自身胜任（整合、重构内外部组织技能、资源）以满足环境变化的要求方面具有关键的作用。他们认为，如果像"资源观"那样认为对稀缺资源的控制是利润的源泉，那么诸如技能的获取、知识和诀窍的管理以及学习就随之成为根本性的战略问题。Teece、Pisano 和 Shuen 以三个关键要素——组织过程、位置和发展路径——来构建他们的动态能力战略框架。该战略框架可分述如下。

（1）组织和管理过程（Organizational and Managerial Processes）。这些过程都是公司具体性的，通常认为是存贮在具体公司中的流程、管理方法及商业导向的知识。组织过程有3个作用：一是协调/整合。管理层在企业内组织生产的方式是导致企业在各个领域出现胜任上的差异的基本原因。胜任/能力是嵌入在独特的协调和组合方式之中的，所以一个企业的组织过程往往具有高度的一致性。在这种情况下，复制会很难。二是学习。学习是通过重复和试验来更好地和更快地完成任务的过程，还能帮助发现新的生产机会。就企业来说，学习包括个人和组织的技能，具有社会和集体的性质。另外，由集体学习所产生的组织知识存在于新的活动模式中，存在于"惯例"或新的组织逻辑之中，因为这种知识存在于集体行为中。三是重构和转变。在迅速变化的环境中，不断发觉对重构企业资产结构、实现必要内外部转变的需要是重要的，这要求对市场和技术的警觉以及采用最佳实践的意愿。在这方面，"标杆竞争"（Benchmarking）作为实现这些目标的组织手段是极具价值的。重构和转变的能力本身就是学习而来的组织技能。

（2）位置（Positions）。一个企业的战略境况不仅取决于它的组织过程，还取决于它的特定资产。特定资产可以分为有形的和无形的，包括技术资产、互补资产、财务资产、声誉资产、结构资产、制度资产、市场资产。从总体上来讲，这些资产的战略意义在于它们的企业特定性，即这些资产的形成在很大程度上是企业内生的，是在企业的经营过程中积累起来的。

（3）路径（Paths）。路径影响企业能力发展的作用是通过路径依赖实现。这个概念的实质是承认历史的重要性。企业能够向何处去受制于它目前的位置和前方的路径，而它目前的位置又是由它所走过的路径所塑造的。换句话说，一个企业以前的投资和它所储存的惯例（"历史"）制约着它的未来行为。这是因为学习是局部的，是一个试错、反馈和不断评估的过程，所以学习的进行往往围绕着企业正在从事的活动，即学习的机会特定于企业已经从事的活动。由于路径依赖的作用，企业的投资有比一般人所能想到的更加长远的影响，因为投资影响企业学习和能力发展的方向。Teece、Pisano和Shuen认为，由于以组织惯例、技能和互补资产为基础的能力包含大量企业特定的缄默知识，所以特定企业的组织能力是难以被复制和被模仿的。因此，根据这个动态能力的战略框架，企业的竞争优势来源于嵌入在这样或那样的组织过程中的胜任和能力，即在企业内部运行的、由过程和位置所决定的高绩效的惯例。但组织过程的内容（惯例）及其发展竞争优势的机会，在任何时点上都明显地由企业所拥有的资产（内部的和市场的）以及由企业所采用/继承的演进路径所塑造。由于价值、文化和组织经验等"软"资产的难以交易性，独特的能力和胜任一般来说是无法买到的，只能在长期过程中被发展出来。于是，"动态能力"观点认为战略选择在静态时点上是有限度的，竞争成功部分是由于早期所追求的政策和所得到的经验和效率，而明天的竞争优势孕育于今天的活动之中。这个框架强调管理层需要具备不断重构已经拥有的胜任/资源的能力。这种能力既不会从天上掉下来，也离不开企业历史演进的路径。管理者要能够根据企业的具体情况识别自己的独特胜任/资源，决定应该进入的新领域和进入时机。更重要的是，管理者要把注意力集中在企业内部的过程上，以增强技能、胜任和特定资产为战略基点，通过投资决策决定企业组织能力的发展方向，推动企业的学习。

2. 过程学派（Process）

Eisenhardt 和 Martin（2000）把动态能力定义为："公司具体化的整合、重构、获得、调拨资源的流程，使之和变化市场相称，以及随着市场的出现、进化、消亡时，组织及战略惯例用来获得资源。"同时他们认为，拥有动态能力不能简单认为就可以有可持续竞争优势，只有动态能力被应用得"快速、机敏、偶发"才能创造竞争优势。这个观点被 Wang 和 Ahmad 认为是动态能力的核心，同时他们认为快速变化且对市场的警惕性对其他公司显得成本更高或更难模仿时，这样才是真正的核心能力。Eisenhardt 就动态能力的演化做了一个精致的分析，尽管企业动态能力的演化会沿着某个独特的路径进行，但是演化主要是由企业的学习机制主导的。其中，重复实践、经验编码、犯错误以及学习节奏、学习机制对于动态能力演化具有重要的影响。另外，动态能力的演化也依赖于市场的动态性。Wang 和 Ahmad 把动态能力分为三个成分因素：适应能力（Adaptive）、吸收能力（Absorptive）、创新能力（Innovative），据此他们提出了动态能力的研究框架，整合了市场动态、动态能力、公司战略、能力发展及公司业绩相关模型，并提出了相互之间的影响关系，见图 2-8。

动态能力可以从不同理论方面得到识别与理解，如激进动态化、整合方式、创新惯性。Schreyogg 等的研究中，路径依赖、结构惯性和责任被认为是能力僵化的主要因素，造成了管理难题。Georg 和 Martina（2007）提出动态能力的不同方法（见表 2-6），分析显示达成动态能力的困难源自概念本身固有的矛盾。动态化承担着失去组织能力建设的固有主意与优势的风险，最终从资源观的角度，失去能力就失去其战略。因此作者提出了另一种解决办法，即保留原有组织能力的优点，同时解决僵化问题，不是把动态维度整合到能力构建（Construct）中，而是建立一个单独的功能——能力监督（Capability Monitoring），形成动态能力的双过程模型。

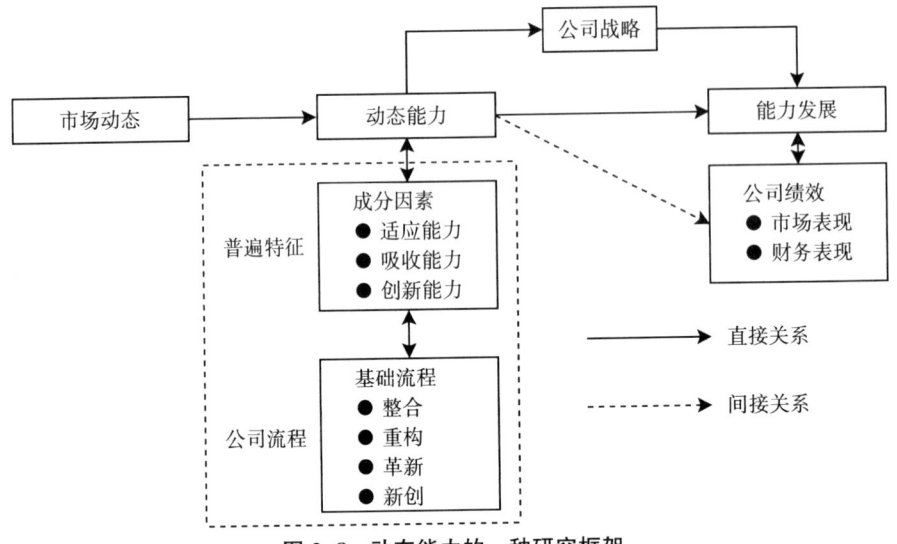

图 2-8 动态能力的一种研究框架

资料来源：Wang C. L., Ahmed P. K. Dynamic Capabilities: A Review and Research Agenda [J]. International Journal of Management Reviews, 2007, 9(1): 31-51.

表 2-6 动态能力的不同方法（Approaches on Dynamic Capabilities）

动态化	激进动态化（Radicalized）	整合动态（Integrated）	惯例动态（Routinized）
学习能力	实验性学习	能力框架内的历史学习	创新惯例框架内的历史学习
动态化机理	专案问题解决（Ad hoc problem-solving）	内部能力流程	外部能力流程
惯例重要性	低：尽可能避开惯例	中：建立惯例与路径	高：建立多水平惯例
RBV下的能力	能力过时的战略资产	能力是动态战略资产	能力是战略资产，元能力是动态的中间变量

资料来源：Georg Schreyogg, Martina Kliesch-Eberl. How Dynamic Can Organizational Compabilities Be? Towards a Daul-Process Model of Capabiltiy Dynamization [J]. Strategic Management Journal, 2007(28): 913-933.

3. 学习学派（Learning）

Zollo 和 Winter（2002）从演化角度出发，用演化理论研究方法对动态能力进行分析，并提出了动态能力的新概念，"一种集体的学习活动模式（与惯例接近的一个关系词），企业通过它能够系统地产生和修改其经营性惯例，从而提高企业的效率"。Winter（2000）提出了一个基于能力学习的动态能力模型，其中心变量是"抱负水平"(Inspiration Level)，它决定对学习的投资,而满意原则解释能力发展的渐进特征,触发新的学习过程需要"抱负水平"变化。Winter(2003)从组织惯例(Routine)的角度讨论动态能力,惯例是"一种行为,这种行为通过学习获得、高度固化、可重复或准重复性、部分在隐性知识中发现、有具体化的目标"。他认为动态能力的概念被模糊的主要原因在于处理变化环境所需要的有效性与可持续竞争优势所需要的通用程序两者之间矛盾。

Winter(2003)对众多学者对动态能力的理解进行了总结,并对动态能力的内涵做了进一步精致的解释。他认为动态能力和专案问题解决(Ad hoc problem-solving)是两种不同类别的变革方法。组织能力是高阶惯例或惯例集,它与其实施的输入结合起来为组织的管理者提供了一套决策选择,以产生特定类型的产出。惯例是后天学得、高度模式化、自动或准自动重复性的,并且基于默会知识的行为模式,其目标具有特定性,即兴发挥的行为不是惯例。组织能力需要稳定的、可靠的、可重复的行动。Winter(2003)进一步指出,企业能力是一个能力金字塔。运营能力是零阶能力,或者是当前我们获得生存的能力,新产品开发是一阶动态能力的典型例子。因而企业动态能力决定着企业运营能力的变革速度。在企业能力金字塔中,运营能力属于相对静态的部分,而动态能力则是能力发展变化的关键所在。运营能力是零阶能力,企业动态能力则是二阶、三阶乃至多阶能力。Coilis(1994)清晰和正式地区分普通能力和动态能力,提出动态能力是对普通能力的变化速率的管理,并且提出了"二阶""三阶"乃至无限"多阶"能力的概念。

Srivastava、Fahey和Christensen(2001)也考虑到了市场营销能力对获得竞争优势的作用,强调发展新产品、渠道及新的顾客带来的组织学习机会。Dosi(2000)认为动态能力包括学习能力、解决问题的能力,是企业积累相关新技能和知识的能力。市场导向的战略要求组织资产灵活运用,并且在全球超竞争情况下、在动态战略定位中实现动态能力的发展(Harvey等,2001)。

不管对动态能力如何分类,关于动态能力的各种文献有一些共识:首先,能力是指有可能做成某事,而非一定已做(Dougherty、Barnard和Dunne,2004);其次,一定是变化且进化中(Winter,2003),有掌握变化的资源、惯例、能力的能力;再次,动态能力是指掌握惯例而非资源本身;最后,学习过程可能是动态能力的核心。Smith和Prieto(2006)利用学习的整合框架发现知识管理与动态能力的关系。

三、动态能力的微观基础

Teece 等（1997，2007）同时对动态能力的微观基础作了探讨（见图2-9），他们认为组织分权越多，就越不太可能对市场及技术发展没有反应。因为信息在官僚层级传播中可能腐蚀，企业就必须设计机制及程序来保证管理信息的及时性。随着企业扩张，权力必须下放，否则灵活性与反应性就会受损。更多学者的研究表明，大型组织越多分权越有利，且现代人力资源管理技术（分权、团队、灵活、责任等）的运用能够提高绩效。

Smith 和 Prieto（2006）认为组织知识是动态能力的源泉之一，并且认为社会及政治关系在其中起着相当的作用。关于知识与动态能力之间的潜在关系的研究还有很多（如 Sambamurthy 和 Subramani，2005；Cepeda 和 Vera，2005；Gold、Malhotra 和 Segars，2001；Sher 和 Lee，2004）。

伍滕（Wooten）和克雷恩（Crane）认为，人力资本会对动态能力产生重要影响，而布莱勒（Blyler）和科夫（Coff）则认为社会资本是动态能力的核心。阿德内尔（Adner）和赫法特（Helfat）综合考察了各类资源要素，认为动态能力会受到人力资源、社会资本和管理层认知三个潜在因素的影响。这三类因素单独或者共同起作用，决定了企业战略性和操作性管理决策，进而对动态能力产生重要影响。研究表明，人力资源对可持续竞争优势具有基础性作用，人力资源的公司性、社会性、不可见性，导致其不易模仿，人力资源筛选、开发训练大大提升了员工干中学（Learning by doing）的效果，同时过度依赖从外部获得经验的人（挖墙脚）减少了学习绩效，公司过高的员工流失率（Turn Over）会导致自身绩效低于对手。

Chesbrough（2003）的开放创新模型认识到依靠创新分散模式的好处，通过评估并整合他人的技术使企业达到并超越自身边界。总之，快速变化的环境中，组织必须要有足够的自治力，但又要保持合作的行为。Simon（2002）称这种平衡为分解力（Near Decomposability），而执行这种分解力对动态能力而言是非常重要的微观基础。

Lei、Hitt 和 Bettis（1996）提出了动态核心能力的概念，他们认为企业需要通过元学习（Meta Learning）和战略框架（Strategic Context）来实现动态的核心能力。管理资源流并创造价值的能力可以被认为是一种元能力，

第二章 文献综述

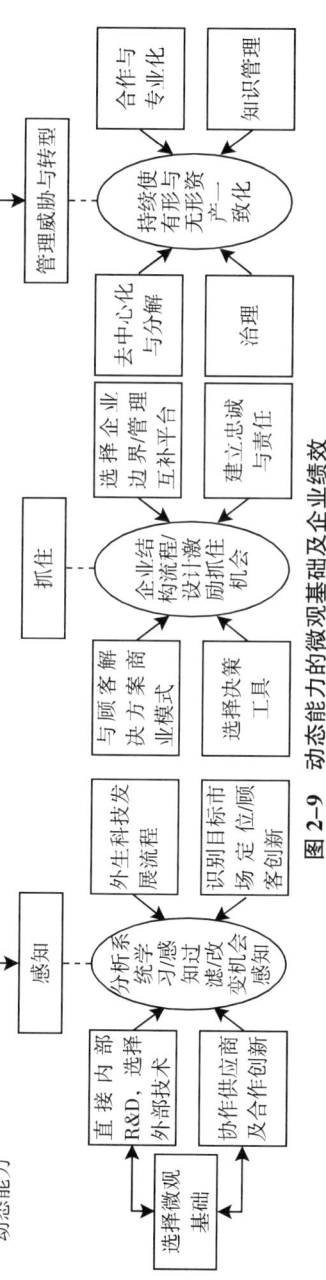

图 2-9 动态能力的微观基础及企业绩效

资料来源：Teece D. J. Explicating Dynamic Capabilities: Nature and Micro-Foundations [J]. Strategic Management Journal, 2007 (28): 1319-1350.

同时公司需要在资源摄取（Resource-picking）及能力建设（Capability-building）中都优越（Makadok，2001）。潜在逻辑就是公司创建一串临时性优势来获取、再构资源，最终就可能变成可持续优势，同时这种新的资源变得不可模仿，获取资源的元能力也难以复制。

Boccardelli（2006）认为，在动态能力的研究中一定要考虑企业家因素的作用，通过研究瑞典起步阶段的企业发现，为了解决市场需要与公司资源之间的差距，早期企业家承担着非常重要的角色，特别是在为取得新的竞争优势需要新的能力和以往陈旧的经验两方面取得平衡。

四、国内对动态能力的研究

黄江圳和谭力文（2002）认为，动态能力在特征上与核心能力有相似之处，如企业的动态能力也具有价值性、独特性等特征。但动态能力是改变企业能力的能力，动态能力将焦点放在创新的开拓性动力上，因为倾向于以具有强烈路径依赖的经验性学识为基础的再生性动力，并不能改变能力中的惯性，动态能力只有放在创新的开拓性动力上，才能克服能力中的惯性。

李志能（2001）、陶志峰（2001）研究了基于知识的动态能力，唐春晖（2003）认为知识形成包括五个阶段（知识获得、传递、共享、发挥和更新阶段），企业动态能力在知识形成的前三个阶段中将已经拥有的知识储存在组织惯例中，形成企业现有的能力。与此同时，企业在知识发挥中也在进行知识更新，并将新的知识逐渐转化成新的组织惯例，发展成新的组织能力。董俊武等（2004）的观点基本上也是从知识对动态能力的作用角度研究了动态能力的形成，认为企业改变能力的过程就是企业追寻新知识的过程。提出了一个基于组织知识的动态能力演化模型，分析了能力的知识构成和企业能力改变的18种维度。

李兴旺（2006）对动态能力理论进行操作化研究，对动态能力的识别、架构与形成机制进行了论述。其认为动态能力主要包括产业环境洞察能力、价值系统配置能力及资源配置和整合能力，并在ARC（卡波萨罗纳于2001年提出，即体制（Architecture）、常规（Routine）、文化（Culture））的战略框架内分析了动态能力形成的机制。

江积海（2006）讨论了动态能力与企业成长之间的关系，构建了"知识传导—动态能力—后发企业成长"的成长模型并进行了实证研究，着重从能力广度、能力深度、能力生命周期三个层面构建动态能力三维模型。

王核成（2005）认为，动态能力观是资源观和能力观的整合，基于动态能力观的企业竞争力主要由三大要素构成。动态竞争的环境中，为了获得持续的竞争优势，企业需要的是能够进行"创造性毁灭"的能力体系、资源体系和动态机制。

王翔的博士论文对企业动态能力演化理论进行了实证研究，其在内容—情境—过程三维分析模型中提出动态能力内、外部知觉，内、外部反应四象限链接演化。

郑胜华（2007）基于动态能力以 S-IPL 分析框架着重研究了企业联盟能力，对社会资本与动态能力进行了有深度的研究。以动态能力来分析企业联盟中运营、提升及协控能力的整合，并对其提高企业绩效进行了实证研究。

霍春辉（2006）基于动态能力与竞争优势提出了动态竞争优势的概念，并对动态竞争优势的模型与产生基础、跃迁动力与路径进行深入探讨。

张纯洪（2006）研究了知识、组织能动学习和组织整合促进企业动态核心能力形成的机理，并据此构建了现实企业动态核心能力形成机理的模型；分析了企业动态核心能力评价指标的内涵；本着系统性、层次性、全面性和数据可获性原则，构建了包含三个层次、46 个子指标的企业动态核心能力评价指标体系。对企业动态核心能力评价指标体系信度进行了可识别性检验，然后提出了企业动态核心能力测度的模糊评价理论与方法。

动态能力后续研究中需要解决的问题如下：

鄢德春（2007）认为，严谨的动态能力概念要求其首先必须是一种组织的惯例，动态能力本身并不是竞争优势的来源，但动态能力可以通过调整和改变企业的核心能力来影响竞争优势。动态能力论并不是一个与资源基础论相竞争的新理论，其解释的仍然是资源基础论内部的问题。

刘明霞（2004）认为，动态能力的定义是以功能来界定的，用能力（Ability）定义能力（Capabilities），不仅有重复定义的嫌疑，而且给实际操作和实证检验带来了困难。另外，由于动态能力是管理其他能力的能力，所以它的内在本质还是一种能力。从此意义上说，Teece 等的研究成果继承了资源基础理论能力学派的观点，并把它们拓展到了动态市场上。另外，战略研究方法运用动态能力来解释企业持续竞争优势之源还面临着一个能力"无限后退"（Infinite Regress）的困境。Collis（1994）质疑说，

社会资本、创新与可持续竞争优势

既然存在改变能力的能力,那么从逻辑上说就存在着改变能力的能力的一种能力。以此推理,能力方面存在着无限后退。

第四节 可持续竞争优势理论研究

企业竞争优势一直是战略管理学的主要研究热点。企业竞争优势理论主要是回答"为什么有些企业能够相对于其他企业获得更好的业绩"这个问题,即解释造成企业之间业绩差异的原因,从 20 世纪 80 年代中期开始得到以波特为代表的战略管理学者们的广泛关注,现在已经成为战略管理研究的中心课题之一。

由于对公司的长期成功非常重要,大量文献提到可持续竞争优势(Sustainable Competitive Advantage,SCA)。Alderson(1965)首先提出公司必须要有其独特性以便区别于其他竞争对手。Hamel 和 Prahalad(1989)、Dicksom(1992)提出公司要超越竞争对手必须要能创立新的优势。

关于 SCA 的定义出现在 1984 年,Day 提出能使"竞争优势持续的战略"(Sustain the Competitive Advantage),实际上"SCA"由波特于 1985 年提出。Barney(1991)对 SCA 的定义最为彻底,"当公司采用价值创造战略,同时其竞争对手并不能采用,且不能复制这种优势"。后续学者普遍比较认可该定义。众多学者对 SCA 的来源作了深入研究。Day 和 Wensley(1988)聚焦于超级技能(Superior Skills)及超级资源(Superior Resources),Barney(1991)探索了公司资源与 SCA 之间的关系(即符合四个特性:稀缺、有价值、无法复制、不可替代),同样 Peteraf(1993)提出了符合 SCA 的四个资源条件:超优资源、事前限制竞争(Ex-poste)、不完全移动、事后限制竞争(Ex-ante)。

Hunt 和 Morgan 认为这些资源包括:财务、实物、人力、组织、信息及关系等。但仅当这些资源能使公司在市场上获得独特能力与资质时才行。Srivastava 等指出市场导向资产分为两种:关系与智力,这些无形资产具有潜力达到 SCA。对于资源的类型,学者们提出了多种分类方法。最简单的分类就是 Grant(1991)提出的有形资源和无形资源,而 Barney(1991)则将企业资源分为物质资源、人力资源和组织资源。沃纳菲尔特

(Wernerfelt)于1984年发表的《企业资源基础论》(*Resource Based View of the Firm*)一文,提出了企业内部资源对企业获利和维持竞争优势具有重要意义,对企业创造市场优势具有决定性的作用。资源基础理论以沃纳菲尔特及其发表的企业资源学说为起始标志,另一派则延续能力理论对于企业能力的关注,提出了核心能力和动态能力学说,我们称之为战略理论能力学派①。企业内部的组织能力、资源和知识的积累是解释企业获得超额利润、保持竞争优势的关键。Reed 和 DeFillippi 将这些导致因果模糊性的原因归纳为:隐含性、复杂性和专用性。企业资源的不完全流动性、不可模仿性和不可替代性不仅对维持资源的异质性是重要的,它们也是组建战略联盟的工具。核心能力(Core Competence)强调价值链系统中特殊环节上的技术和生产方面的专长,而这种能力更抽象、更综合、更具灵活性和应变力,类似"柔性战略""扁平化组织"等概念。核心竞争力理论的最大贡献就是把核心竞争力作为企业可持续竞争优势与新事业发展的源泉。持续的竞争优势取决于企业的核心竞争力,既包括企业善于自身构建和拥有关键性资源,也包括企业有效率地培育和使用技术创新和管理创新的能力优势。

达韦尼(D'Aveni)提出的超级竞争(Hyper-competition)理论模型,可以视为在新的历史条件及动态环境或超竞争环境下对熊彼特创造性破坏理论的继承与发展。达韦尼从竞争创新的角度提出,企业的竞争优势来源于创造性的破坏。他认为在动态竞争的条件下,企业的任何竞争优势都是暂时的,而不是可以长期保持的,有效的竞争者不是维持竞争优势,更重要的是及时地建立新优势。在市场集中度越来越高和竞争越来越具有动态

---

① 战略理论可追溯至古典经济学中的贸易理论,其中比较优势(Comparative Advantage)理论为其思想渊源。比较优势的思想源于古典学派,以18世纪亚当·斯密的社会分工理论、19世纪初李嘉图的比较成本理论(The Theory of Comparative Cost),以及俄林的资源禀赋差异论为代表。20世纪80年代,有关竞争战略的研究更多的是从产业经济学、组织行为学与管理学角度进行研究,代表人物有美国的安德罗斯(Kenneth K. Andrews)和迈克尔·波特(Michael E. Porter)。到20世纪90年代,有关战略的研究还在强调资源对竞争优势的影响,但此时对资源的界定不仅指企业外部的资源,还包括企业内部的资源,既包括有形的物质资源,也包括无形的智力资源以及网络资源。战略理论研究开始形成两个相对独立而又互为补充的流派:一派是资源学派,另一派是能力学派,该划分以普拉哈拉德(C. K. Prahalad)和哈默(Gary Hamel)在1990年5~6月的《哈佛商业评论》上发表的划时代文章——《企业核心能力论》(*The Core Competence of the Corporation*)一文为标志,综述战略管理理论的两个流派——资源学派和能力学派,最后提出持续竞争优势战略越来越依赖于企业自身构建、培育和创新的关键性资源和能力优势。

特征的情况下,获得高于平均水平利润的途径已经从对可保持的竞争优势的依靠转变为对一系列短暂的先动优势或者创新的依靠。达韦尼称这种现象为超级竞争(Hyper-competition),并认为在超级竞争环境中长期成功的道路不是试图维持长期优势,而是追求获得一系列暂时的优势,使公司比产业中其他公司领先一步。达韦尼认为,在许多市场中,优势维持阶段在缩短。在这种环境中,公司只有不断发展优势新来源,才能保持正的经济利润,见图2-10。众多关于可持续竞争优势的研究见表2-7。

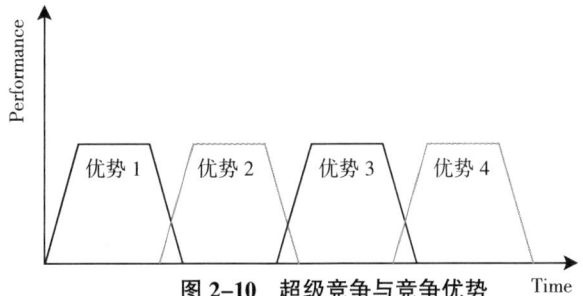

图 2-10 超级竞争与竞争优势

资料来源:D'Aveni R. A. Hypercompetition-Managing the Dynamics of Strategic Maneuvering [M]. New York Press,1994.

表 2-7 SCA 相关研究文献

作者	文献	主要贡献
Porter (1985)	Competitive Advantage: Creating and Sustaining Superior Performance	提出价值链是竞争优势的分析工具
Day 和 Wensley (1988)	Assessing Advantage: A Framework for Diagnosing Competitive Superiority	可能资源有超级技能与资源,分析时需考虑竞争对手及顾客视角
Dierickx 和 Cool (1989)	Asset Stock Accumulation and Sustainability of Competitive Advantage	公司资产的可持续性关键在于其替代性与模仿性
Prahalad 和 Hamel (1990)	Core Competence of the Corporation	SCA 源自核心竞争力,公司需要技能与资源固化到能力中去,以适应变化
Barney (1991)	Firm Resources and Sustained Competitive Advantage	SCA 资源的四个特性
Peteraf (1993)	The Cornerstones of Competitive Advantage: A Resource-Based View	SCA 资源的四个前提
Hunt 和 Morgan (1995)	The Comparative Advantage Theory of Competition	比较了各种竞争优势理论,相对优势能变成竞争优势

第二章 文献综述

续表

作者	文献	主要贡献
Oliver（1997）	Sustainable Competitive Advantage: Combining Institutional and Resource-Based Views	提出了异质的模型，并提出物质资本与制度资本对 SCA 不可或缺

资料来源：Nicole P. Hoffman. An Examination of the "Sustainable Competitive Advantage" Concept: Past, Present, and Future [J]. Academy of Marketing Science Review, 2000 (4).

众多理论在多个角度与 SCA 有关，如品牌、市场、组织学习、创新、顾客、市场关系、网络 (Hoffmann, 2000)。但本书认为应合并相关概念，并指出结合战略理论基础的最新发展，比较重要的有以下三个，见表 2-8。

表 2-8 与 SCA 相关的战略研究

概念	贡献作者	与 SCA 关系
组织学习与动态能力	Ghoshal 和 Westney (1991)、Glazer (1991)、Day (1994b)、Teece (1994)、Winter (2002)	SCA 在于其比竞争对手更快的学习能力和应变能力
创新	Foxall (1984)、Wolfe (1994)、Rogers (1995)、Gatignon 和 Xuereb (1997)	SCA 源自与公司相容的创新，不管是社会或技术上，能提供顾客不同的价值
网络与社会资本	Iacobucci 和 Hopkins (1992)、Anderson、Håkansson 和 Johanson (1994)、Achrol (1997)、Gulati (1998)	技术转移、信息交换、信任关系等核心能力得以加强

资料来源：笔者根据 Hoffman (2004) 修改。

纵观竞争优势理论的产生与演变过程，主要呈现出以下三条路径：①

第一，从组织外部到组织内部。最早对竞争优势进行专门研究的理论是以波特等为代表的行业结构学派。行业结构学派的战略思想起源于以 Mason 和 Bain 等为早期代表的产业组织经济学派，其基本范式是 S-C-P（结构—行为—业绩）。随着市场需求的多样化，技术革新和产品升级换代的速度加快，市场竞争变幻莫测，竞争优势就是导致企业比竞争对手更加成功，而竞争对手却无法模仿的因素。在这种背景下，战略资源论和核心能力论越来越受到重视。资源能力论是 20 世纪 80 年代兴起的一种战略学说，从不同的视角对企业业绩差异进行了解释。企业资源能力论作为从组

---

① 项保华，叶庆祥. 企业竞争优势理论的演变和构建——基于创新视角的整合与拓展 [J]. 外国经济与管理，2005，27 (3)：19-26.

织内部来寻找企业竞争优势的一种理论，逐步兴起并成为主流战略理论之一。

第二，从竞争到竞合。竞合是发生在企业或组织之间、涉及不同企业或组织的一种关系。一些学者开始从企业或组织间的角度来寻求企业竞争优势的来源，提出企业竞争优势来自组织间的"关系租"。Jeffrey Dyer 和 Harbir Singh 开创性地对关系租做出了如下定义：如同超常报酬，从厂商彼此的交换关系中产生，单一厂商无法产生，必须通过特定联盟伙伴共同的努力才能创造。

第三，从静态到动态。20世纪90年代企业经营环境的最大特点是竞争全球化，国际竞争愈演愈烈。全球统一大市场的出现，使国家的边界变得模糊。时间和速度已经成为新的竞争手段，企业原来建立的竞争优势越来越容易被对手攻克。企业竞争呈现动态化特征，企业的成功取决于对市场趋势的正确预测和对不断变化的顾客需求的快速反应。成功的企业是擅长创新的企业，是不断学习的企业。于是，学者们越来越关心创新与企业持续竞争优势的关系。在这种情况下，只能通过持续不断的创新来创造一系列的临时优势，从而保证企业总体优势的可持续性。相应地，企业竞争优势的核心问题是竞争优势及其来源的持续更新，因此我们更加应该考虑如何持续更新竞争优势来源。

综合国内外竞争优势的研究可以发现，学者不再偏重于短期有形资产或资源的优势探讨，更多研究集中于如何使企业在变化的市场中不断创造新的优势的能力，也即学习与创新能力的实现，这些能力的实现需要良好的社会资本支撑，这也是本书需要探讨的内容。

第三章 房地产企业管理现状研究

房地产业不仅是连接国民经济诸多产业的重要环节，而且是连接投资与消费、政府与市场、眼前利益与长远利益、私人利益与公共利益、经济发展与自然环境和资源之间关系的关键环节。在所有发达国家，一方面房地产业都是高度市场化的产业；另一方面房地产业又是制度约束最严密的产业。体现这些制度约束的政策体系包括保持社会稳定、改善环境、节约资源、促进公平、保护消费者、调整供求、维护市场秩序等多个方面。

从国际比较看，我国房地产市场处于初级发展阶段。这个阶段的基本特点可以概括为供给占市场主导地位，需求方存在较大盲目性，要素制约力大，制度体系不健全四个方面。

我国房地产市场不成熟的一个重要体现是土地、资金等要素对市场发展的约束力极大。在我国，一方面，政府既是土地的唯一供给者，又是土地政策的唯一决定者，土地供给存在垄断性。另一方面，由于房地产金融不发达，直接融资渠道狭窄，房地产投资的资金来源只能主要依靠银行。由于相关市场发育程度低，房地产企业通过违规手段获取这些要素的做法反过来又拖累以致抑制了房地产市场的规范、健康发展。前期在土地协议转让的政策下，我国房地产企业的兴衰与其从政府手里"拿地"的能力联系紧密，有地就能赚钱。又由于我国正处于城市化加速发展过程中，房地产开发和城市扩张、城市改造联系密切。不论是在大城市还是中小城市，房地产项目经常是和政府的城市升级改造意图密切联系在一起的。此外，我国城市中的拆迁、上下水及煤气等公用事业的接入等也离不开政府部门的支持。房地产企业和政府的这种相互依赖关系很容易造成寻租腐败、野蛮拆迁等弊端和对消费者的轻视。作为这么一个大的产业，房地产产业链条这么长，其深层次的问题多种多样，特别是涉及法制建设的完善、基本制度的改革以及市场主体观念的转变。

社会资本、创新与可持续竞争优势

第一节 房地产企业的社会资本研究

一、房地产企业与政府关系

公平地说,在我国房地产市场从无到有、从小到大的发展过程中,开发商发挥了非常重要的作用。但由于市场中普遍存在不规范,"官商勾结"的腐败、对消费者的欺诈、房价中包含的暴利等问题使房地产企业的社会形象受到很大影响。在不少地方房地产项目的运作过程中,房地产利益集团的发展是畸形的,房地产市场的主体行为及其各种关系都发生了异变。假"招拍挂"、办理项目证照手续时的厚此薄彼现象依然存在,这种情况下企业嗜利的本性就会促使企业使尽各种手段获取机会;而且"机会"越有限,"竞争"越残酷。对制度设计而言,裁量空间越大,寻租空间越大;寻租空间越大,企业的机会导向行为越明显,就越不利于市场的规范和行业的发展。房地产开发企业与政府职能部门官员相互勾结,通过暗箱操作抬高房价以牟取暴利,这种房地产领域的腐败行为,不但存在着理论上的可能,而且在现实中已经出现了大量的腐败案件。目前我国的房地产市场还很不健全,政府的监管尚有缺失,导致该领域存在大量问题。透明国际在 2002 年发布的贿赂感知指数(Bribe Payers Index, BPI)提供了按产业领域评估商业贿赂严重程度的数据。从全球来看,贿赂最为严重的几个产业领域依次是:公共工程/建筑行业、军售和国防采购、石油及天然气、房地产,房地产位列第四[①]。

有关研究人员甚至提出,房地产界多富豪并非因为房地产业已成为中国的黄金产业,而是由于房地产业是国内最大的权力寻租场所。据统计,过去几年里,在"落马"的领导干部以权谋私、贪污受贿的案件中,涉及土地批租问题的约占 1/3。这从反面印证了房地产企业的问题。

企业所认可的关系不是单纯的私人关系,而是一种实在的企业资源,

---

① 任建明. 房地产腐败是对弱势群体的掠夺 [N]. 检察日报,2007-04-17.

既可以是企业和政府的关系，也可以是企业和银行的关系，仅仅具备资金实力的企业不一定能在房地产领域立足。从操作层面看，"关系"地产是将企业资产转化为资本优势，再利用资本购买土地，通过土地生产物业产品，从而实现企业利润。

二、房地产企业间合作关系

房地产企业是资源整合型企业，需要利用社会资源创造价值链的最大化，现在很多企业有一种倾向，就是通吃整个产业，设计、建筑、营销、物业、广告、建材等由自己公司完成，如碧桂园、珠江地产等公司，而且很多公司这样的冲动或想法很强烈，这与社会资本、战略联盟、公司理论都是相违背的。这种垂直一体化在市场化程度越来越高、社会分工越来越细的情况下是有问题的，主要表现为：

"要挟问题"以多种方式提高了交易费用。要挟问题最初源于Victor Goldberg的论文[1]，即由不完备契约与关系锁定相结合，采取另外一方不能阻止的行动；或者是使一方受益，另一方受损的重新谈判。这种在当事人之间进行利益强制性再分配的重新谈判和行动就是"要挟问题"。细心观察中国的很多房地产企业，为了获得产业链内部的垄断利润，其"通吃"建筑、设计、销售、物业等产业链上的各个环节，如富力地产、珠江地产、中海地产等。通过产业链所属大老板的强势约定，必须接受内部交易的不平等条款，引起内部之间的不信任与不配合，最终靠企业行政力量来促进企业的运营，大大提高了协调成本。

技术效率与代理效率的同步降低。Williamson认为最优的纵向组织可以减少技术非效率和代理非效率的总和，实现经济化（Economizing）[2]。目前房地产企业仍属于资本密集型粗放经营，因此，完全可以通过公开市场的招投标实现建筑成本的降低，这种前置成本的显著降低将对整个成本有着重大的改善作用。相对于纵向一体化中的单个部门，市场上的厂商有更

---

[1] Victor Goldberg. Regulation and Administered Contracts [J]. Bell Journal of Economics, 1976 (7): 426-448.
[2] Williamson O. Strategy Economizing and Economics Organization [J]. Strategy Management Journal, 1991 (12): 75-94.

强的激励与动因去降低成本和进行创新,因为如果不创新,那么生意就会更有效和被更具创新精神的竞争对手就会夺走,而一体化中的建筑公司或物业等部门不会有这样的压力存在,原因在于有一个接受它们的被俘市场(Captive Market)。在技术与生产效率问题上,房地产企业有一个假象需要分清。表面上是同属集团的两家公司,如富力房产与富力建筑,虽然独立核算,但是最终两方面利润都流向总公司,建筑公司由于效率低下,并没有获得与其高报价相一致的回报率,而地产公司方面由于前置成本(建筑成本)过高,利润率下降,于是两者利润之和可能少于地产公司通过招投标市场选择较低的建筑报价而获得的利润。代理效率的低下源于两方面的因素——代理成本(Agency Cost)和影响成本(Influence Cost)。代理成本是与员工懈怠或不负责任产生的成本,以及为了防止懈怠而引起的管理控制成本,也包括协调成本大大提高而造成的损失。影响成本是影响组织内部利益分配的活动成本,不仅包括影响活动的直接成本(例如,为了推翻一个不利于本部门的决策,部门经理向核心管理层游说所耗费的时间),还包括由影响活动所造成的错误决策的成本(例如,一个低效率部门由于游说而获得不应给其的工程机会或资源,造成资源分配不当)。总体来说,房地产企业的代理成本(内部供给相对外包产品质次价高)及影响成本(企业不得不选择资源配置低效的方案)都比较高。

税盾(Tax Shield)及转移定价(Transfer Pricing)的优势丧失。斯彭格勒(Spengler J.)模型说明了[①]企业要想在垂直一体化中获利,就必须以边际成本(MC)作为内部转让价格,从而避免双重价格扭曲,而不是在生产的每个环节都要加上自己的边际利润,否则作为一体化的价格歧视手段就达不到,而房地产公司偏偏在这个环节中做得不够,从而在市场上获取土地时优势并不明显。赫希利弗(Hirsclelfer J.)模型[②]则从市场竞争的程度说明了内部转让定价的原则:要么以成本为基础,要么以市场价格为基础。中国建筑企业的税收是回到当地部门缴纳,很多房地产企业利用这一点,想用一些潜规则进行避税。因此在设定内部转让价格时有意提高建筑公司的报价,使房地产的利润率降低。但这样的税盾措施,既使一体化

---

① Spengler J. Vertical Integration and Anti-trust Policy [J]. Journal of Political Economy, 1950 (58): 347–352.
② Hirsclelfer J. On the Economics of Transfer Pricing [J]. Journal of Business, 1956 (7).

的定价优势丧失,同时由于垄断的存在、效率的低下,建筑公司并没有因为较高的报价获得相应的高利润率,反而成为低生产率的消耗机器。养肥了一体化内部的"独生子",在真正的市场上一点竞争力都没有,即使在一体化过程中规模做得很大,也是规模不经济(Diseconomies of Scale)。

增加企业的运营成本,使企业的财务杠杆作用降低。纵向一体化扩大了企业的营运资金需求,增加了整个集团企业的固定成本。这对于较强地依靠资金杠杆作用的房地产企业来说并不是一件好事。本来通过外包可以由其他企业帮助承担一部分资金,现在由于自己建筑房屋,无形中增加了自己的很多成本及资金的占用,融资压力也相应地增加。这不仅增加了企业的经营风险,而且耗费了较多的资本资源,可能使企业错失更多的机会。同时,房地产部门又要相对核算,单独开拓市场,由于内部建筑部门的前置成本抬高,这种双重价格扭曲下,为了实现保本利润,集团内部的房地产部门在土地市场上报价反而不占优势。

现代化大生产同手工业时代的一个重要区别,就是社会分工越来越细,专业深度越来越精。到今天,我们越来越感到把一个领域做得精通是非常困难的事情。大多数行业的发展都体现了产业链细分的特质,最后由强有力的系统集成者依靠其强大的整合力,把终端产品推向零售市场。对于产业链条上不同环节的资源,不同的整合者运用自己的整合方式,效率不一地将其组合在一起,以达到自己能力下的资源最大化。

房地产行业涉及行业之广是很多行业无法比拟的,其产业链条之长、面之宽是许多人认识不到的。一个好的、成熟的开发商会清醒地认识到,完全依靠自己的力量是无法完成优秀产品的开发的。"天下熙熙,皆为利来",只有树立合作共赢的理念,才能在复杂的市场竞争中取得胜利。

只有相互认同的企业文化和专业认知,才能在交流的基础之上,生产出最好的产品和提高经济效益,通过若干轮的淘汰机制,逐渐形成稳定的、彼此了解的战略合作伙伴队伍。这是我们稳定产品、降低磨合风险的最有效办法。

吉姆·柯林斯(Jim Collins)将企业比喻为刺猬。刺猬是一种简单而专注的动物,只关心寻找食物和整理自己的家。刺猬一样的企业绝不会不自量力地去做任何力所不能及的尝试。相反,它们只关心三件事情:它们最为擅长的,它们最喜欢做的,以及能为它们带来充足的现金流与利润的事情。兼具三个条件的事业就是这些刺猬一样的企业的目标。柯林斯说:

社会资本、创新与可持续竞争优势

"卓越企业的发展战略无一不是建立在深刻认识这三个条件的基础之上。"

三、房地产企业的信用

利润第一的商业原则必然使资本向利润最大化方向流动,从而经济活动中的急功近利心态、追求短期回报的投资模式,以及由此衍生的欺诈、瞒骗手段等就在所难免。但是,利润最大化却并非商业活动的核心价值。实际上,企业必须追求利润的长期化,否则无法立足。要实现利润长期化,就必须以企业信用系统为支撑。诚信不是技术,也不是一个口号,而是价值观,是企业对待客户与合作伙伴的态度,同时包括对待自己员工的态度。真实、守信,才是企业的价值观。打造地产品牌最核心的是兑现承诺,对社会、对员工、对业主、对合作伙伴、对施工企业,一定要兑现承诺,这才是一个品牌最基础的东西。小品牌往往蕴藏着大力量。对房地产业起革命性推动作用的,往往不是万科、珠江这样的大品牌,反而都是小品牌,其项目小、规模小,但品质却是相当的高。像星河湾、锋尚、观唐,这些都是革命性的品牌,也许跟它们的市场地位极不相称,但是影响却非常大。对于开发商来说,无论规模大小,只要从品牌做起,就一定会成为行业的领导者。

中国社会科学院发布的《2007年中国房地产发展报告》认为,"我国房地产企业素质较低"。房地产行业遭到集体"丑化",主要是行业本身存在的种种问题所致,并非公众无风起浪。作为一个支柱产业,房地产行业的名声却并不是那么光鲜。虚假广告、虚假承诺、质量不合格、恶意拖欠、野蛮拆迁、偷逃税款等情况都有。房地产市场利润空间较大、有效竞争不足,很多房地产企业维持着落后的经营管理机制,忽视产品质量和企业信誉,引发各种各样的社会矛盾。受到土地和资金要素的制约,这些房地产企业只能以获得单个项目的最大利益为目标,短期行为严重,"挖一桶就走"是老百姓对它们形象的说法。由于房地产产业发展速度惊人,市场约束机制相对滞后,房地产企业以非正常手段获取超额利润的情况屡见不鲜,很多企业凭借非正常手段获得高额利润后,短期内得以发展壮大并取得显著"成功",甚至形成了房地产企业经营有方就是"成功"运用非正常手段的社会共识,对整个产业的行为方式产生了极坏的影响,损害了企业的社会形象。

房地产企业家越来越意识到，在市场经济即信用经济的社会企业品牌很重要，信用和声誉几乎与企业生命息息相关，好的信用会产生好的声誉。戴维斯·扬认为："任何一个团体组织要取得恒久的成功，良好的声誉是至关重要的，声誉管理是一个具有巨大潜在价值的产业。"Hall（1992）调查发现，英国的经理们把声誉作为13种无形资产中最重要的一种。Fombrun和Rindova（1996）认为，"企业声誉是企业过去一切行为及结果的综合体现，这些行为及结果反映了企业向各类利益相关者提供有价值的产出的能力。企业声誉可用来衡量一个企业在与内部员工及外部利益相关者的关系中所处的相对地位，以及企业的竞争环境和制度环境"。

面对日趋激烈的市场竞争，房地产企业声誉管理有着非常重要的意义。房地产企业尤其是开发企业的大部分资金都非企业自有资金，融资对于房地产企业尤为重要。声誉好的房地产企业，信用度高，融资能力强；声誉差的房地产企业，信用度低，很难获得预期的投资。强化声誉管理，赢得社会公众的认同、信任，是房地产企业赢得顾客、获取生存的根本。由于房地产产品本身的价格较高，购房者在购买时会更注重企业的声誉，声誉好的房地产企业，更容易让购房者产生信任，从而促进交易。

诚信地产品牌对企业快速发展有拉动力，推动更多的诚信地产品牌抢占不动产开发价值链的高端，提高诚信地产品牌的开发技术含量和品牌的价值，拉动诚信地产品牌企业进一步快速大发展，将是房地产行业发展的趋势。

第二节　房地产企业的创新

经济学家熊彼特在《经济发展理论》一书中指出，"企业家之所以能成为企业家，并不是因为其拥有资本，而是因为他拥有创新精神并实际地组织了创新"。中国的房地产企业还没有遇到强有力的外部竞争，因此也缺少内涵式扩张的足够动力。房地产行业虽然位列暴利排行榜头几名，但在创新方面却少有建树。如今买房者已不再是为了满足单一的居住需求，有相当一部分人群因向舒适型居住条件和高品质居住条件过渡而买房，从而通过改善居住品质改变生活品质。许多有远见的开发商在完成了资金积累之后，希望能建出更多的精品住宅，品质地产成为未来楼市的发展方向，"以品质打品牌"，品质也是创新的一个重要方面。

房地产企业的成功依赖于多种技巧以及判断能力的实时结合，从本质上看，房地产企业是知识型的企业。房地产企业应是一种学习型组织，是组织成员对环境、竞争者和组织本身的各种情况的分析、探索和交流过程。善于应变的学习型组织，是形成竞争优势的重要源泉。房地产企业内部的知识，存在于其各项价值活动之中，但不是所有的知识存量都能够形成房地产企业的核心能力，只有那些设计、工程管理、营销、服务等暗默知识才能成为核心能力的来源，并通过这些能力进行不断的创新。

对房地产企业而言，即使现实的市场空间是有限的，也完全可以开创新的市场空间。企业的市场份额相对于城市开发总量、全面开发总量来说是很低的，并且企业也可以通过创新开创新的市场空间。既然每个企业都想获得持续的竞争优势，那么每个企业都需要创新，无论是产品创新还是制度创新。万科的城市花园系列、世茂的滨江豪宅系列、万达的商业广场系列，等等，都是在不同的城市进行产品的复制、连锁开发，只不过其产品模式是创新的。

一个行业要进步，就需要不断有人超越现有标准，做出示范性的产品来。关键在于，什么样的标准才可以称得上是进步的？要做些什么以及怎么做才有资格引领这个行业？引领标准的实质是什么？答案是创新。在以往的房地产开发模式中，沿袭老传统的思想掣肘了地产商发展的动力与决心。事实上，只有创新才是地产发展的内在驱动力，是引导房地产市场发展的航标。未来的中国房地产界，资本流通会更加频繁，国际交流会成为主导，房地产业将在不断的变革中得以生存、繁荣，地产开发者角色分工会更加清晰，压力会不断增大，创新将是其唯一的出路与动力。

北京星河湾的设计部门有70多名专业设计师，汇集了规划、园林、水电、暖通、室内设计各个专业，他们必须从规划设计、建筑、环境、室内设计四位一体的成品效果考虑整个社区、整栋建筑，甚至一个单元、一个户型、一处景观的协调，"设计师交给我们一百张图，我们往往还要在这个基础上，再出一百张图，才能真正指导施工，做出我们想要的效果"。从企业高层的讲话中可以看出，该企业在设计、创新方面投入巨大，同时其也创造了行业内很难超越的标杆。

第三节 房地产企业的动态能力

"当危机成为经营环境时,危机已经是经营的条件而非制约因素。"(陈春花,2008)

2008年地产经历波动,万科"快速销售、快速周转"策略高速运转,快速开发销售回笼现金,保障资产回报率。决策背后是体系的支撑,万科的项目定价权早已下放到各区域公司,因为各区域公司对市场反应最为敏感,可以根据市场情况制定销售方案。万科研究院每月会统计分布城市的"批售比",万科将这一数字与公司内部在这一区域市场的销售情况和存货情况进行对比,以判断区域市场的冷热和公司的销售速度。根据公司的内控体系,一旦这两组数字的对比发出预警,公司就必须调整策略,即时反应。

真正的核心竞争力是将这些资源有效地整合起来,通过企业把内在的价值整合起来,使这些资源能够提升企业的竞争力,形成很强的整合力和核心力。克服企业战略调整中路径依赖的特征,要求不断更新和发展企业的动态能力。动态能力的发展则是以企业的知识、学习为基础的。房地产企业的资源知识整合,就是企业促进其内部知识与资源匹配的过程。资源知识整合将有助于房地产企业建立适应特定时间、区域、目标市场的开发理念与团队,最终决定企业对特定地块的开发方式与开发结果,进而决定房地产企业的创新能力,构成房地产产品差异的来源。这种能力可能具有某种历史路径依赖性,即企业必须通过持续的积累、提炼才能获得。

现阶段,在中国的房地产企业里,动态能力的建设迫在眉睫,对于中小型房地产公司而言,由于其架构比较简单,老板亲自管控所有事情,对环境的反应速度很快,这类公司需要重点解决的是能力与理论更新的问题,只有解决了理论与更新的问题才能做强、做大,不能再停留在作坊阶段;而对于大型地产公司的来说,其能力僵化比较严重,老板对自己的理论及管控方式过于自信,得到的企业内部信息是不对称的,导致企业对外界的反应滞后。所以动态能力建设是所有地产公司必须要解决的问题。

社会资本、创新与可持续竞争优势

第四节　房地产企业的可持续竞争优势

多数房地产企业都忙于找钱、拿地、跑关系等,忽视了内部管理问题。其实,多年的快速发展掩盖了企业存在的管理问题,如法人治理结构不完善、组织结构设计不合理、职责分工不明确、规章制度不健全、执行效果不理想等。当市场环境、规则发生变化时,这些问题将会集中凸显,如果不及时解决,可能会影响企业的转型,更影响企业的可持续发展。对于房地产企业来说,应尽快由市场发展中的关系导向、机会导向转变为市场导向、战略导向,企业管理者应由市场政治家转变为战略管理者。企业通过一次偶然的机会,在获得一块土地后进入房地产业,结果是"成功了",可是这种成功不代表可持续。房地产开发商如果能跳出只追求经济利益的思维模式,更多地关注员工、合作伙伴、客户等各方面的利益相关者,不仅能够保障经济利益,而且必将获得更多的经济利益。

企业的优胜劣汰和兼并重组是市场经济的客观规律,目前是市场的调整期,也是企业最好的转型期,更是优秀企业持续发展的最佳时期。经济危机或市场低迷在对房地产企业经营业绩造成普遍影响的同时,加速了行业集中度的提高,扩大了企业间业绩分布的不均衡性,更有利于优质房企强化市场领先优势,从而使竞争力得以持续提升。

以核心知识为基础形成的竞争优势的维持与发展要求企业有效组织知识的创新。一定的竞争优势要求企业在自身的经营过程中通过学习形成一种独特的知识;竞争优势的维持实际上是这种知识以及相关运用能力的独家拥有。结合房地产企业的自身特点和条件,资源—知识整合就是企业促进其内部知识与资源匹配的过程。资源—知识整合将有助于房地产企业建立适合特定时间、区域、目标市场的开发理念与团队,最终决定企业对特定项目的开发方式与开发结果,进而决定房地产企业的创新能力,构成房地产产品差异的来源。

近十五年来房地产企业演化发展路径可以这样描述:企业创始人早期社会关系及资本—初创企业—社会资源整合—成本领先战略(2000年前)—知识资源提高—社会资本发展—动态能力—创新—可持续竞争优势。这样的路径下企业取得了阶段性优势。但在后续发展中初创企业的成功经验不一定有用，事实上企业环境也发生了较大的变化。新时期地产企业需要对社会资本、动态能力、创新更加重视，只有社会资本、动态能力、创新等方面提高了，才能使企业具有可持续竞争优势。

第四章 理论模型与假设提出

第一节 创新、社会资本、动态能力对竞争优势的影响

一、社会资本与创新的关系

汤姆·帕辛格（Tom Petzinger）指出，"没有人可以跟所有人一样聪明"。作为社会资本的一种，网络关系对创新的作用得到了广泛的实证研究。Kraatz发现，社会资本能够促进组织间合作与组织间学习。Pittaway等对此方面的研究文献做了最深入与全面的回顾，他们通过对网络行为与公司创新能力的最全面检索，发现网络能带来明显的好处：风险共担、外部市场机会、新产品速度、互补技术等都会对创新及外部知识的利用有极大的帮助。他们对各网络关系对创新的影响作了详细论述，随着产品变得更加模式化且知识更加分散于不同组织，企业也越来越认识到正式与非正式合作的重要性，创新将不再是一个公司的事情，更多地体现为这个公司所嵌入的网络，如供应商合作中创新的周期减少25%、采购质量提高40%。

合作创新是指企业间或企业、研究机构、高等院校之间的联合创新行为。产业组织理论认为，合作创新是技术外溢内部化的有效途径，也为企业互补知识的转移和利用提供了一条有效的途径。合作创新能够实现双赢的效果，合作双方通过互补资源和能力的组合，共享资源，共担创新风险

和成本，能缩短创新周期，提高创新效率[①]。

Tsai 和 Ghoshal（1998）从企业产品创新的特点和过程出发，利用企业社会资本理论，通过对几家大型跨国电子企业的实证研究发现，企业的社会资本对企业获取市场和技术信息、加强员工间的交流和沟通起着重要的推动作用，从而加速了企业产品创新的速度和提高了企业产品创新的效益。因此他们的研究证实了企业的社会资本与产品创新之间存在显著的正相关。Maskell 研究社会资本对技术创新作用后指出，企业社会资本对技术创新的贡献是通过减少企业内部、企业与外部企业之间的交易成本而获得的，其中包括信息的搜寻成本、讨价还价成本、决策成本以及实施成本等。

许多经验研究表明，一些用户对创新项目有重要贡献，起着发明者或合作开发者的作用，这一现象在许多领域被证实。随着知识经济时代的壁垒以及先进技术的大量涌现，用户创新将进一步得到发展。还有一些研究者也进行了类似的研究，Gales 和 Mansour-Cole 验证了用户参与创新项目与创新项目的成功率有显著的正相关关系。

供应商在创新中的作用得到了广泛的关注，在许多产业中，供应商早期参与创新能提高创新绩效，这些可以被视为企业可持续竞争优势的来源。开放式创新还能集中能力挽救"假否定"（False Negative，因不适合公司现有的商业模式，初看起来无市场前景但实际上有潜在市场价值的项目）。

企业网络关系在创新中的作用主要有以下几个方面：①利益相关者之一：全体员工。创新是一个经济活动过程，是发现价值创造的新方法，虽然不是每个人能成为发明家，但是每个人都能进行创新，人人都是创新者。②利益相关者之二：领先用户。Kleinschmidt 和 Cooper 对 123 家企业的 252 个新产品进行了研究，发现大多数新产品来源于顾客的创意，而不是来源于公司内部的头脑风暴会议或者成熟的研发活动，从黏着信息来看，领先用户的黏着信息比普通用户的黏着信息具有更高的战略价值。③利益相关者之三：供应商。让供应商参与新产品的初期设计和开发，供应商与制造商技术和能力相结合以及在开发的早期阶段对多种思想的评估，能大大减少开发时间，缩短创新周期和提高创新效率。④利益相关者之四：技术合作者。企业将各自拥有的互补资源结合在一起，加速信息的沟通和共享，

---

① 陈钰芬，陈劲. 开放式创新：机理与模式 [M]. 北京：科学出版社，2008.

促进知识和技术的创造和有效转移，提高应对复杂情况的能力，共担技术创新的风险和成本，能缩短创新周期和提高创新效率。

张方华（2004）从企业社会资本的三个组成部分出发，系统地研究了企业社会资本如何通过信息获取、知识获取和资金获取来影响企业的技术创新绩效，并构建了相应的理论模型，从而打开了企业社会资本如何影响技术创新绩效这一"黑箱"。研究结果显示，企业的社会资本确实能够影响企业的信息获取、知识获取和资金获取，进而影响技术创新绩效。

韦影（2005）认为，企业提高技术创新水平的关键在于通过内外部社会资本有效地获取和利用知识，其在现有企业社会资本相关研究文献的基础上，提出了企业社会资本通过正向作用于吸收能力来促进技术创新绩效提升的概念模型，并以我国企业为研究对象，全面研究了企业社会资本的结构维度、关系维度和认知维度与企业技术创新绩效的关系，并着重分析了吸收能力对此关系的作用。

综合以上文献分析，提出本书的第一个待验证假设。

H1：社会资本对创新有促进作用。

二、动态能力与社会资本、创新的关系

1. 动态能力与社会资本的关系

现有文献中，Blyler 和 Coff（2003）的研究对动态能力和社会资本的连接作了重要探索，他们认为社会资本对资源的获得、整合及再拨是动态能力的核心。处于结构洞（Structural Hole）、跨边界、中心位置的员工更有可能获得或利用动态能力，因为他们的社会资本使他们获得这样的信任。根据 Blyler 和 Coff 的研究，社会资本是动态能力的必要但非充分条件①（Necessary Though not Sufficient Condition）。社会资本通过促进多种外部信息流使资源获取更为方便，缺少了社会资本，公司就不太可能在动态环境中获得持续的资源与信息流，对企业家来说，不仅需要创意，更需要社会连接。Grant 认为，社会资本是知识整合的重要机制，Nahapiet 和

---

① 资料来源：Blyler M., Coff R. W. Dynamic Capabilities, Social Capital, and Rent Appropriation: Ties that Split Pies [J]. strategic Management Journal, 2003（24）：677-686. 尽管该作者的文章发表在顶级杂志上，但其只是从文献分析角度讨论。所以本书后续部分需要对此论断进行实证。

Ghoshal（1998）认为，"社会资本影响了交换及整合的必要条件，从而促进了智力资本的发展"。

Adner 和 Helfat（2003）综合考察了各类资源要素，认为动态能力会受到人力资源、社会资本和管理层认知三个潜在因素的影响。这三类因素单独或者共同起作用，决定了企业战略性和操作性管理决策，进而对动态能力产生了重要影响①。

杨鹏鹏和袁治平（2008）探讨分析了企业家社会资本影响企业动态能力的机理②，采用文献综述的方法，在对企业家社会资本和企业动态能力进行评述后，重点分析了企业家社会资本对企业动态能力的影响机理，即在信任、互惠的基础上，企业家动员蕴含在自身社会关系网络中的相关外部资源，如信息、资金、技术、政策支持等，通过整合、更新、配置、学习等方式，积累和提升企业的动态能力。

台湾学者巫立宇探讨并分析了动态能力③，采用实证方式进行兼具验证性和探索性的研究。研究以台湾 1000 家大企业为样本，尝试使用 LISREL 二阶因素分析建构动态能力的衡量方式，结果表明，厂商动态能力的强弱会反映在该厂商的整合能力、学习能力和重组能力上。该研究还探讨了影响动态能力的因素，回归后发现：厂商拥有资源的多寡、社会资本的强弱均会显著影响动态能力，而采用路径相依的观念却未必能提升其动态能力。

社会资本中联盟能力也是动态能力的一种表现形式。关系也会对动态能力产生影响。

Park 和 Luo（2001）在英文文献中用"guanxi"来表达"关系"，研究了关系、组织网络对组织动态能力所起的作用，并以中国公司为研究目标，研究表明，只有制度及战略因素对利用政府关系起显著作用，关系会促进高绩效，但仅限于产值增加，对于利润率增加没有作用，也就是说，关系对市场扩张及竞争位置有显性作用，但对内部运营没有作用。所以关

---

① Adner, Helfat C. E. Corporate Effects and Dynamic Managerial Capabilities [J]. Strategic Management Journal, 2003（24）：1011.
② 杨鹏鹏，袁治平. 企业家社会资本影响企业动态能力的机理分析——以民营科技小企业为例[J]. 情报杂志，2008, 27（9）：146-150.
③ 巫立宇. 资源、社会资本、路径相依、动态能力之研究 [J]. 管理评论（台湾），2006, 25（1）：21-140. 在此感谢巫教授能及时发来其几篇关于此方面的研究成果。

系对公司的影响体现在两方面：一方面，关系资本使企业在动态环境中建立发展的可持续性，并帮助企业减少困难等；另一方面，这种内部惯性又阻止了企业通过内部变革提高利润的欲望。

Luo研究发现，在动态环境中，组织与供应商、采购商、竞争者及政府的网络关系能力会因更加复杂的组织环境而提升，两者关系通过战略主动性来调节。

综合以上文献分析，提出本书的第二个待验证假设。

H2：社会资本对动态能力有促进作用。

2. 从进化的角度看动态能力与创新

从战略的角度看，动态能力可以理解为持续的创新，早期资源战略的相关研究强调特殊资源能力的重要性（核心能力）。在获得超额租金中特别强调公司资源的变化，动态能力将创新置于战略的核心位置，特别是动态环境变化与创新行为一致化。在这种进化匹配的过程中，特别重要的是一种学习效应（Zollo和Winter，1999）。

"动态"概念强调组织能力的持续革新，动态能力的概念修正了资源观，即市场和组织能力都被概念为动态与灵活的。Eisenhardt和Martin（2000）探讨了动态能力、资源及竞争优势之间的逻辑联系，同时这也是资源观存在的主要问题，主要包括三点：①在VRIN中，动态能力本身就是动态市场中长期竞争优势来源，公司有效的动态能力有其共性（如最佳实践），这本身就破坏了资源观中各公司资源异质性的假设；②RBV强调战略杠杆作用，尽管一些资源结构确实能导致长期竞争优势，但现实是竞争优势是短期的，这导致管理人员创建暂时性竞争优势更有意义，他们的战略逻辑是机会性的；③高速动态市场对RBV来说是有边界条件的，总体来说，RBV强调以小的资源获取长期竞争优势，而高动态市场战略需要的是通过及时且宽松的组织结构建立一系列不可完全预测的优势。在动态市场中，RBV要结合其路径依赖与路径突破（Path-breaking）战略，传统组织适应性与动态能力是相一致的。

甚至有观点认为创新能力就是动态能力的一种，结合Schreyogg和Martina提出的能力动态化的双过程，动态能力与创新的作用机理见图4-1。

综合以上文献分析，提出本书的第三个待验证假设。

H3：动态能力对创新有促进作用。

社会资本、创新与可持续竞争优势

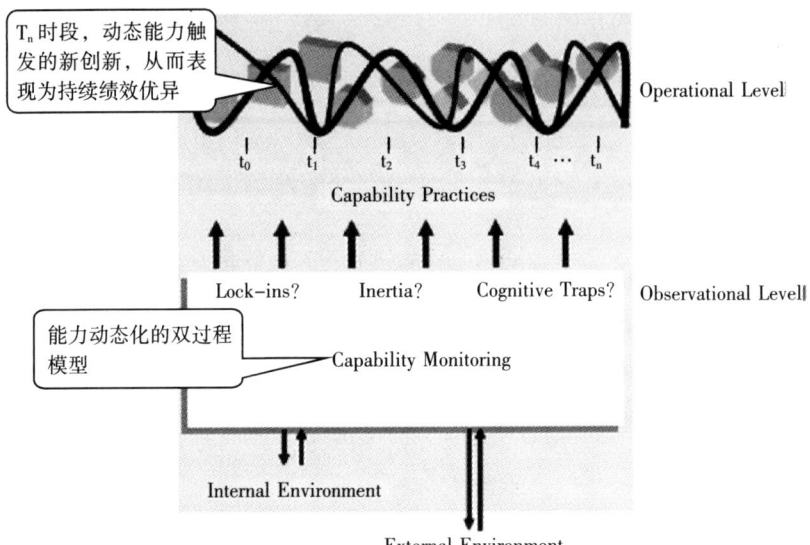

图4-1 能力动态化的双过程与创新及绩效的模型

资料来源：Georg Schreyogg, Martina Kliesch-Eberl. How Dynamic Can Organizational Capabilities Be? Towards a Dual-Process Model of Capability Dynamization [J]. Strategic Management Journal, 2007 (28): 913-933.

三、三者对可持续竞争优势的作用

1. 社会资本对可持续竞争优势的影响

Arrow认为，"实际上每一笔商业交易本身都具有信任的元素，任何跨越一定时期的交易更是如此，世界上大多数经济落后的国家都可以用缺乏信任来解释，是有些道理"。福山在《信任：社会的美德与繁荣的源泉》中将德国和日本的繁荣社会与意大利和中国这种"欠信任度"的欠发达社会做了比较。

较早的研究发现，开放式组织比封闭科层组织在信息与资源扩散方面更有效率，从而产生不同的组织效率（Saxenian，1994）。Gulati（1995）研究了组织间信任（定义为"减少对交易对象机会主义行为担心的一种预期"）和组织间关系的相互影响，企业联盟或企业间的重复联系产生组织间信任，这种企业间关系是随时间发展的。在中观层次上，企业家的社会网络及其结构决定了企业家获取信息与资源的能力。White提出"市场即网络"的概念，厂商是存在于社会网络中的，他们的交易行为是在互相接触观察后达成的,并同时建立起信任关系和市场制度。

Park 和 Luo(2001)等具体探讨了关系对公司绩效的影响,一般说来,关系给公司带来较高的绩效,但仅限于销售量的增长、公司市场扩张和竞争地位巩固,而对利润和内部运营无促进作用[1]。另外一些研究主张中国日益深化的市场转型、管理关系和网络只是企业成功的必要条件而不是充分条件。

Berry 于 1983 年首先提出了关系营销的概念(吸引、保留和增强顾客关系的行为),Gemmesson、Gronroos 将其提升到了理论高度。众多学者对关系营销作了深入研究,信任和承诺等关系要素是反映各参与方的关系持久性和关系质量强度的核心衡量指标。另外,Anderson 和 Narus 提出了"分销商、供应商合作伙伴"模型,Morgan 和 Hunt 提出了"承诺—信任"模型,Montgomery 和 Yip 指出了大客户管理理论,Hakansson 提出了著名的 AAR 模型。

企业社会资本是企业的一项经济资源,并且正如 Johanues Pennings 和 Yungmook Lee 所分析的,这是一项能够促进企业内外部合作的经济资源,符合 Barney(1991)所提出的能够为企业带来竞争优势的资源的四项标准,即有价值、稀缺、难以模仿、不能完全替代。企业拥有了这项资源,就可以为企业带来经济租金。Bruce Kogut 认为,企业社会资本为企业带来的经济租金包括两种:一种可以被称为"合作租金",是企业社会资本的存在促进了企业(或其内部成员)之间在关系网络中的合作而产生的一种租金,它有益于合作网络中的每一个成员;另一种是"位置租金",它来源于企业(或其内部成员)在关系网络中的位置,不同位置的企业可以获得不同的"位置租金",一般来说,居于网络中心性位置的企业能够获得更多的"位置租金"。合作租金和位置租金的有机结合,就表现为企业最终的竞争优势。

Fischer 和 Pollock 认为,社会资本在战略变革中能够提高企业的存活率,Melander 和 Nordqvist 研究发现,社会资本使瑞典家具行业重新焕发了活力,Moran 则认为,社会资本的结构嵌入和关系嵌入将会给企业执行型

---

[1] Park S. H., Luo Y. D. Guanxi and Organizational Dynamics Organizational Networking in Chinese Firms [J]. Strategic Management Journal, 2001. 另外,Guthrie(1998)也对关系在中国下降的重要性做了评价,并进一步指出"关系仅帮助有竞争力的企业"不是充分条件。

任务和创新型任务的管理绩效带来不同的影响。

张其仔在《社会资本与国有企业绩效研究》中运用经验资料证明了：①企业内社会资本量的高低（用工人间的合作程度，工人与管理者之间的满意度，车间内班组长、工段长与车间领导的融洽程度表示）与企业的经济效益呈正相关关系，其中管理者与工人间的良好关系对企业的盈亏有显著影响；②企业内社会资本与企业职工的工作积极性呈正相关关系，与企业管理费用呈负相关关系①，都对竞争优势产生影响。

基于上述文献讨论，提出本书第四个待验证假设。

H4：社会资本与可持续竞争优势正相关。

2. 创新对可持续竞争优势的影响

世界经济"高增长"正在被"可持续"所替代，全球以及本土经济商业环境的一系列重大变化更是彻底将"可持续发展"主题推向了一个新的高度。其中创新一定是其最重要的变量。

索洛称 1909~1949 年人均工时产量增长一倍，其中只有 12.5%是由资本使用量的增加而引起的，剩余的 87.5%则完全归功于"技术变革"②。

喀斯（Guth）与金斯伯格（Ginsberg）认为，企业家行为应包括两种现象：一种是在已存在的组织中创造新的业务，即企业投机（Corporate Venturing），另一种是通过更新关键理念来转变组织，即企业更新（Entrepreneurial Firms）。阿瑟列杜公司（Arthur D. Little Inc.）对全球 669 位公司领导者进行的调查表明，尽管人们都认识到创新的重要性，但不到 25%的公司认为他们具备了在竞争性市场中获得成功所必要的创新能力（Tucker，2004）。一个企业要想拥有持续的竞争优势，就必须比它的竞争对手学习得更快、行动得更快、变革得更快。著名管理顾问詹姆斯·莫尔斯甚至说：可持续竞争的唯一优势来自超过竞争对手的创新能力③。

Hee-Jae Cho 和 Vladimir Pucik（2005）用结构模型方程验证了创新、质量、增长、利润、市场价值各要素之间的相互关系。他们的研究显示，质量本身不一定促进增长，同时创新不一定提升利润率，质量对增长的影

---

① 张其仔. 社会资本与国有企业绩效研究 [J]. 经济管理，2001（1）：31-38.
② 阿玛尔·毕海德. 新企业的起源与演进 [M]. 魏如山，马志英，译. 北京：中国人民大学出版社，2004.
③ 刘锋. 影响世界经济的45条铁律 [M]. 北京：新华出版社，2008；从一定角度来看，这种说法值得重视。

响需要受创新的影响,同时创新对利润率的贡献也受制于质量,该研究验证了战略能够平衡创新与质量之间的关系。他们的 IQP 模型(见图 4-2)表明了在快速变化市场中获得可持续竞争优势的必要条件。

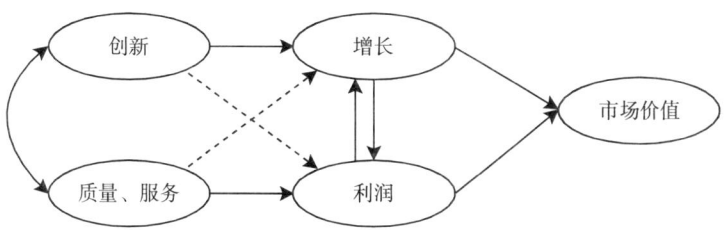

图 4-2 创新、质量、增长、利润、市场价值之 IQP 模型

资料来源:Hee-Jae Cho, Vladimir Pucik. Relationship between Innovativeness, Quality, Growth, Profitability, and Market Value [J]. Strategic Management Journal, 2005(26): 555-575.

Boris Snoj(2007)研究了斯洛文尼亚(Slovenia)转型时期市场定位、创新、声誉对业绩的影响,表明市场定位间接地通过创新和声誉与业绩正相关,而创新与市场份额正相关(但是以顾客忠诚度为中间变量)。

Kaplan 和 Norton(2004)研究平衡计分卡对公司战略的影响,提出不同管理方面对长期价值的影响,发现从长期来看,创新及规划与社会(也可以理解为社会资本)对企业的影响更为有效(见图 4-3)。

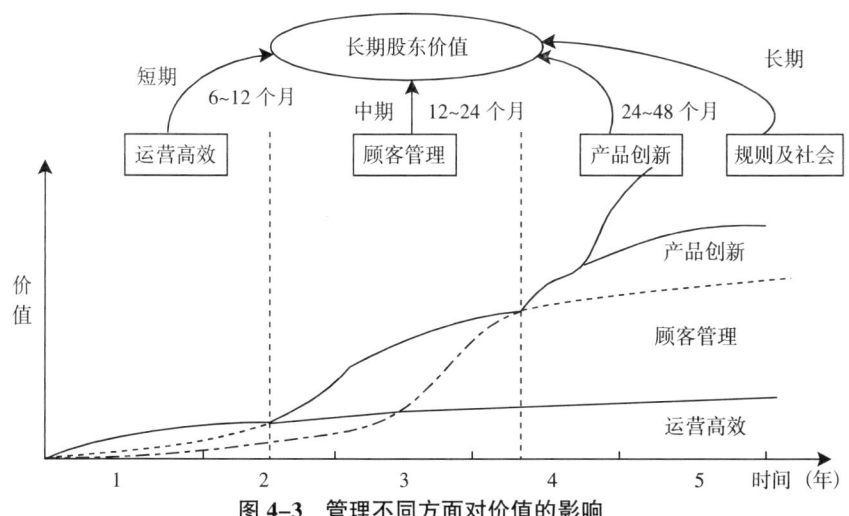

图 4-3 管理不同方面对价值的影响

资料来源:Robert S. Kaplan, David Norton. Strategy Maps: Converting Intangible Assets into Tangible Outcomes [M]. Harvard Business School Press, 2004.

基于上述文献讨论，提出本书第五个待验证假设。

H5：创新与可持续竞争优势正相关。

3. 动态能力与可持续竞争优势

Zott 认为，动态能力作为一系列惯例引导企业资源的配置，探讨了动态能力与企业绩效差异的联系，提出了与绩效有关的动态能力的资源配置时机、成本和学习三种特征属性。黄江圳和谭力文（2002）认为，为了克服能力的惯性，改变企业能力的能力成为企业持久优势的源泉。

以往研究动态能力的文献已经显示了企业可以从动态能力中获益，如可以从事新的产品投资以及改进公司战略（Zollo 和 Winter，2002）；也可以对进入新的市场和完成成功的并购有很大帮助。

动态能力对已有一定规模的企业的可持续竞争优势更有帮助，焦豪（2008）认为民营企业和外商独资企业的动态能力高于国有企业。在动态能力组织柔性维度上，也存在着同样的现象。对新创企业和已确立企业的动态能力进行方差实证统计分析，发现除组织柔性能力维度外，新创企业和已确立企业在动态能力的各个维度上没有显著差异。这说明对于企业而言，新创企业由于刚刚成立，各个方面仍然处在不稳定的动态阶段，而已确立企业由于成立年限已久，并且组织规模可能偏大，组织柔性比新创企业较低，而在动态能力的其他维度，两者则无显著差异①。

企业的发展既不能被动地适应环境，也不能指望保护既有的优势，因为在企业开发出某种竞争优势以后、在竞争对手对其破坏或侵蚀之前，环境的变化也会使该项竞争优势自动失去效力。企业要获得持续的竞争优势，就必须放弃以往的静态竞争优势的获取模式，而应以一种动态的眼光来看待竞争优势的获取问题，不断更新自身的动态能力。

基于上述文献讨论，提出本书第六个待验证假设。

H6：动态能力与可持续竞争优势正相关。

---

① 这对本书有特别重要的现实意义，毕竟本书聚焦于房地产行业，而这个行业中大部分是民营企业。
资料来源：焦豪，李黎，崔瑜. 企业动态能力因素特征的差异性研究 [J]. 统计与决策，2008(7)：179-181.

第四章 理论模型与假设提出

第二节 模型构建：结构方程模型的初步提出

一、结构方程模型概述

1. 结构方程模型及其优点

结构方程模型（Structural Equation Modeling，SEM）是一种建立、估计和检验因果关系模型的方法。结构方程模型通过观测变量集合间的协方差结构和相关结构，从定量的角度建立模型来研究变量间因果关系。Hoyle指出，结构方程模型可视为不同统计技术与研究方法的综合体。从技术的层面来看，SEM并非单指某一种特定的统计方法，而是一套用以分析共变结构技术的整合。SEM最重要的一个特性，是它必须建立在一定的理论基础之上，也就是说，SEM是一个用以验证某一先期提出的理论模型（Priori Theoretical Model）的适合性的一种统计技术。这也是SEM被视为一种验证性（Confirmatory）而非探索性（Exploratory）统计方法的主要原因。

Bollen和Long指出SEM有数项优点，包括：

（1）可同时考虑及处理多个因变项（Endogenous/Dependent Variable）；

（2）容许自变及因变（Exogenous/Endogenous）项含测量误差；

（3）与因素分析类同，SEM容许潜伏变项（如社会资本）由多个观察指标变项构成并可同时估计指标变项的信度及效度（Reliability and Validity）；

（4）SEM可采用比传统方法更有弹性的测量模型（Measurement Model），如某一指标变项/题目从属于两个潜伏因子，在传统方法中，项目多依附单一因子；

（5）研究者可勾画出潜伏变项间的关系，并估计整个模式是否与数据拟合。

结构方程模型包括可以观测的显变量（Observed Variable），也包括无法直接观测的潜变量（Latent Variable）。在社会科学的研究中，往往会遇到各种各样的变量，其中有一些是我们可以直接测量的，如销售收入等，而另一些则是我们不能直接测量的，本书中的可持续竞争优势、动态能力、社会资本等就属此类；我们将前者称为显变量，后者称为潜变量。

2. 结构方程的数学模式

SEM 可分为外显变项及潜伏变项两部分。

外显变项含有随机（或系统）性的量度上误差，但潜伏变项则不含这些部分。

SEM 可用以下矩阵方程表示：

$\eta = \beta\eta + \Gamma\xi + \zeta$

（1）对于潜伏变项（如书中的动态能力、创新）的关系，即潜伏变项部分：

η 是内生（因变）潜伏变项，ξ 是外源（自变）潜伏变项，β 是内生潜伏变项间的关系，Γ 是外源变项对内生变项的影响，ζ 是模式内未能解释部分（即模式内所包含的变项及变项间关系所未能解释部分）。

（2）对于外显变项与潜伏变项间的关系，即测量模式部分：

$X = \Lambda x \xi + \delta$

$Y = \Lambda y \eta + \varepsilon$

其中，X、Y 是外源及内生指标，δ、ε 是 X、Y 测量上的误差，Λx 是 X 指标与 ξ 潜伏变项的关系，Λy 是 Y 指标与 η 潜伏变项的关系。

虽然潜变量不能被直接观察到，但是因为其与显变量间是存在一定的关系的，我们可以通过显变量对其进行测量。例如：虽然我们不能直接对一个人的社会经济地位进行测量，但是我们可以通过对一个人的收入、教育水平、职业声望的测量来研究他的社会经济地位。

结构方程模型包括外生变量和内生变量。外生变量（Exogenous）的概念类似于自变量的概念，在结构方程模型中，它是指那些引起其他变量变化，同时不受系统中其他变量影响的变量，它自身的变化是由模型所涉及的变量以外的其他因素所造成的。类似地，内生变量（Endogenous）的概念类似于因变量的概念，它的变化受结构方程模型中外生变量的影响。本书中，设定社会资本为自变量，而动态能力与创新为因变量。

二、模型假设提出

按照前节对各理论及文献的回顾，提出各项假设如下。

H1：社会资本对创新有促进作用。

H2：社会资本对动态能力有促进作用。
H3：动态能力对创新有促进作用。
H4：社会资本与可持续竞争优势正相关。
H5：创新与可持续竞争优势正相关。
H6：动态能力与可持续竞争优势正相关。
本书模型的路径如图 4-4 所示。

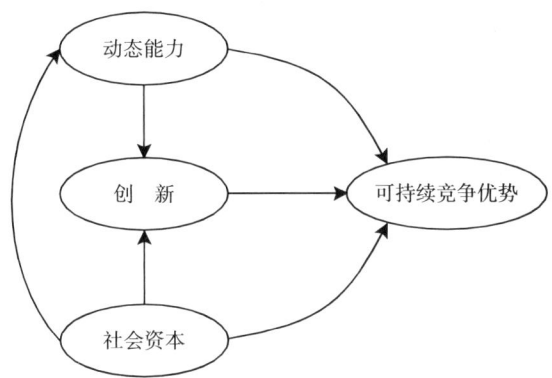

图 4-4　本书模型的路径

第五章 研究问卷设计与方法

第一节 问卷设计与开发过程

本书问卷设计过程包括以下环节：文献回顾、测量方法、量表设计。

首先，文献回顾主要是针对要测量的对象，检索现有研究者特别是一些权威杂志及学者的方法在测量相似对象是所采用的方法与根据，以期作为参考。同时，本书的理论回顾阶段还有一项重要的职能，即作为理论概念与定量化的桥梁。因为相关概念不仅复杂且抽象程度高，在研究上不容易测量（如本书中的动态能力、社会资本等），所以如何将这些抽象的概念转换成正确的测量分数，是本书的重要课题。在测量概念化问题时，理论扮演着关键的角色，通过需测量的问题，寻找背后的基本理论以及相互间的抽象关系，概念化、通俗化问题，最终进行量化测量。在企业研究中，尝试去测量的现象通常来自理论。

其次，在各个不同的社会研究领域中，测量（Measurement）一向都是重要的关注焦点。测量是指对所确定的调查指标进行有效的观测与度量的方法。Stevens认为，测量的概念是根据一些规则赋予对象或事件一些数目。测量有四个要件：测量工具、测量规则、测量对象、测量数值。其中，确定测量规则是测量中最基本且难度较大的工作，有效的测量规则必须符合三个条件：准确性、完整性、互斥性。测量是社会调查研究定量化的重要手段，可以说，社会调查研究中定量分析的过程，实际上就是对各项调查研究指标进行测量的过程。测量是按规则赋值的过程，要赋值就必须有赋值的对象、赋值的规则、赋值的标记和赋值的符号。

最后，为了明白这些观察的意义，我们通常需要将它们量化。所使用的最典型的测量步骤是问卷，而所感兴趣的变项则是较大理论架构的一部分。测量工具是集合一些问项以揭露理论与变量的关系，而此理论变量不能以直接的方法观察而得，我们通常将这样的测量工具称为量表（Scale）。量表化指的是一种程序，此程序对要测量的对象或是想要衡量的特性分派某些数值，从而赋予这些特性数字化的特点，以便研究者进行分析研究，研究出来的结果也比较客观、准确。本书收集数据时采用了问卷调查的方式。遵照Dunn等以及Churchill和Iacobuoci的量表开发程序的方法，本书问卷设计经历了国内外相关文献研究、征求学术团队意见、实地访谈以及预测试等阶段，根据反馈与建议，对问卷的题项设计、题项措辞和问卷格式等方面进行了多次修改，形成了调查问卷的最终稿。

一、量表编制的基本步骤

（1）编拟预试问卷。在预试问卷的编制或修订方面，应结合研究目的、相关文献数据与研究结构等加以考虑，如果有类似的研究工具，可在研究当时的实际情形的基础上加以修订、增删；如果是自己重新编制问卷，问卷内容应依据研究结构加以编制。

（2）预试。预试问卷编拟完成后，应实施预试，预试对象的性质应与将来正式问卷要抽取的对象性质相同。

（3）整理问卷与编号。问卷回收后，应一份一份检查筛选，对于数据不全或不诚实填答的问卷，应将其删除；对于填答时皆填同一性答案者，是否删除，应根据问卷题项本身的内容与描述审慎判断。筛选后的问卷应加以编号，以便将来核对数据之用；之后再给予各变量、各题项一个不同代码，并依问卷内容，有顺序地录入计算机。

（4）项目分析。项目分析就是求出每一个题项的"临界比率"(Critical Ratio, CR)，其求法是将所有受试者按预试量表的得分总和依高低排列，得分前25%~33%者为高分组，得分后25%~33%者为低分组，求出高低两组受试者在每题得分平均数差异的显著性检验（进行数据分析时，均以测验总分最高的27%及最低的27%作为高低分组界限），如果题项的CR值达显著水准（$\alpha<0.05$ 或 $\alpha<0.01$），即表示这个题项能鉴别不同受试者的反应程度，这是判断题项是否应被删除时首先考虑的。

（5）因素分析。项目分析后，为检验量表的结构有效度（Construct

Validity），应进行因素分析。所谓结构效度是指，量表能测量理论的概念或特质的程度。因素分析的目的是找出量表潜在的结构，减少题项的数目，使之变为一组数量较少而彼此相关性较大的变量，这种因素分析方法是一种"探索性的因素分析"。

（6）信度分析。因素分析完成后，要继续进行量表各层面与总量表的信度检验。所谓信度（Reliability），就是量表的可靠性或稳定性。

（7）再测信度。如果要继续求出量表的再测信度，要用正式量表对同一组受试者前后测验两次，根据受试者前后两次测验分数求其积差相关系数。再测信度又称稳定系数，反映量表的稳定性与一致性程度，一般而言，间隔时间越长，稳定系数越低。至于最终定稿的正式量表题项数应该以多少题最为适宜，并无一定而绝对的标准。若每个量表包括不同因素层面之子量表时，每个子量表（因素层面）所包括的题项以3~7题较为适宜。量表的种类很多，其中李克特量表（Likert）是现代调查研究中普遍被采用的一种测量量表，它的基本形式是给出一组陈述，这些都与调查对象对某个单独事物的态度有关。要求调查对象表明其是"强烈赞同""赞同""反对""强烈反对"或"未决定"。当然，根据需要，有时词语可以略有不同（如把"赞同"改为"同意"）。

二、企业竞争力的测评指标

企业竞争力可以定义为，在竞争性市场中，一个企业所具有的能够持续地比其他企业更有效地向市场提供产品或服务，并获得盈利和自身发展的综合素质和条件。企业竞争力是企业生存和发展的长期决定因素[①]。当然，企业经营的成败并不是唯一地由其竞争力所决定，例如，市场条件（特别是市场的非经济性垄断和封闭）和机遇、外部环境的偶然性变动、企业决策的不确定性后果等也会对一个企业经营的成败产生重大甚至是决定性的影响。但是，从科学的意义上说，竞争力是决定企业经营成败和命运的所有因果关系中最值得关注的因素。

由中国社会科学院工业经济研究所专家和《中国经营报》共同开发的"中国经营报企业竞争力监测项目"的指标体系的初步设计方案，其指标

---

① 《中国企业竞争力报告》(2006)。

选取过程就充分体现了上述原则。即从数十个指标中选取了在问卷调查中被选择次数最多的,专家们也认为比较恰当和可行的 16 个指标,组成企业竞争力测评的基本指标体系。这 16 个指标中的前 10 个指标是显示性的指标,反映了企业的规模、业务增长、盈利水平、持续营利能力、资本实力、资本盈利和增殖能力、资金利用效率、价值创造能力、出口竞争力等,也反映了企业市场份额、成长性、融资能力、负债的影响、人才竞争中的态势等。第 11、第 12、第 13 个指标反映了企业发展的潜力,其中,第 11 个指标反映了企业的技术实力,同时也反映了企业投资与提高竞争力的融资能力。第 12 个指标反映企业潜在的技术竞争力和技术密集程度。第 13 个指标反映企业自主知识产权及技术优势。这些都是潜力性的指标,而不是显示性的指标,但是可以直接计量、直接统计出来。企业竞争力监测的目的不仅是监测企业竞争力的强弱,更重要的是分析企业竞争力强弱的原因。不仅要利用显示性指标对企业的竞争力进行监测,还希望能探求不同企业竞争力差距存在的原因,从而帮助企业提升竞争力。对企业竞争力进行监测的过程中我们积累了大量的企业竞争力的数据与资料,从 2006 年起企业竞争力项目开始更加注重研究竞争力来源,每年针对一个问题进行深入而全面的研究。

位于瑞士洛桑的国际管理发展学院(IMD)是世界上权威的国际竞争力研究机构,其公布的关于国际竞争力的研究成果与其年度报告《世界竞争力年鉴(WCY)》中企业管理要素反映企业经营、企业形象和企业创新等方面的管理实力,由四个方面构成:①反映综合要素生产率及其增长、劳动生产率、部门生产率等方面的生产率竞争力。②反映劳动报酬、产业单位劳动成本、服务性职业年薪、经理报酬等方面的劳动成本竞争力。③反映公司规模、国内产品价质比、广告费用、公司信誉以及公司董事会等方面的公司运营绩效竞争力。④反映公司创新、经理人员、国际经营、股东价值、产业关系、劳资争议、雇员培训、过程管理、企业家冒险精神与社会责任感等方面的管理效率竞争力。

企业效率是中国企业竞争力四大要素中表现最差的一个,不但竞争力水平低,而且自 1998 年以来中国的企业效率竞争力排名直线下滑,大约以每年 3 个名次的速度下降,从 1998 年的第 32 名一直降到了 2002 年的第 43 名,企业效率成为中国整体竞争力提高的不利因素。因此,只有改善管理方法、提高生产率、完善劳动力市场,逐步缩小与世界先进企业的差距，中国的企业才能在国际市场上有立足之地，从而促进中国竞争力综合水平的提高。2002年企业效率竞争力排名，美国以98.899分列首位；荷兰以87.595分排第二名。49国平均分为57.761分，有24国得分高于平均分。中国以37.964分排第43位，低于平均分19.797分。

三、房地产企业的竞争优势

中国房地产测评中心以2006年至2008年上半年这2.5年的企业相关数据为依据，从企业的规模实力、盈利能力、偿债能力、营运能力和成长能力五个方面共18个指标，运用主成分分析法、灰色关联度分析法、层次分析法和（Borda）组合分析法综合测算得出500强企业排名[①]。

根据中国房地产测评中心的研究，当前优秀开发企业更加注重品牌建设和整合营销规划，在削减广告等预算支出的情况下，积极寻求提升品牌价值、推动企业品牌和项目品牌相融合。与此同时，优秀开发企业通过强化内部管理来应对市场环境的急剧变化，通过全国化的区域布局来分散风险、完善风险管理体系；通过不同产品之间成本互补来有效控制和降低成本；通过控制开发结构和节奏来实现资金优化配置，缓解资金链压力，降低融资成本和难度；通过合作开发、股权转让、项目转让等方式调节土地储备水平；通过组织结构调整和优化来完善投资决策。这些应对措施对保持并发展优秀企业长期的核心竞争优势起到了积极的推动作用。此外，优秀的开发企业相当重视企业内外部资源的整合效应，重视利用中国房地产开发企业500强的协同效应，在强化内部管理、树立企业品牌声誉的基础上，促成行业的良性互动，积极促进行业形成诚信、规范、有序的竞争环境。

国务院发展研究中心发布《中国房地产企业竞争力研究报告》[②]，从企业经营业绩、开发后劲、经济实力、社会贡献、品牌建设五个方面构建了18个指标，研究显示房地产企业的竞争力可以归纳为以下几个方面：跨区发展竞争力、资源占有与规模化竞争力、品牌竞争力和融资竞争力。

---

① "2008年中国房地产开发企业500强"测评研究由中国房地产测评中心主办，该中心是一家公益性专业测评机构，由中国房地产及住宅研究会、中国企业评价协会、北京大学不动产研究鉴定中心、上海易居房地产研究院、新浪网技术（中国）有限公司五家单位共同发起成立。
② 国务院发展研究中心信息中心、建设部政策研究中心、全国工商联房地产商会等部门发起。

"中国房地产TOP10研究组"自2004年起开展中国房地产百强企业研究[①]，通过对企业规模、营利能力、偿债能力和发展潜力的量化研究，发掘综合实力强、管理水平优以及具备较强社会责任感的优秀企业群体。百强研究成果已成为评判房地产企业经营实力及行业地位的重要标准，企业的综合实力反映了企业在规模性、成长性、营利性等方面的均好性，综合实力10强企业具有规模大、成长稳定、盈利能力好的特点。

第二节 变量测量

一、社会资本测量

目前对社会资本的测量尚存在不少问题，其中最为突出的是没有评估测量工具效度、测量不够全面以及测量指标与社会资本理论缺乏对应性（DeSilva，2006）。从某种程度上说，DeSilva（2006）所概括的那些问题出现的真正原因是缺乏系统的社会资本测量工具。社会资本的"黄金标准"或者其他"量表"的缺乏，在很大程度上制约了效度分析（DeSilva等，2006）。自20世纪90年代后期起关于社会资本测量的研究陆续出现，同时，对经验研究中的社会资本测量的综述文献也逐渐出现。

世界银行对社会资本测量的研究做出了重要的贡献，SCAT（Social Capital Assessment Tools）是较早出现的系统的测量工具。在此基础上，研究者对SCAT进行改进，形成A-SCAT。A-SCAT采用7个问题测量结构性社会资本，使用11个问题测量认知性社会资本（Harpham等，2002）。格鲁特阿特在社会资本综合问卷（SC-IQ）中提出测量社会资本的6个维度，其中2个维度测量社会资本的决定因素，2个维度测量社会资本的后果，2个维度测量社会资本本身。测量社会资本本身的2个维度分别是社

[①] 由国务院发展研究中心企业研究所、清华大学房地产研究所和中国指数研究院三家研究机构共同组成的"中国房地产TOP10研究组"，引起了社会各界的广泛关注。2006年11月，中国房地产业协会决定共同主办中国房地产百强企业研究。目前，该报告每年发布一次，具有很强的权威性。

团和网络、信任和团结（Grootaert，2003）。

DeSilva（2006）分析了 28 篇文章，在这 28 篇文章中，社会资本的测量包括 8 个主要的维度，它们分别是信任、社会凝聚力、社区归属感、参与社团、社会网络、社会支持、参与公共事务以及家庭社会资本。Harpham（2007）认为，社区社会资本应该包括网络、社会支持、信任、社会支持、互惠以及非正式社会控制①。

根据科尔曼所做的定义，社会资本有三个组成元素：一是社会结构的"某些方面"；二是作为这些"方面"载体的一种（或一组）社会关系；三是由此生成的行动和资源。

福山指出，信任是一种有助于"使人们在群体或组织中为共同目标而团结合作"的因素，因而是集体社会资本的重要组成部分。只有那些能产生信任的社会关系的集体才能使行动者精诚合作，并自愿地与他人交换资源，因此在大多数有关集体社会资本的研究中，信任都被作为善意的且不可或缺的部分。Paxton 研究美国（集体）社会资本时直接使用"信任"术语。

Whiteley 在研究国家社会资本的起源时认为，只有两种类型的信任才可能构成社会资本——对于个人（包括家人和一般意义上的他人）的信任以及对于国家的信任，因此信任应该是测量社会资本的唯一要素。Adler 和 Kwon（2002）声称善意（Good Will）（包括同情、信任和宽容等）是构成积极的社会关系的至关重要的因素。"社会资本就是个人或组织可以得到的善意"。善意可以使人际关系产生有利于行动的转变。

Uphoff 将集体社会资本分解为"结构性（Structural）社会资本"和"认知性（Cognitive）社会资本"两个方面。结构性社会资本通过依靠规则、程序和先例建立起来的角色与社会网络来促进共同受益的集体行动，它是相对客观的，表现为一种可见的形式，并可以通过群体的有意识行动来进行设计与改进。由于它是一种外在的表现，故可以直接观察到，而且容易改变或修正，而认知性社会资本则在共同的规范、价值观、态度与信仰的基础上引导人们走向共同受益的集体行动，它反映的是人们的想法与感觉，因而更为主观。

---

① 桂勇，黄荣贵.社区社会资本测量：一项基于经验数据的研究[J].社会学研究，2008（3）：122-245.

边燕杰和丘海雄（2000）[1]针对中国的情况，设计了三个指标测量企业的社会资本。第一个指标是企业法人代表是否在上级领导机关任过职。企业法人代表曾在上级领导机关任职意味着企业的纵向联系有优势，反之则不占优势。第二个指标是企业法人代表是否在跨行业的其他任何企业工作过以及出任过管理、经营等领导职务。企业法人代表有上述这种经历表明该企业的横向联系占优势，反之则不占优势。第三个指标是企业法人代表的社会交往和联系是否广泛，这是一个定序的主观评价指标；广泛者的企业则在社会联系上占优势，不广泛者的企业则处于劣势。

邹国庆和高向飞（2008）将企业家的社会关系作为企业外部社会资本的主要形态进行研究，以具有代表性的房地产开发和经营行业为例，构建社会关系的纵向维度、横向维度、时间维度和企业家认知维度来测量企业外部社会资本，并进一步通过回归模型分析企业外部社会资本的功效[2]。其研究测量参照了边燕杰和丘海雄（2000）的设计方式，所反映的社会资本类型有些简单。这也是文献中对房地产企业的社会资本进行测量的最好例证。

从以上综述可知，在测量集体层面的社会资本时，研究者使用的指标集中于信任、公共参与、社会联结和社会规范这样几个方面[3]。

中国社会资本测量研究方面，张文宏（2007）进行了文献综述[4]，桂勇和黄荣贵（2008）通过广泛的文献分析与量表计算得到7个社区社会资本的维度[5]，分别是地方性社会网络、社区归属感、社区凝聚力、非地方性社交、志愿主义、互惠与一般性信任及社区信任。

温晓俊和陈传明（2008）通过阅读分析1998~2007年在SMJ和AMJ上发表的社会资本与战略管理相关主题的经验研究文献发现，目前在战略管理研究中普遍使用的概念化方法归纳起来主要有两大类：一种是科尔曼提

---

[1] 边燕杰, 丘海雄. 企业的社会资本及其功效[J]. 中国社会科学, 2000（2）: 87-99. 这是学者初次针对中国国情做出的测量，作者自己承认仅是初步，应在后续研究中进行完善。
[2] 邹国庆, 高向飞. 企业外部社会资本的测量及其功效——基于中国房地产开发和经营行业上市公司的实证研究[J]. 吉林大学社会科学学报, 2008（3）: 97-104.
[3] 赵延东, 罗家德. 如何测量社会资本: 一个经验研究综述[J]. 国外社会科学, 2005（2）.
[4] 张文宏. 中国的社会资本研究: 概念、操作化测量和经验研究[J]. 江苏社会科学, 2007（3）: 142-149.
[5] 桂勇, 黄荣贵. 社区社会资本测量: 一项基于经验数据的研究[J]. 社会学研究, 2008（3）: 122-245.

出的，按照其界定的社会资本的共同要素进行概念化；另一种则更为普遍，是由 Nahapie 和 Ghoshal（1998）建立的社会资本三个维度的分析①。

韦影（2007）对于企业内外部六类联系，从结构维、关系维和认知维三个维度构建企业社会资本测量模型。验证性因子分析结果表明，该测量模型具有较好的构建效度。企业社会资本测量模型拟合度指标均可接受，说明测量模型与所收集的数据之间存在较高的一致性，也显示出模型具有较好的构建效度②。

相对来说，以社会资本的三个维度进行概念化的方法为确定社会资本测量的内容、形成测量的法则提供了较易操作的思路。Chung 等关于投资银行业中社会资本在战略联盟驱动因素中的作用研究就把结构、关系和认知三个维度的社会资本转化为直接联系、互惠和合作参与三个具体指标。Moran 同样利用了 5 点李克特量表，以 Nahapie 和 Ghoshal（1998）对社会资本概念化中在关系维度上的喜好、信任与认同三个方面形成了三个问题对关系信任程度进行测量。

由 Nahapie 和 Ghoshal（1998）建立的社会资本三个平行维度的分析，从结构嵌入性、关系嵌入性和认知维度对社会资本在战略研究中的各种表现进行了分解。共同要素方法的特点在于进行概念化分析时两个要素具有共同性，即网络和利用网络的能力这两点必须全部包括，缺一不可，而三个平行维度的特点则在于三个维度的平行性，对三个维度进行分别讨论或者联合讨论都可以形成战略研究中与社会资本相关的建构。从现有的文献中可以看出，绝大多数作者都采用了较为容易形成测量的三个平行维度的概念化方法，这样做至少有以下三点好处：一是从研究主题选择来看，采用三个平行层面的概念化方法所受的限制较少，同时易于与相关的社会资本、网络、结构和关系等理论进行结合。二是从测量的内容和法则来看，采用三个平行层面的概念化方法易于形成具体、可靠的指标进行测量。三是从概念化途径本身来看，从某种意义上说共同要素的概念化方法也存在于三个平行层面之中。本书的测量从以下三个维度展开：

（1）结构性维度的测量。共有四个测量题项。联系的强弱与密度（三题）：上下游企业或合作伙伴及客户关系良好，密切联系且较为固定的合

---

① 温晓俊，陈传明. 战略研究中社会资本的测量方法 [J]. 中国软科学，2008（4）：66-72.
② 韦影. 企业社会资本的测量研究 [J]. 科学学研究，2007（3）：518-522.

作企业数量多；获取的土地或各项政策便利主要源于和政府的非常人情关系；非常良好的银行关系，最主要的融资途径。网络的连接性与中心性（一题）：在社会关系中处于中心地位，且除了政府、银行、现有企业外，积极寻找其他的合作（土地、融资、战略联盟、合资）。

（2）关系性维度的测量。共有三个测量题项。各方之间的信任（一题）：社会各方面对本企业高度信任，合同关系、质量、品牌口碑非常好，互惠互利。身份标识（一题）：本企业在同行及社会中（或本地区中）处于龙头地位，品牌价值高。义务、期望与规范（一题）：近几年来，本企业规范运营，从不做任何违背规章、法律等方面的事情，是良好的企业公民。

（3）认知性维度的测量。共有三个测量题项。共享的语言与符号（一题）：企业内及合作企业间凝聚力很强、内耗低，员工归属感强。共享的愿景（一题）：所有成员都通晓企业的愿景与社会价值观，并努力执行与实现。默会知识（一题）：本企业有非常独特的人才智力资本（设计、运营、成本、品牌各方面），超出同行企业。社会资本的测量参见表 5-1。

表 5-1 社会资本测量量表

维度	测量含义	量表表达	文献支持
结构性维度	联系的强弱与密度（上下游企业）	上下游企业或合作伙伴及客户关系良好，密切联系且较为固定的合作企业数量多	Harpham, 2007；Grootaert 和 Van Bastelaer, 2002；Kawachi 等, 2004；贺小刚, 2006；Man, 2001
	联系的强弱与密度（政府）	获取的土地或各项政策便利主要源于和政府的非常人情关系	边燕杰等, 2000；贺小刚, 2006；Li, 2001；Park, 2001；房地产 TOP10 报告, 2008
	联系的强弱与密度（融资渠道）	非常良好的银行关系，是最主要的融资途径	周霞, 2005；贺小刚, 2006；Gima, 2001；金碚等（企业竞争力），2004
	网络的连接性与中心性	在社会关系中处于中心地位，且除了政府、银行、现有企业外，积极寻找其他的合作商（土地、融资、战略联盟、合资）	张波, 2003；Mitchell Koza, 2000；Elmuti, 2001
关系性维度	信任	社会各方面对本企业高度信任，合同关系、质量、品牌口碑非常好，互惠互利	Harpham, 2007；DeSilva, 2006；Grootaert, 2003；Grootaert 和 Bastelaer, 2002；DeSilva 等, 2006；Kawachi 等, 2004；Moran, 2005
	身份标识	本企业在同行及社会中（或本地区中）处于龙头地位，品牌价值高	中国房地产企业竞争力研究报告, 2008；房地产 500 强, 2007

续表

维度	测量含义	量表表达	文献支持
关系性维度	义务、期望与规范	近几年来，本企业规范运营，从不做任何违背规章、法律等方面的事情，是良好的企业公民	IMD，2006；Rodriguez、Richat 和 Sanchez，2002；《中国房地产报》2007 年 1 月 8 日；2006 中国房地产优秀企业公民
认知性维度	共享的语言与符号	企业内及合作企业间凝聚力很强、内耗低，员工归属感强	Onyx 和 Bullen，2000；Kawachi，2004；DeSilva，2006
	共享的愿景	所有成员都通晓企业的愿景与社会价值观，并努力执行与实现	Rosenbloom，2000；Raff，2000
	默会知识	本企业有非常独特的人才智力资本（设计、运营、成本、品牌各方面），超出同行企业	沙利文，2006；Nonaka，1996

二、创新测量

创新研究横跨多个学科，经济管理、组织理论、战略管理以及营销等许多领域的学者从不同角度为创新理论的发展做出了贡献。然而，创新是多维度且复杂的，人们至今未能对其有一个清楚的认识。关于企业的创新能力，Lall（1992）将其定义为"企业有效吸收、掌握和改进现有技术，并创造新技术所需要技能和知识的能力"，Trott 把它定义为"企业创造创新产出的潜力"。中文文献中对于创新能力概念的认识，主要受创新过程理论的影响。在企业层面，魏江和许庆瑞认为，企业创新能力是企业创新决策、研发、生产、营销、组织能力的综合。OECD 推荐了 7 个测度，包括专利数、创新数量、新产品销售比例以及创新支出占销售比例等。Hurley 和 Hult（1998）用组织采纳的新思想数作为衡量组织创新能力的指标。Yam 等（2004）将创新能力分解为学习、研发、资源分配、制造、营销、组织、战略规划 7 个能力维度，每个能力维度又由不同的李克特量表来衡量，这也是我国学者惯用的测度方法。Baer 和 Frese（2003）[①] 将企业创新欲望或者创新主动性（Initiative）定义为组织正式或非正式的实践或

---

① Baer Markus, Michael Frese. Innovation is not Enough: Climates for Initiative and Psychological Safety, Process Innovations, and Firm Performance [J]. Journal of Organizational Behavior, 2003 (24): 45-68.

者流程,其目的是指导或者支持企业主动、自发和持续地创新工作。Amabile(1997)[1]研究了驱动组织创新的六个因素:组织鼓励、管理层鼓励、团队支持、资源的充足性、工作的挑战性和自主性。

Wang 和 Ahmed 确定测量组织创新能力的方法即战略性创新导向以及行为、产品、过程和市场创新。

把组织作为创新的个体看待时,便出现了组织创新性的概念。Hurley 和 Hult(1998)将企业创新性定义为"企业对新思想的开放程度,即接受新思想的主动性"[2]。Garcia 和 Calantone 认为,企业创新性是指"企业进行创新的倾向性,或者指企业采纳创新的倾向性"。Hurley 和 Hult(1998)在度量创新性时采用了五项定性尺度,Calantone 等(2002)采用了六项 Likert 式尺度。

创新性与创新能力的概念经常一同出现,在度量、概念框架以及分析方法上几乎一样,甚至有些结论也极为类似。Calantone 等一方面基于 Damanpour 关于"致力于学习的组织容易比对手更具创新能力"的研究结果,推出"企业学习导向程度越高,创新性越强"的假设,甚至证实了该假设;另一方面基于 Mone 等关于"创新能力是决定企业绩效的重要因素"的研究成果,提出"企业创新性越高,绩效越好"的假设,并且也证实了该假设。这种概念之间的互换,将创新性与创新能力画上了等号。张国良和陈宏民(2007)经上述文献回顾总结提出了从改进后的组织创新能力概念框架中,可得到综合度量这一概念的四维尺度:创新数量、创新速率、创新效果、创新效率。将创新性纳入创新速率的因素[3]。

张首魁和苏源泉(2007)将网络环境下企业技术创新能力测度划分为六个构面:资源能力、R&D 能力、商业化能力、技术吸收能力、信息能力和创新组织能力,从而得出网络环境下企业技术创新能力测度构面模型。

现有创新测量的文献中,往往将创新的结果、能力来源、过程、分类等混为一谈,使创新的测量非常困难。为此,本书将创新研究能力的测量

---

[1] Teresa M. Amabile. Motivating Creativity in Organizations: On Doing What You Love and Loving What You Do [J]. California Management Review, 1997, 40 (1): 39-58.

[2] Hurley R., Hult T. Innovation, Market Orientation, and Organizational Learning: An Integration and Empirical Examination [J]. Journal of Marketing, 1998, 62 (3): 42-54.

[3] 张国良,陈宏民. 关于组织创新性与创新能力的定义、度量及概念框架 [J]. 研究与发展管理,2007, 19 (1): 42-50.

分为三个视角,即资源与吸收能力、研发与生产能力、营销与商业化能力。

(1)资源与吸收能力主要是考察企业在创新方面资源整合能力的大小,任何一个企业不可能闭关开发就能取得成功,创新的发展必须依赖于外部的合作,这就是现在提倡的开放式创新的机理。外部知识再先进,如果企业的组织架构、吸收能力不能将其引进与消化,那就不可能转化为创新。对新的创意与创新不能容忍试错,没有鼓励创新的氛围与文化,创新很难实现。创新的本质是知识管理,因此知识管理的水平就体现了创新的绩效,企业内部独特知识、诀窍、隐性知识的分享机制与共享能力是创新的决定性本质。

(2)研发与生产能力主要考核企业研发方面的人员储备以及人力资本的准备情况,人力资本是任何公司第一要素的可持续最终来源。本书对创新的测量会考评研发设计方面人员在公司的地位,从而间接评估其在公司的受重视程度。公司开发新产品的数量,是测量创新最直观的数据,也几乎是各类创新测量中不可缺少的数据。通过创新的质量管控水平,为顾客提供高品质的产品,显示了企业的制造能力。

(3)营销与商业化能力对创新的影响。Song 等(1996)认为①,在产品研发阶段,消费者需求和市场竞争需要被评估并且整合到新产品创意过程中,营销能力在其中起至关重要的作用。Calantone 等认为,企业必须拥有足够的营销资源和能力以确保对新产品的成功开发,因为新产品研发的初期会涉及市场研究和创新概念测试(Atuahence-Gima,1995)②。Song 等进一步指出,营销能力之所以会在产品研发阶段起至关重要的作用,是因为企业必须对消费者需求和市场竞争情况进行评估。营销能力所涵盖的因素中,有三个因素会导致企业创新失败:①对市场需求评估的失误;②产品技术缺陷导致的顾客对产品的感知价值降低;③营销功能性支持不足。Weera-wardena 对营销能力在组织创新中的作用做了专项研究,验证了营销能力对公司以创新为基础的竞争策略会产生影响,且营销能力与创新强度有显著正向相关性。企业创新,从营销学视角看就是(也只能是)为顾

---

① Song X. M., Neely S. M., Zhao Y. Marketing R&D -Marketing Integration in the New Product Development Process [J]. Industrial Marketing Management, 1996 (25): 545-553.
② Atuahene-Gima K. An Exploratory Analysis of the Impact of Market Orientation on New Product Performance: A Contingency Approach [J]. Journal of Product Innovation Management, 1995 (12): 275-293.

客所进行的价值创新。

在国外已有研究文献中，Vorhies 和 Harker（2000）[1]已经开发了营销能力测量量表，在开发过程中他们遵循了 Churchill 对营销能力量表开发的建议，并在 Tsai 和 Shih（2004）[2]的研究中得到采用。该量表采用五个测量维度，即定价、促销、渠道、市场研究、营销管理和计划，而 Weerawardena 在其研究中也开发了一个营销能力测量量表，包括顾客服务、广告效率、销售队伍素质、分销网络的力量、市场研究能力、新产品的扩散速度与差异化六个构建维度。

国内对营销能力量表和测量方法研究文献很少，林媛媛（2005）[3]提出了营销能力测量的二级与三级指标。官建成和史晓敏（2004）[4]在对企业创新能力与创新绩效的研究中，将营销能力作为测度企业创新能力7个维度中的一个。就创新产品而言，"商业化能力"与"营销能力"是同义性概念，因此这类研究虽没有使用"营销能力"这一概念，但在意义关联上可视为涉及了营销能力对创新的影响问题。

Cooper 和 Kleinschmidt（2000）[5]认为，在当今竞争激烈的市场中，创新商业化成功与否对企业是至关重要的。通常将企业创新分为研发与商业化两个阶段；Zaltman 等提出了创新过程的两阶段概念模型，商业化属于创新第二阶段——"创新执行"阶段。创新商业化能否成功直接影响了企业创新绩效，而营销能力在创新商业化过程中发挥着重要作用。Kotler 等认为，一旦创新走到公司决定实行商品化时"将面临到目前为止最大的成本考验"。创新的测量量表见表5-2。

---

[1] Vorhies Douglas W., Harker Michael. The Capabilities and Performance Advantages of Market-Driven Firms: An Empirical Investigation [J]. Australian Journal of Management, 2000, 25 (2): 145.
[2] Ming-Tien Tsai, Chia-Mei Shih. The Impact of Marketing Knowledge among Managers on Marketing Capabilities and Business Performance [J]. International Journal of Management, 2004, 21 (4).
[3] 林媛媛. 论企业营销能力评价指标体系的建设 [J]. 商业时代, 2005 (34): 23-25.
[4] 官建成, 史晓敏. 技术创新能力和创新绩效关系研究 [J]. 中国机械工程, 2004, 15 (11): 1000-1004.
[5] Cooper R. G., Kleinschmidt E. J. Bench Marketing the Firm's Critical Success Factors in New Product Development [J]. Journal of Product Innovation Management, 1995 (12): 374-391.

表 5-2 创新能力测量量表

维度	量表表达	文献支持
资源与吸收能力	合作单位、客户意见等常规性共同参与了本企业的各项新产品开发	Yam 等（2004）；Chesbrough（2003）；陈劲（2005）
	本企业能及时吸收、消化国内外最新设计与生产知识及同行的先进经验，容忍"试错"	Cohen 和 Levinthal（1990）；Zahra 和 George（2002）；Quinn（1986）
	本企业独特的知识、诀窍、经验在内部有良好的分享体系，并且能有效地转化为最终产品	Nonaka（1995）；李贺（2006）
R&D 与制造能力	本企业的设计与研发人员在公司有着非常重要的地位，是公司非常重要的资产（相对于其他部门）	Sullivan（2005）；Nile Hatch（2004）
	本企业设计的新产品（住宅、商业、配套设施、园建、服务等）数量与领先性超过同行	OECD（1992）；Hult（2004）；张国良（2007）；Wang 和 Ahmed（2004）
	本公司运用最新管理工具与方法，创新性管控质量能力，产品品质极高	Hee-Jae Cho 和 Vladimir Pucik（2005）
营销与商业化能力	对新设计的产品或已有产品通过有效包装，其扩散速度总能比同行更好	Vorhies 和 Harker（2000）；官建成等（2004）；于建原（2007）
	顾客服务（售前、售后及物业等）与投诉补救能力较强，客户满意度很高	Weerawardena（2003）；Kanousi（2005）；Davidow（2003）；丛庆、阎洪和王玉梅（2007）
	市场研究、营销定位、广告效果与创意一直与众不同，差异化效果非常明显	Song 等（1996）；Weerawardena（2003）；Cooper（2000）；林媛媛（2005）

三、动态能力测量

目前能力理论主要有以下几种测量方法（贺小刚，2006）：①对能力特性进行测量，如 King、Fowler 和 Zeithaml 以默会性、稳健性、嵌入性和一致性直接衡量核心能力；Hendeson 和 Cockburn 则采取间接的方法来测量能力的特性，如以企业间能力水平上的差异性来测量能力的稀缺性，以此差异的持久性来测量能力的不可模仿性。②基于能力的系统性，从能力的构成要素进行测量，如 Hendeson 和 Cockburn 从知识的构成来测量企业能力；Berghe 从技术的构成来测量企业核心能力。③综合生产要素与经营活动对能力进行测量，如 Junttila 在测量企业能力的同时考虑流程活动、设备资源、内部学习和外部学习等因素；Leonard-Barton 则认为能力应该包括技巧/知识、技术制度、管理制度和价值观四个方面。

贺小刚（2006）从理论上对动态能力进行了阐述，认为企业的动态能力大致包括了6个维度，即客户价值导向、技术及其支持系统、组织机构支持体系、制度支持机制、战略隔绝机制、组织变革与组织学习能力。但通过实际的社会调查则发现，中国企业家所强调的动态能力主要是指以下五个方面：市场潜力、组织变革、组织学习、组织柔性、战略隔绝。蒋勤峰和王重鸣从 Wang 和 Ahmed 的研究框架出发，从吸收能力、整合能力与创新能力三维来测量动态能力。

但应该指出的是，动态能力具有很大程度的不可操作性、难以检验性。动态能力的测度主要是借鉴了 Protogerou 等基于希腊制造业的实证研究所发展的量表，考虑到动态能力的多维性、复杂性和文化差异因素，本书同时还参考了台湾学者巫立宇所发展的量表。Baker 等从探讨市场信息流动出发测量动态能力，谢洪明和韩子天（2005）衡量组织学习能力的成熟量表[①]主要包括学习承诺、分享愿景以及开放心智三个因素。学习承诺（Commitment to Learning）是指组织将学习视为公司最主要的价值，分享愿景（Shared Vision）是指组织中的主管会将公司未来发展的愿景与员工互相分享。开放心智（Open Mindedness）是指组织不限于仅以自己熟悉的方式，而是超越成规进行创造性思考。同时考虑到 Teece、Pisano 和 Shuen（1997）的研究包含组织与管理程序、位置和路径三个因素，本书主要是从以下四个方面进行测量[②]：

（1）整合能力与位势。主要指企业交流、共享顾客信息或技术信息，跨部门协调整合、解决共同问题的能力。组织拥有的特定技术、智力资产、互补性资产、顾客基础及与供应商的关系等。该测项主要观察企业在社会中位置、地位以及整合资源的能力。

（2）学习与更新的动力。能力最终被腐蚀、被其他更高的"学会学习（Learning to Learn）"的能力所取代，所以理想的动态能力必须持续地拥有一种更新的动力，包括组织学习与组织革新，即通过企业内部员工之间及

---

① 谢洪明，韩子天. 组织学习与绩效的关系：创新是中介变量吗？——珠三角地区企业的实证研究及其启示 [J]. 科研管理，2005（5）：1–10.
② 但在后期量表发放及模型运行中发现，这四个维度中，第四个维度与其他维度之间有一定相关性，于是对第四维度的测项分别合并到整合能力与重构能力当中去。

其与其他利益相关者之间所进行的交流、沟通，以及对各种经营活动进行创新、变革以提高企业的效率。

（3）重构能力与柔性。结构跟随战略，战略的实施应有相应的组织机构予以支持。企业的生态环境系统一直在变化中，相应地，企业的配套构架与制度必须做出变化。组织机构支持系统是指，决定权力与职责配置、信息流动等规则和程序的一种组织架构。即使对于技术这种影响企业进化的因素，它在真空中也是没有任何价值的，它只有扎根在组织机构之中，并支撑组织发展才可能创造价值。这一点在核心能力的倡导者Prahalad和Hamel的案例研究中也得以强调，即研发投入与核心能力积累之间存在非对称性，高投入未必能创造核心能力，因为研发的效果主要取决于组织机构及组合资源的技能。企业制度体系代表了企业组织内部所有具体地规范员工的行动及对行动的结果赋予相应的激励或惩罚的规程和准则。制度支持机制的潜在作用是不可低估的，日本的全面质量管理（TQM）、敏捷制造（JIT）等技术体系的背后是人力资源管理制度在起作用，与核心员工形成稳定的雇佣关系的制度、对员工进行长期培训的制度、基于技能而设定的工资制度、内部晋升制度、公司福利的人人平等政策、成就政策等，这些都是竞争优势的源泉。

（4）路径与程序。企业以前的投资和它所储存的惯例（"历史"）制约着它的未来行为，突破历史做法很难。处理各种事务的制度、程序繁多，决策、文件形成需要的周期较长。企业可通过提高研究开发、工程作业、现场管理等技能，减少新产品的开发周期、降低损耗和废品返还率，并提高流程灵活性、单位工作时间和单位人员的生产能力。

动态能力测量见表5-3。

表5-3 动态能力测量量表

维度	量表定义	文献支持
整合能力与位势	企业交流、共享顾客信息或技术信息，跨部门协调整合、解决共同问题的能力	巫立宇（2006）；Eisenhardt和Martin（2003）
	组织拥有的特定技术、智力资产、互补性资产、顾客基础及与供应商的关系等	Teece、Pisano和Shuen（1997）
组织学习能力	学习承诺：企业重视学习并承诺学习共识	Senge（1990）；Baker等（1997）；谢洪明和李新春（2005）；Winter（2003）
	分享愿景：企业建立并分享组织各级愿景	
	开放心智：企业包容、鼓励开放与创新	

社会资本、创新与可持续竞争优势

续表

维度	量表定义	文献支持
重构能力与柔性	企业的战略柔性、组织架构、授权方式适应快速变化的市场,对分公司授权很大	Protogerou 等 (2005);Eisenhardt 和 Martin (2003);傅博达 (1998)
	快速识别外界变化的能力比同行要快,并提出应变措施(资源、策略),并已形成了应对这种变化的惯例	巫立宇 (2007)
路径与程序	企业以前的投资和它所储存的惯例("历史")制约着它的未来行为,突破历史做法很容易	Teece、Pisano 和 Shuen (1997)
	处理各种事务的制度、程序不繁多,决策、文件形成需要的周期很短	波士顿咨询公司 (Stalk G., 1992);Schulman L. E.(1992)

四、可持续竞争优势的测量

Murphy 通过相关文献的统计发现,19%的文献在衡量企业绩效时使用单一的衡量维度,而有 71%的文献使用 2~4 个衡量维度,符合多数学者提出以多重角度对企业绩效进行衡量的建议,避免单一的绩效衡量维度或单一指标。

对于绩效的测量方法有很多,既可以直接衡量销售额、资产额和利润率情况,也可以采用主观测量的方法。Buekley 等认为,企业的销售额指标是一个客观指标,也是所有财务指标中最为基础的。但有涉及公司机密的嫌疑,企业往往对财务指标比较敏感,不太愿意提供此类客观数据。因此 Zou 和 Stan 认为,在国际商务研究中,采用基于主观感知的绩效满意度测量是合适的。遵从这一建议,Dimitratos 等同样采用了主观测量的思路,让企业家对上一会计年度的销售额的满意情况进行判断。实际上,Geringer 和 Hebert 对于国际合资企业的研究也发现,主观绩效和客观绩效测量具有很强的相关性。

从企业财务资源的角度来看,企业可持续竞争优势是指在不需要耗尽财务资源的情况下,公司销售额预期增长的最大比率与实际增长比率之间的差额。该差额越小,表明企业基于财务资源的可持续竞争优势水平越高;而该差额越大,则表明企业基于财务资源的可持续竞争优势水平越低。公司必须在销售额目标与经营效率和企业财务资源方面搞好平衡,才能保持可持续的健康成长。国外财务界一般采用两个较为流行的可持续增长财务管理模型。一个是范·霍恩（James C. Van Home）提出的可持续增长模型，另一个是希金斯（Robert C. Higgins）提出的以强调可持续增长为特点的模型。两者都认为是负债和权益的增长决定了资产所能扩张的速度，而资产扩张的速度反过来又限制了销售额的增长率，因为销售的增加必然会提高诸如库存、应收账款等资产以及生产能力。

Van Horne（1988）的模型如下[①]：

$$可持续增长率 (G) = \frac{b\left(\frac{NP}{S}\right)\left(1+\frac{D}{Eq}\right)}{\left(\frac{A}{S}\right)-\left[b-\frac{NP}{S}\left(1+\frac{D}{Eq}\right)\right]}$$

其中，A/S 表示资产总值/销售额比率；NP/S 表示销售净利率；b 表示盈利保留比率；D/Eq 表示负债/股东权益比率；S 表示最近一年的销售额（基期销售额）。由于范·霍恩分别从股东权益和负债两个角度来构建模型，其模型显得较为复杂，且财务意义不直观。

Higgins（1998）的模型如下[②]：

可持续增长率 (G) = 股东权益变动值/期初股东权益 = P × R × A × Tt

其中，P 表示利润率；R 表示企业留存收益比率；A 表示总资产周转率；Tt 表示资产权益比率。希金斯通过资本结构连接了股东权益和负债，使整个模型关系清晰明了，并且通过以上四个变量将整个企业的财务战略管理活动情况综合反映出来。P、A 两个比率是高度概括性地反映企业经营业绩的财务比率指标，它们分别反映了企业的盈利能力和资产经营能力；而 R、Tt 则反映了企业的主要财务政策，其中 R 反映了管理层所制定的股利政策，Tt 反映了企业的财务杠杆政策。

从企业非财务资源的角度出发，对企业的可持续竞争优势进行衡量和管理一直是理论界关心的热点问题。但是，对其进行的研究一直滞后于对企业财务资源的研究。主要原因是企业非财务资源的范围难以界定，而且难以量化，导致无法从企业非财务资源的角度对企业竞争优势进行衡量和管理。这又导致管理者遗忘或者低估这些非财务资源的存在和贡献。但是，非财务资源的作用不容忽视。目前在实践中最流行的四个衡量系统分

---

① Van Horne J. C. Sustainable Growth Modeling[J]. Journal of Corporate Finance，1988（8）：19-25.
② Higgins R. C. Analysis for Financial Management [M]. McGraw-Hill Ltd.，1998.

别是：①人力资源会计；②经济附加值法/市场附加值法；③平衡计分卡；④智力资本①。

按照萨克曼（Sackmann）的观点，人力资源会计的目标是"把人对组织的经济价值数量化"，为管理和财务决策提供信息。研究者提出了三种人力资源会计的衡量模型：①考虑人力资源的历史成本、获得成本、替换成本和机会成本的成本模型；②结合非货币行为和货币经济价值模型的人力资源价值模型；③考虑货币时间价值的未来收入和工资的货币模型。

经济附加值法（EVA）是一个综合的衡量系统，可用来将资本预算、财务计划、目标设置、业绩衡量、股东沟通以及激励补偿等方法综合起来。1996年，可口可乐的资产仅占其市场价值的4%，微软的资产仅占其市场价值的6%。中国房地产企业万科股份的销售额比同一区域竞争对手高出10%以上，同样为股东创造了较多的价值。

Kaplan和Norton在1996年提出了平衡计分卡（Balanced Scorecard）的概念。平衡计分卡除了传统的财务绩效外，同时增加了三个非财务指标，通过财务、顾客、企业内部流程和学习与成长四个维度来考核组织绩效。Chow和Hdadda研究指出，平衡计分卡的主要特色在于它能帮助企业将长期的战略目标转换为组织内外具体的行动。传统的绩效衡量只看重财务方面，难以将组织绩效与战略相结合，以至于无法将组织战略具体行动化。平衡计分卡主要功能是驱动未来绩效，以弥补过去仅衡量财务绩效的不足。

企业可持续竞争优势主要来源于以下四个方面的智力资本：①市场资源，即企业所拥有的与市场相关联的可以获得潜在利益的无形资产，包括企业品牌、商誉、顾客信任度、营销网络和渠道等；②技术资源，即企业的生产技术原理、专利权、商标、知识产权以及技术诀窍和商业秘密；③人力资源，即企业每个员工的优秀品德和能力的总和，包括领导和员工的技术专长、创造性解决问题的能力、领导能力、开拓能力、管理技巧和团队精神等；④组织管理资源，即企业采用的用来保证企业正常运转的管理方法，如企业的激励机制、协调和控制水平以及信息机构等。

Long和Vickers-Koch衡量持续竞争优势的量表包含成本、多样性、品质、回应速度、时效性和顾客要求六个因素。Man用投资有效性、业务成

---

① 吴应宇，赵震翔. 企业可持续竞争优势衡量方法研究综述[J]. 外国经济与管理，2001，23(9)：2-7，19.

长和相对绩效三项指标来测量企业市场绩效。其中投资有效性反映的是企业盈利能力，它包括投资回报满意度、净利润满意度；业务成长反映的是企业的未来成长潜力，它包括流动资金增长、营业额增长、市场占有率。相对绩效反映的是与同行相比本企业的绩效，它包括与同行相比的投资回报程度、与同行相比的净利润增长率程度、与同行相比的营业额增长程度①。

结合国内各研究机构对房地产企业的各类评比、发展实力研究等指标，本书拟从以下几个方面进行测量（见表5-4）：

表5-4　可持续竞争优势测量

维度	量表表达	文献支持
土地储备面积	过去几年中，本企业的土地储备增长很多，高于同行水平，且足够以后三年内的开发建设	《中国房地产企业竞争力研究报告》（2008）；国务院发展研究中心；《中国房地产开发企业500强测评》（2008）
净利润率	过去三年中，本企业净利润率持续增长，高于同行水平，且源于管理水平提高（而非市场涨价因素）	《中国房地产百强企业研究报告》（2008）；Higgins（1998）
品牌建设	政府、合作方、顾客对本企业满意度非常高，各方愿意在下次购买本企业产品，或与本企业合作	《中国企业竞争力蓝皮书》（2006）；APQC（2001）；Naumann（1995）
人力资本	本企业的员工满意度非常高，过去三年中离职率很低	Sullivan（2000）；Stewart（1997）

第三节　量表修改与正式形成

经过前一部分的文献研究，并结合国内现有关于房地产企业竞争优势及核心竞争力的研究，已经能够初步提出进行测量的量表，特别是借鉴其他学者已经使用过的量表，以作为更大范围内测试的依据。为了使量表具有更高的效度，必须进行探测性检验（Pilot Test），以便对模型假设进行

---

① 这些指标通过企业家自评而得，在实证研究中经常使用，Gist 的证据表明，企业家的自我感知能力与实际能力之间存在极大的相关性，Chandler 和 Jansen 的研究提供的强有力的证据表明，自我评价标准并不存在偏袒，是与实际情况相一致的。Man 的实证研究也是用的这种方法。

验证。特别是提出众多影响因素后（带有一定的主观性），更重要的是要提炼出最具解释力的因素。通过深度访谈（In-depth Interview）、专家调查法（Delphi）等步骤进行修改。修改阶段尽可能排除有问题且多余、重复的测项，同时精简问卷的内容，节约受测人时间，提高回收率。

量表采用Likert量表的方式进行6点分类。澳大利亚学者Chen研究发现，不同文化背景下的被调查者答题的心理倾向不同，中国等奉行儒家文化的国家崇尚中庸之道。因此，如果对这些国家的被访者采用奇数Likert量表，则这些国家的被调查者倾向于选择中间数值，即倾向于选择"一般"等中间选项，这一方面没有真实反映被访者的意图，另一方面也包含着"不一定"的含义。国内很多学者采用偶数Likert量表来进行调查研究。本书采用了6点Likert量表。1=非常不满意，2=不满意，3=有点不满意，4=有点满意，5=满意，6=非常满意。这样在负向与正向的态度上各分为三个等级强迫被访者做出选择[①]。

按照Lee等避免一致性动机问题的建议，我们在问卷设计中，并未明确题项所度量的变量，这样的题项安排可在一定程度上防止答卷者在填写问卷时形成自己的逻辑，导致问卷结果的可靠性降低。

为此笔者邀请五位有经验的学者与从业者进行初测问卷的评价，这五位学者分别是笔者的导师，两位既是对动态能力、社会资本有量表设计经验的学者，也是行业内理论与实际经验丰富的房地产企业高管。主要要求他们从以下几方面进行评价：①中国情景下，对房地产业（Industrial Specific）这几个变量的测量是否合适，是否与其他产业一样？②不同变量的测量维度之间是否有重复测量的嫌疑？特别是创新与动态能力测项之间，很多已有其他研究测项之间有重复，但在本书中两者同时测量，量表已经对测项进行了组合。③量表对重要变量的测项是否有遗漏？用词是否平实、简洁，是否避免用复杂、难懂、理论化、专业词汇？④量表长度是否适宜？⑤其他要了解的资料填空部分是否要增减部分内容？经过专家评定，对量表进行了局部调整。最终对动态能力的测量进行了合并，由四个维度改为三个维度。

最终形成的问卷见附录。

---

① 现有研究中5点式量表和7点式量表得到了最广泛的运用，7点式量表具有大量的已验证好处，但本书考虑到中国情境可能确实会有"一般"等情况的过多出现，故选择了6点式量表。

第六章　数据获取与实证分析

第一节　问卷发放与获取

一、样本选择及需要的数量

对于 SEM 而言，通常需要较大的样本才能维持估计的精确性（Accuracy of Estimates）以及确保代表性。在小样本之下，检验统计的分配无法适当地近似 χ^2 分布。Boomsma 和 Hoogland 认为，小样本，如果 N<200，处理 SEM 时，有 2 个持续性的估计问题可能会发生：无法聚合性与不适当的解。

到底多大的样本才称为大？各种说法并不一致，Anderson 和 Garbing 认为，100~150 个是满足样本大小的最低底线。Boomsma 则认为，400 个是最恰当的数目，并得到很多学者的响应。Hu Bentler 和 Kano 认为，对某些研究而言，5000 个样本仍嫌不够。Marsh、Hau、Balla 和 Grayson 等证实，如果观察变量与因素的比例是 3 或 4，则样本数至少 100 个，若比值是 6 以上，则 50 个的样本也足够。同时在 SEM 中，适配度指数受到样本的影响相当大，样本越大，模式被拒绝的机会越大，所以要使样本量取得某种平衡。Shumacker 和 Lomax 认为，大部分的 SEM 研究样本数在 200~500 个。当然，如果在某些研究中收集样本有困难时，Bentler 和 Chou 提出建议：变量符合正态分布时，每个变项 5 个样本是足够的，其他分布时，每个变项 10 个样本是足够的。

本次问卷的发放范围主要是中国房地产企业 500 强以及 100 强等研究

中的上榜企业名单。当然也包括一些非上榜企业。由于本调查问卷设计的测量题项共有33题，按照Boomsma、Bentler和Shou的理论①，为保证研究达到预期效果，最低回收的问卷数量为题项的5倍以上，本次研究至少需要160份有效回收问卷。

二、问卷发放与回收

通过熟人、过去同事、"同事转同事"的协助，采取滚动取样法（Snowball Sampling）获取样本，先发放20份问卷给认识的房地产企业中、高层管理人员，再通过他们转给其认识的其他房地产企业的中、高层管理人员。必须预先通过电话确认他们可能的转递范围企业，防止出现一家企业有多份问卷到达（重复），同时要求他们帮助注明企业名称（研究成果中不会出现）。通过这种方式，问卷传递效率很高，回收率也很高。问卷主要通过传真及电子邮件方式送出。

本次问卷填写对象倾向于公司的中、高层管理人员，不要求是董事长、创始人。因为本书要研究的不是一个企业家具备创业初始阶段的知识，而是企业发展到一定阶段后实际运营中的问题。此时创始人或董事长花时间来填问卷较难，而最重要的是此阶段企业的董事长不一定能全面了解企业实际运营中的问题，对于这些工作中的问题，也许中层、高层管理人员最有发言权。

本次研究中，问卷回收确实遇到了很大的困难，前几十份问卷的回收非常顺利，后面再增加数量特别难。本次问卷调查的发放与回收情况，如表6-1所示，通过各种方式发出问卷370份。初期笔者通过自己认识的朋友及相关企业直接发出20份问卷，回收15份。再通过朋友或同事的朋友共40人，请他们每人给定向的地点或区域中认识的企业每人发出5份问卷（都与企业认识或间接认识，含地产媒体界），通过这种方式共发出

---

① 此数量综合了各学者的经验研究，并结合了本书问卷中的一些因素，如房地产企业数量、回收的难度、经费，特别是一些企业出于对社会资本词汇的敏感性，该行业的社会敏感性，对问卷答复持保留态度。Anderson和Garbing认为，最少为100~150个样本，本量表33个变项/4个因素=8，按Marsh、Hau、Balla和Grayson以及Boomsma的研究，50个样本也可能满足要求。按Bentler和Chou等认为的5倍变项，则数量是33×5=165个。

200份问卷,实际回收103份,回收率为51.5%①。应该说通过这两种方式取得的问卷回复率与有效率均较好,特别朋友介绍后回收的问卷有效率也非常高。还有一个好处是,这样的问卷回复时间很快,在电话联系后基本上一周内能够得到回复(全部是电子邮件回复),动用了个人所有能动用的社会资本。

到了问卷回复的后期,在样本量还是缺少的情况下,增加新的样本很费精力。笔者想到几个房地产专业论坛上有专门的业内人士板块②,由于黏性网民均为业内人士,目标比较明确,于是通过在不同城市频道上发帖留言,请有意愿的网友给出联系方式,再发出调查问卷,先后在不同地区不同频道上发出100份帖,得到响应并收到回复问卷23份。通过上述几种方式得到的有效问卷数量还是不够,为此,又通过最近正在举行的房地产行业培训会议来发放,并通过两个中介机构来帮助发放问卷(有偿服务),主要是两个与地产相关的会议主办方,获得回收问卷45份,但是这种方式的有效率偏低。总之,最后回收问卷186份,回收率为50.3%,有效问卷160份,有效率为86%。统计情况见表6-1。

表6-1 问卷发放与回收情况

发放方式	发放数量	回收数量	回收率(%)	有效数量	有效率(%)
自己直接发放	20	15	75	14	93.3
朋友滚动取样	200	103	51.5	92	89.3
地产论坛发帖	100	23	23	21	91.3
中介组织发放	50	45	90	33	73.3
合计	370	186	50.3	160	86.0

三、研究样本描述

1. 样本企业规模分布

企业规模主要通过职工人数、年销售额和资产总额3个指标来描述,

---

① 通常情况下,与西方背景相比,这样的问卷回复率算是比较高的,可能是由于大部分源自朋友填写。Sommer指出,随机邮寄调查的回收率为10%~33%,而在华人管理圈中,邮寄调查的反应率为6.8%~11.6%。
② 主要是通过搜房网(soufun)进行。有意思的是,网上发帖,点击率非常高,但是真正的回复率较低。主要是大家都在"潜水",怕麻烦,但是效率还是比较高的。

社会资本、创新与可持续竞争优势

从职工人数来看，200~1000人处于主要地位，约占57%，共有92家（见表6-2）。从销售额来看，20亿~100亿元的企业约占68%，共109家（见表6-3），这两项数据表明，与传统行业相比，房地产行业的人均销售额要大得多，从侧面说明，人力资本在房地产企业中所占的比重是极小的。表6-4统计了资产规模情况。可以看到，由于房地产行业的特殊背景，虽然其人数不多，但企业的销售额、总资产规模都非常大。

表6-2 样本中员工人数分布（样本时点2009年3月）

职工人数	频数	百分比（%）
0~199	27	16.9
200~499	42	26.3
500~999	50	31.2
1000~1999	22	13.7
2000以上	19	11.9
合计	160	100

表6-3 样本中的年销售额分布（2008年）

年销售额（亿元）	频数	百分比（%）
0~10	15	9.4
10~20	32	20
20~50	62	38.7
50~100	47	29.4
100~400	4	2.5
合计	160	100

注：该数据显示与500强企业研究的销售额指标有类似的分布水平。①

---

① 从500强企业两年半的平均房地产业务销售收入累计百分比情况可以看出，10强企业的同期平均房地产销售收入在500强总收入中的占比达到21%，50强企业的同期平均房地产销售收入在500强总收入中的占比达到45%，100强企业的同期平均销售份额占到500强企业的近60%。这一系列的数据充分表明，在目前开发企业生存环境逐渐恶化的情况下，综合实力百强企业的市场扩张和资源集中优势比较明显。

考察企业总资产规模时需要注意的是，房地产企业的高负债率使其财务杠杆较高，不少企业的负债水平较高，很多企业在70%左右，远远超出其他行业水平。

表6-4　企业总资产规模（样本时点2009年3月）

资产总额（亿元）	频数	百分比（%）
0~5	6	3.8
5~20	49	30.6
20~50	68	42.5
50以上	37	23.1
合计	160	100

2. 样本区域分布

本次样本区域分布相对比较集中，主要在华东（上海、浙江、江苏）、华北（北京、天津）、华南（广州、深圳）地区，这几个地区的样本量分别为47、16、13，共占样本总量的47.5%，显示了在这些中国经济发达地区房地产企业的强劲发展，企业规模的相对较大，其余样本分布于中国近12个省份①。

3. 样本性质与经营年限分布

大部分样本经营年限在8~15年，其中资产规模及销售额排在前几位的样本经营年限均在13年以上，显示了企业经历了不同的地产周期及较长经营时间的积累。几个销售额最大的企业从中国房地产刚起步阶段即介入房地产开发，并相继经历了1992年、1998年、2005年等较大的市场波动期或政策波动期。

4. 企业的股权性质

回收的所有问卷中，大部分（96%）企业是外资、合资或者民营企业，当然有部分是原有的国有企业经改制以后变为民营或民营控股企业。

---

① 以开发企业的注册地作为划分标准，研究发现：500强开发企业主要集中在华东、华北和华南地区，三大区企业总数占到500强的64%。其中，前100强的优秀企业也主要集中在华北、华南和华东地区，三大区企业总数占到100强的92%，百强企业在这三区的分布呈现三分天下的格局。相对而言，华中、东北和西南区域的房地产企业在百强中的占比很低，分别仅为4%、2%和2%，西北地区的开发企业则无缘百强。

这从一个侧面反映了现有地产企业的股权性质，也回答了为什么中国富豪榜上地产富豪特别多的原因。

样本企业领导人学历方面，共160个有效样本企业中，报告为大专—本科学历的占60%，报告为高中及以下学历的占20%，另有20%报告为研究生学历。

样本企业与环境的调适方面，所有样本中均为环境剧烈变化或者较为变化。其中只有20%报告较为变化，其余80%均报告为剧烈变化。但企业是否跟得上这种变化的回答中，没有一家报告完全跟得上这种变化，只有60%的企业报告基本跟得上，另有40%的企业报告跟不上这种变化。显示了整个行业在应对环境或与环境的调适方面存在很大的不足。

第二节 数据质量评估

在进行数据质量分析之前，需要用SPSS对33个变量进行探索性因子分析，以便本节后一部分进行偏差研究以及信度与效度分析。对所有变量的KMO测度和Bartlett's球体检验结果，如表6-5所示，结果显示KMO值为0.785，大于通常0.7的标准，同时Bartlett's球体检验的相伴概率为0.00，小于显著性水平0.05，拒绝为零假设，说明数据适合做探索性因子分析。

表6-5 KMO 和 Bartlett's 检验（N=160）

Kaiser-Meyer-Olkin Measure of Sampling Adequacy		0.785
Bartlett's Test of Sphericity	Approx. Chi-Square	3286
	df	528
	Sig.	0.00

一、调查对象偏差分析

在进行正式统计分析之前，有必要对样本数据的质量进行前期评估，以确保统计数据的准确性、可靠性和适用性。在本书中，对数据质量的评估主要从调查对象偏差分析、不响应偏见（Nonresponse Bias）分析、共同方法变异（Common-Method-Variance）影响分析、样本分布状态等几个方面进行。

1. 调查对象偏差分析

调查对象偏差分析主要是验证问卷填报人（Informants）的填写态度是否认真负责，其填写数据是否真实可信。本书主要通过对问卷填写内容的进一步核实，即一手资料和二手资料的对比，来对数据的真实性进行研判。由于在所有问卷中，均要求填写企业名称、创立年份、主营业务、总部所在地、员工人数、所有制性质等企业信息，且绝大部分有效样本均填写了全部信息。因此，本书首先对样本企业名称进行核对，再通过统计部门公开信息、上市公司报表和各类行业经营性网站对创立年份、主营业务、员工人数等信息加以核实。经过多渠道的佐证，除部分有效问卷未完整填写相关企业信息之外，大部分有效问卷中的相关企业信息基本真实。据此可以推测问卷填写人的态度是认真负责的，其填写数据是基本真实可信的。

2. 不响应偏见分析

不响应偏见在调查研究中经常发生，即使是在具有较高响应率的情况下。本书的问卷获取方式以熟人发放和培训机构现场发放为主，且在上述情况下被访者未填写问卷的原因主要是当时不在现场。因此最容易导致不响应偏见发生的原因主要是关于房地产企业竞争优势的问题比较敏感，特别是涉及部分与政府相关的问题，且问卷中还要求被访者填写相关企业名称和个人信息（当然可以选择不填）。据此，本书随机选取了 10 个没有回答的被访者，并删去了问卷中与企业和个人信息相关的问题，进行了第二次问卷调查，并得到了 5 份有效问卷。将这 5 份问卷和已有问卷进行对比，并没有发现显著性的差异，可见本书的不响应偏见问题并不严重。

3. 共同方法变异影响分析

共同方法变异指的是，同样的数据来源或评分者、测量环境、项目语境以及项目本身特征所造成的预测变量与效标变量之间人为的共变。这种人为的共变对研究结果会产生严重的混淆并对结论有潜在的误导，是一种系统误差。本书采用 Harman 单因子检验方法（Harman's one-factor）来检验共同方法变异的影响。这一方法的设想是，如果数据中存在着大量的共同方法变异，那么将问卷中所有的变量都纳入因子分析过程，将会出现一个单独因子或者一个共同因子解释了大部分变异。本书中,对问卷中所有的问项进行探索性因子分析 (EFA),从未旋转的分析结果中得到 9 个特征值大于 1 的因子,共解释了 72.10% 的总变异,其中最大的一个因子仅解释了 30.56% 的总变异,没有单一因子的解释力超过 40% (Ashford 和 Tsui,1991)①,见表 6-6,检验结果表明共同变异影响在本书中并不严重。

表 6-6 特征值大于 1 与方差解释

Component	Initial Eigenvalues	% of Variance	Cumulative (%)
1	10.08	30.56	30.56
2	2.91	8.82	39.38
3	2.49	7.56	46.94
4	1.75	5.30	52.23
5	1.62	4.91	57.14
6	1.43	4.34	61.49
7	1.39	4.20	65.69
8	1.08	3.29	68.98
9	1.03	3.12	72.10

注:抽取方式为主成分分析法 (Principal Component Analysis)。

4. 样本分布状态

各种统计方法对所需的最低样本容量有不同的要求,特别是结构方程模型 (SEM) 对样本容量的要求较高,一般认为至少在 100 以上,才适合使用极大似然法 (ML) 对结构模型进行估计。本次问卷调查共收集到房地产企业有效问卷 160 份,已达到这一最低样本容量要求。同时,使用极大似然法 (ML) 对结构模型进行估计,还要求数据符合正态分布。数据的正态分布性可以通过检验测量变量的偏度 (Skewness) 和峰度 (Kurtosis) 值来加以确认。一般情况下,当样本数据满足中值与中位数相近,且偏度和峰度同时小于 2 时,可认为样本数据是近似于正态分布的。采用

---

① Ashford S. J., Tsui A. S. Self-Regulation for Managerial Effectiveness: The Role of Active Feedback Seeking [J]. Academy of Management Journal, 1991, 34 (2): 251-280.

SPSS16.0 对样本中各变量数据进行偏度和峰度分析，结果表明各变量数据的偏度和峰度值均满足上述要求，见表 6-7，即基本符合正态分布要求，可以用于结构方程模型分析。

表 6-7　各变量数据的偏度、峰度、方差统计（valid N=160，missing=0）

Variables	q1	q2	q3	q4	q5	q6	q7
Mean	4.531	3.819	4.575	4.631	4.025	4.019	3.894
Std. D.	1.121	1.326	0.975	0.956	1.254	1.084	1.185
Variance	1.257	1.759	0.950	0.913	1.572	1.176	1.404
Skewness	−0.947	−0.366	−1.162	−0.513	−0.242	0.172	−0.183
Kurtosis	0.924	−0.271	1.973	0.056	−0.666	−0.657	−0.719
Variables	q8	q9	q10	q11	q12	q13	q14
Mean	4.606	3.894	4.813	4.063	4.194	4.231	4.356
Std. D.	1.004	1.421	1.193	1.175	1.130	1.134	1.048
Variance	1.008	2.020	1.424	1.380	1.277	1.286	1.099
Skewness	−0.390	−0.276	−0.913	−0.429	−0.230	−0.336	−0.226
Kurtosis	−0.159	−0.951	0.388	0.120	−0.126	−0.158	−0.473
Variables	q15	q16	q17	q18	q19	q20	q21
Mean	3.944	3.800	3.888	4.488	3.875	4.300	4.363
Std. D.	1.314	1.191	1.160	0.978	1.120	0.917	0.714
Variance	1.726	1.419	1.346	0.956	1.255	0.840	0.509
Skewness	−0.299	−0.194	−0.047	−0.373	−0.104	−0.286	−0.029
Kurtosis	−0.310	−0.434	−0.409	−0.147	−0.104	−0.097	−0.292
Variables	q22	q23	q24	q25	q26	q27	q28
Mean	4.388	4.256	4.413	3.856	3.925	3.688	3.906
Std. D.	1.016	0.947	0.954	1.104	1.000	0.985	1.288
Variance	1.031	0.896	0.911	1.218	1.001	0.971	1.658
Skewness	−0.182	0.096	−0.296	−0.080	0.037	−0.016	−0.181
Kurtosis	−0.337	−0.430	0.269	0.248	−0.394	−0.293	−0.462
Variables	q29	q30	q31	q32	q33		
Mean	3.400	3.831	3.319	4.094	3.494		

续表

Variables	q29	q30	q31	q32	q33
Std. D.	1.446	1.100	1.095	1.021	1.155
Variance	2.091	1.210	1.200	1.041	1.333
Skewness	0.082	−0.090	0.240	−0.190	−0.084
Kurtosis	−0.875	−0.617	−0.489	0.279	−0.297

通过SPSS16.0计算出各变量的相关峰值，从表6-7中可以看出只有q3变量的峰度（Kurtosis）为1.973接近2，仔细查看该量表，发现该量表主要是测量各企业的融资来源，且各企业的回答均为4、5或6，合计占89.9%，这同时也回答了整个行业确实面临的现状，不管该企业的经营现状如何。没有必要强调该回答一定呈正态分布。

二、测量信度与效度

1. 关于测量的信度分析

在进行统计分析之前，有必要对样本数据的信度（Reliability）进行检验。信度表示对同样的对象，运用同样的观测方法得出同样测量数据的可能性，它可界定为真实分数（True Score）的方差与观察分数（Observed Score）的方差比例，检验信度的目的在于衡量测量变量的一致性和稳定性。在Likert量表中常用的内部一致性信度检验指标是Cronbach's α系数，α系数超过0.7则表明测量具有可以接受的信度。本书也采用α系数来检验样本数据之间的内部一致性，见表6-8。

表6-8 数据的信度分析（Alpha系数）

二阶潜变量	一阶潜变量	可测变量	Cronbach's α	备注
社会资本（ξ）	结构维（ξ11）	q1，q2，q3，q4，	0.363	α=0.742
	认知维（ξ12）	q5，q6，q7	0.716	
	关系维（ξ13）	q8，q9，q10	0.602	
创新（η1）	资源（η11）	q11，q12，q13	0.715	α=0.848
	研发（η12）	q14，q15，q16	0.754	
	商业化（η13）	q17，q18，q19	0.647	

续表

二阶潜变量	一阶潜变量	可测变量	Cronbach's α	备注
动态能力（η2）	整合（η21）	q20, q21	0.558	后期分析中，将这四个分量合并为三个分量。α = 0.789
	学习（η22）	q22, q23, q24	0.734	
	重构（η23）	q25, q26	0.584	
	程序（η24）	q27, q28	0.669	
可持续竞争优势（η3）		q29, q30, q31, q32, q33	0.557	

注：对动态能力的分量表重新组合时，整合= q20, q21, q27, α=0.720；学习=q22, q23, q24, α=0.506；重构=q25, q26, q28, α=0.720。

当整个量表的所有变量（q1~q33）共同测量信度时，其总量表 Cronbach's α=0.918，表 6-8 中，结构维社会资本的 α 值偏低，可能是由于 q2 的数据不完全呈正态分布或量表设计有一定缺陷，通常认为 α 系数大于 0.7 时内部一致性较高。在 0.35~0.7 属于普通但是能接受，特别是考虑到各二阶潜变量的测项数目较少的组合也会影响 α 系数值。但若考虑一阶潜变量的 α 系数，还是相当高的。

2. 关于测量的效度分析

效度（Validity）指测量工具能够正确测量出所要测量问题的程度，即能否正确反映所要讨论的问题。一般而言，效度（Validity）检验主要涉及内容效度（Content Validity）和结构效度（Construct Validity）两个方面。由于本书采用的调查问卷中对各要素变量的问项均参考了大量相关文献，并结合专家意见和调研进行修正和归纳整理，故可认为本书的问卷已具有较好的内容效度。

结构效度分析所采用的方法是因子分析。效度分析最理想的方法是利用因子分析测量量表或整个问卷的结构效度。因子分析的主要功能是从量表全部变量（题项）中提取一些公因子，各公因子分别与某一群特定变量高度关联，这些公因子即代表了量表的基本结构。通过因子分析可以考察问卷是否能够测量出研究者设计问卷时假设的某种结构。在因子分析的结果中，用于评价结构效度的主要指标有累计贡献率、共同度和因子负荷。累计贡献率反映公因子对量表或问卷的累计有效程度，共同度反映由公因子解释原变量的有效程度，因子负荷反映原变量与某个公因子的相关程度。

表 6-9 各能力测量变量的探索性因子分析结果

变量	测项	旋转后因子荷载						
		1	2	3	4	5	6	7
社会资本	q1	0.729	0.086	0.183	−0.081	0	−0.037	0.191
	q2	0.205	−0.086	−0.031	−0.278	0.053	0.082	0.799
	q3	0.073	0.174	0.01	−0.083	−0.057	0.848	0.094
	q4	0.194	0.591	−0.052	0.114	−0.047	0.491	−0.313
	q5	0.137	0.292	0.301	0.709	0.019	0.076	−0.116
	q6	0.275	0.154	−0.071	0.721	0.067	−0.177	−0.232
	q7	0.612	0.211	0.298	0.406	0.042	0.227	0.027
	q8	0.698	0.053	0.056	0.349	−0.213	−0.039	0.031
	q9	0.725	0.079	0.189	0.24	0.19	0.112	0.092
	q10	0.238	0.682	0.059	0.035	−0.103	0.209	−0.094
创新	q11	0.248	0.074	0.093	−0.002	0.798	−0.064	0.003
	q12	0.679	0.389	−0.104	0.061	0.338	−0.031	−0.24
	q13	0.674	0.41	0.099	0.076	0.166	−0.119	−0.324
	q14	0.338	0.436	−0.136	0.376	−0.036	−0.355	0.416
	q15	0.636	0.302	−0.112	0.269	0.137	−0.147	0.263
	q16	0.605	0.341	0.068	0.273	0.179	0.22	0.118
	q17	0.749	0.066	0.369	−0.233	−0.03	0.019	0.031
	q18	0.642	0.204	0.027	0.052	0.089	0.112	−0.016
	q19	0.391	0.39	0.343	−0.324	−0.061	−0.29	0.034
动态能力	q20	0.112	0.655	0.246	0.129	0.214	−0.124	0.026
	q21	0.281	0.702	0.096	0.003	−0.204	−0.012	0.031
	q22	0.081	0.772	0.002	0.263	0.292	0.094	−0.083
	q23	0.291	0.606	0.058	0.184	0.246	0.251	0.112
	q24	−0.098	0.432	0.428	0.26	0.445	−0.044	0.17
	q25	0.189	0.075	0.647	−0.05	0.124	0.026	−0.27
	q26	0.4	0.029	0.727	−0.019	−0.053	−0.022	0.058
	q27	0.067	0.231	0.771	0.174	−0.161	−0.084	0.006
	q28	−0.03	−0.068	0.736	0.066	0.342	0.122	0.087

注：因子萃取方式为主成分分析法（Principal Component Analysis）；旋转方式为方差最大法（Varimax with Kaiser Normalization），旋转九次后收敛。

根据特征值大于1选取的主成分作为因子后,在三个潜变量(社会资本、创新、动态能力,在此没有将竞争优势的测项列入计算)共28个测项中,选取了7个因子,共解释了68.563%。且每一个因子均包含若干荷载大于0.5的变量(见表6-9),说明各因子中的变量有较显著的相关性。因此,探索性因子分析结果与指标设置时各变量的构思一致,初步说明其结构效度较好。

第一主成分的方差贡献率的大小反映可测条目对潜变量或所研究目标的贡献,贡献率越大说明与所研究问题关系越密切,一般认为应大于0.4。本书中,经对各潜变量进行第一主成分分析,发现虽不能从严格意义上遵守大于0.4的标准,但均比较接近此数,故认为效度基本可以接受。见表6-10。

表6-10　潜变量第一主成分方差贡献率

二阶潜变量	Initial Eigenvalues	% of Variance	Cumulative (%)
ξ	3.51	35.11	35.11
η_1	4.19	46.57	46.57
η_2	3.45	38.28	38.28
η_3	1.86	37.21	37.21

注:抽取方式:主成分分析。

第三节　假设验证:结构方程模型

一、模型与变量关系实现

在第四章时,本书已经提出了模型框架,现要对该模型进行细化,并使用AMOS7.0实现验证。本书潜变量的测量已经提出,但由于每个潜变量的观测变量较多,如社会资本为10个,创新、动态能力、可持续竞争优势各为9个,在进行文献分析时,这么多的观测变量也是从不同的维度提出,以体验对各潜变量的科学与逻辑分类。因此在处理该模型最基本的处理方法是通过一阶模型的实现，将社会资本、动态能力、创新均一阶潜变量，用9个或10个观测变量来实现。理论中该方法可行而且易于理解，但这样做的弱点是不能反映所测变量在某一个维度上的关系强弱。如社会资本三个维度（结构、认知、关系）中哪一个维度对社会资本的影响更大，路径不能清晰地反映。按一阶的模式处理，可以简单地认为社会资本是不分维度的，直接由那10个变量测量就可以了，会很乱很杂，没有条理。当然还可能有另外一种一阶模型形式，即将社会资本分拆为三个，但这样的关系更为复杂，共会产生9个潜变量，它们之间可能会再两两相关，一共可能会产生36个相关关系，无论是理论表述与图形说明都非常复杂。观察变量数为33个不变的情况下，不同模型方案比较见表6-11。

表6-11 不同模型方案比较

方案	优缺点
一阶四变量	模型简单，但关系复杂，理论不清楚
二阶三变量，一阶四变量	简洁，关系清楚，理论表达清晰
一阶十变量	模型复杂，关系复杂（近45个关系），理论混乱

实际上我们可以把社会资本等理解为一个高阶因子（如二阶），它能够统管其属下的各能力因子，这样在理论与形式表现上会显得更加清晰。这样二阶潜变量就变成了3个，二阶潜变量之间发生关系，每个二阶潜变量下包含几个一阶潜变量。理论维度与图形表述都非常方便，非常清晰地描述了各变量之间的关系。但同时若用二阶因子去表述一阶因子，其卡方值必然会增大，自由度也增加，但只要二阶与一阶模型相关卡方增加量不达到显著水平，从简洁性角度来说，还是选择二阶模型。

数学上，一阶模型与二阶模型会产生相同的共变数矩阵，而唯一不同的是理论的解释。实际上，二阶模型被认为是一阶潜变量可以反映的更高一级的潜变量（二阶），也就是每一个一阶潜变量皆有一个来自二阶潜变量的直接负荷（即有箭头指向）。因此，一般将二阶模型视为一阶模型的特殊案例[①]。与一阶相比，在研究中应注意：①在二阶验证性因子分析模

---

① 黄芳铭.结构方程模式理论与应用 [M].北京：中国税务出版社，2005.

型中,一阶因子既是二阶因子的自变量,又是其测量指标的因变量,所以一阶因子有残差方差项。如果二阶因子只有一个,加不加残差方差项结果是一样的。②一阶中因子间需要画上两两相关的双箭头,但在二阶验证性因子分析模型中,由于一阶因子可以解释二阶因子间的相关性,所以在二阶模型中二阶因子之间是没有双箭头连接的。

AMOS7.0直观易用,包括以下步骤:第一步:按照第四章中提出的假设变量关系,先将各二阶潜变量关系在建模区域中绘制完成,并定义相应的变量名称(如社会资本=ξ,创新=η1,动态能力=η2)。第二步:依次在相应的二阶潜变量下绘制一阶潜变量,箭头方向为从二阶指向一阶,即将一阶"视为"二阶的观测变量,同时相应地定义变量名称。第三步:绘制各观测变量,定义名称,并绘制残差。第四步:固定一些变量的路径权重,特别是对二阶潜变量也必须要固定一个。第五步:绘制潜变量的残差,包括所有二阶潜变量、一阶潜变量,但是外生变量除外(本书中没有将社会资本的残差绘入,只起解释作用,不受其他变量影响,在图中,只有指向其他变量的箭头,没有箭头指向它)。第六步:为模型配置数据,即前面收集的最终观测变量的数据。最终二阶结构方程模型如图6-1所示。

二、模型初步结果分析

通过将结构方程模型在AMOS7.0上试运行,得到初步运算结果。样本容量=160,该模型为递归(Recursive)模型,表6-12统计了变量基本情况,表6-13显示了模型的卡方值χ^2及自由度情况。

初步模型运行后,提示需要增加约束条件才能实现,经仔细研究并参见相关的出错信息,及其他研究者得出的经验,发现主要是少了上部分总结中的第四步和第五步的内容,即二阶潜变量需要固定一个路径系数,一阶、二阶潜变量同样要设定残差。运行后显示的路径系数见表6-14,方差估算结果见表6-15。

根据P值对路径系数/荷载系数的统计显著性检验做出评定,潜变量η2对η1的作用路径系数为0.356,其C.R.值为1.823,相应的P值为0.068,可以认为这个路径系数在90%的置信度下与零存在显著性差异,即该路径系数为零的概率仅为6.8%。故没有理由认为其会为零,结果拒绝原假设。

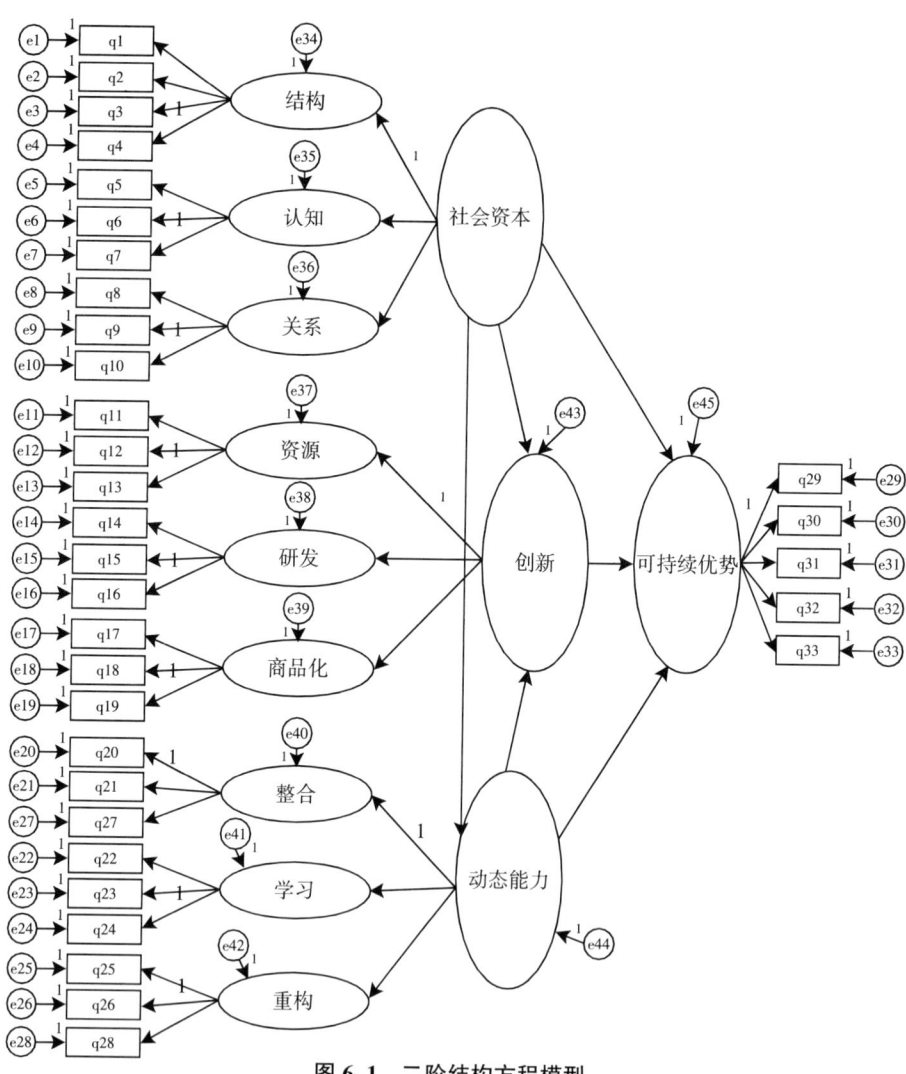

图 6–1 二阶结构方程模型

表 6–12 变量基本情况及频数统计

总变量（Number of variables in your model）	91
观测变量（Number of observed variables）	33
非观测变量（Number of unobserved variables）	58
外生变量（Number of exogenous variables）	46
内生变量（Number of endogenous variables）	45

第六章 数据获取与实证分析

表 6-13 自由度及卡方 χ^2 检验结果

卡方 χ^2	Chi-square=	1886.357
自由度	Degrees of freedom (561-81)=	480

表 6-14 变量路径系数估计结果

说明	变量	关系	变量	Estimate	S.E.	C.R.	P
二阶潜变量之间的关系	η2	<---	ξ	0.815	0.197	4.145	***
	η1	<---	η2	0.356	0.195	1.823	0.068
	η1	<---	ξ	1.782	0.406	4.388	***
	η3	<---	ξ	0.765	0.715	1.07	0.028
	η3	<---	η1	0.367	0.368	0.997	0.031
	η3	<---	η2	0.227	0.196	1.157	0.024
一阶、二阶潜变量之间的关系	ξ11	<---	ξ	1			
	ξ12	<---	ξ	2.263	0.457	4.946	***
	ξ13	<---	ξ	1.596	0.373	4.277	***
	η11	<---	η1	1			
	η12	<---	η1	1.015	0.113	9.013	***
	η13	<---	η1	0.605	0.107	5.667	***
	η21	<---	η2	1			
	η23	<---	η2	1.034	0.215	4.799	***
	η22	<---	η2	0.986	0.196	5.025	***
二阶潜变量与观测变量之间的关系（社会资本）	q4	<---	ξ11	1			
	q3	<---	ξ11	0.224	0.194	1.157	0.024
	q2	<---	ξ11	0.121	0.258	0.468	0.06
	q1	<---	ξ11	1.98	0.442	4.476	***
	q7	<---	ξ12	1			
	q6	<---	ξ12	0.491	0.086	5.677	***
	q5	<---	ξ12	0.69	0.099	6.97	***
	q10	<---	ξ13	1			
	q9	<---	ξ13	1.827	0.293	6.243	***
	q8	<---	ξ13	1.079	0.188	5.727	***

续表

说明	变量	关系	变量	Estimate	S.E.	C.R.	P
二阶潜变量与观测变量之间的关系（创新）	q13	<---	$\eta 11$	1			
	q12	<---	$\eta 11$	0.983	0.082	11.932	***
	q11	<---	$\eta 11$	0.477	0.098	4.844	***
	q16	<---	$\eta 12$	1			
	q15	<---	$\eta 12$	1.09	0.113	9.626	***
	q14	<---	$\eta 12$	0.636	0.093	6.854	***
	q19	<---	$\eta 13$	1			
	q18	<---	$\eta 13$	1.194	0.218	5.488	***
	q17	<---	$\eta 13$	1.49	0.265	5.614	***
二阶潜变量与观测变量之间的关系（动态能力）	q20	<---	$\eta 21$	1.373	0.218	6.312	***
	q21	<---	$\eta 21$	1			
	q27	<---	$\eta 21$	1.068	0.217	4.919	***
	q24	<---	$\eta 22$	1			
	q23	<---	$\eta 22$	1.325	0.206	6.436	***
	q22	<---	$\eta 22$	1.536	0.233	6.598	***
	q25	<---	$\eta 23$	0.906	0.17	5.329	***
	q26	<---	$\eta 23$	1			
	q28	<---	$\eta 23$	0.916	0.186	4.918	***
可持续竞争优势与观测变量之间的关系	q33	<---	$\eta 3$	0.959	0.193	4.971	***
	q32	<---	$\eta 3$	1.009	0.188	5.375	***
	q31	<---	$\eta 3$	0.738	0.166	4.433	***
	q30	<---	$\eta 3$	0.66	0.16	4.126	***
	q29	<---	$\eta 3$	1			

注：上述数据源自 AMOS7.0 运行结果，其中变量对应名称参见表 6-8。

第六章 数据获取与实证分析

表 6-15 方差估计结果

变量	Estimate	S.E.	C.R.	P	变量	Estimate	S.E.	C.R.	P
ξ	0.149	0.058	2.558	0.011	e15	0.707	0.104	6.784	***
e44	0.093	0.029	3.21	0.001	e14	0.748	0.09	8.288	***
e43	0.051	0.034	1.485	0.138	e19	0.945	0.113	8.361	***
e34	−0.076	0.035	−2.163	0.031	e18	0.519	0.071	7.271	***
e35	0.322	0.105	3.071	0.002	e17	0.667	0.098	6.831	***
e36	−0.055	0.028	−1.996	0.046	e21	0.318	0.043	7.449	***
e38	0.128	0.059	2.156	0.031	e20	0.481	0.069	6.977	***
e39	0.046	0.03	1.537	0.124	e24	0.618	0.077	8.013	***
e37	0.23	0.061	3.745	***	e23	0.387	0.062	6.211	***
e40	−0.004	0.024	−0.186	0.852	e22	0.348	0.07	4.968	***
e42	0.334	0.099	3.395	***	e10	1.091	0.124	8.828	***
e41	0.1	0.037	2.739	0.006	e9	0.927	0.127	7.302	***
e45	−0.109	0.041	−2.696	0.007	e8	0.625	0.074	8.415	***
e4	0.835	0.098	8.473	***	e26	0.454	0.1	4.566	***
e3	0.941	0.105	8.934	***	e25	0.767	0.114	6.709	***
e1	0.962	0.163	5.887	***	e29	1.733	0.19	9.112	***
e7	0.311	0.101	3.078	0.002	e30	1.053	0.116	9.101	***
e6	0.907	0.107	8.47	***	e31	1.005	0.11	9.112	***
e5	1.047	0.129	8.123	***	e32	0.685	0.078	8.772	***
e13	0.347	0.064	5.397	***	e33	1.008	0.111	9.051	***
e12	0.369	0.065	5.722	***	e27	0.75	0.091	8.289	***
e11	1.16	0.133	8.697	***	e28	1.195	0.159	7.526	***

根据运行结果，各变量路径系数均可在图形上比较直观地显示出来，如图 6-2、表 6-14 所示。

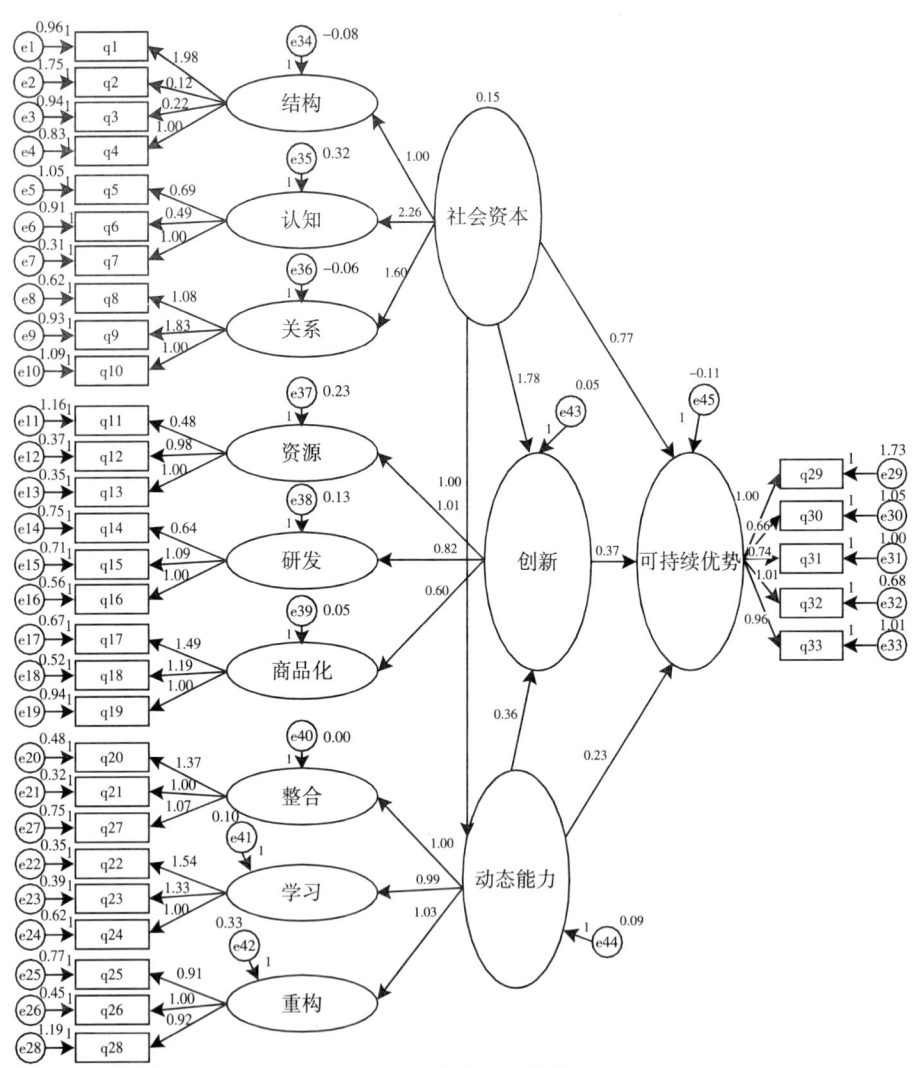

图 6-2 变量路径系数显示

三、模型总体评价与修正

可以用拟合指数对模型的拟合程度进行评价。如果理论模型结构对于收集到的数据是合理的，那么样本方差—协方差矩阵 S 与理论模型方差—协方差矩阵 Σ 的差别不大，即残差矩阵（Σ-S）各个元素接近零。拟合指数正是基于这一思想构建的。相关参考值与本书结果如表 6-15、表 6-16 所示。不同类别的拟合指数可以从模型复杂性、样本大小、相对性与绝对性等方面对理论模型进行评价，如果拟合不好，再根据相关的理论背景和指标进行修正。

表 6-16 拟合指数评价

指标名称		评价标准	本研究结果
绝对拟合指数	卡方（χ^2）	备选模型中，越小	1886.357
	GFI	大于 0.9	0.911
	RMR	小于 0.05，越小越好	0.047
	SRMR	小于 0.05，越小越好	0.043
	RMSEA	小于 0.05，越小越好	0.079**
相对拟合指数	NFI	大于 0.9，越接近 1 越好	0.954
	TLI	大于 0.9，越接近 1 越好	0.932
	CFI	大于 0.9，越接近 1 越好	0.994
信息指数	AIC	—	1122
	CAIC	—	2378

注：** 表示对于 RMSEA，其值小于 0.05 意味着模型拟合较好，在 0.5~0.8 意味着模型拟合尚可。

最常用的拟合指标是拟合优度的卡方检验（χ^2），其卡方值可利用拟合函数值直接推导出来，等于拟合函数值和样本规模减 1 的乘积。卡方值的大小与样本规模有关，故又相继发展出拟合优度指数（GFI）、修正的拟合优度指数（AGFI）、绝对拟合优度指数以及平方平均残差的平方根（RMR）、本特勒—波内特规范拟合指数（NFI）、近似误差平方根（RMSEA）和信息标准指数等。可根据用于验证的数据特征、样本规模及假设条件选择相应的评价指标。

从初步结果看，该模型反映的路径系数基本上能够反映原有理论假设，不过在一些路径系数指标中，数值不是很高，主要表现在 $\eta_2 > \eta_1$ 路径系数为 0.356，这个指标从理论来说是可行的，其 C.R.值及 P 值都在合理范围之内，主要存在的问题是 $\eta_1 > \eta_3$ 路径系数为 0.367，但其 C.R.值为 0.997，且 P 值 0.319，$\eta_2 > \eta_3$ 路径系数为 0.227，但 C.R.值为 1.157，P 值为 0.247。按照通常 C.R.值大于 0.9 的标准，这两项 C.R.值及 P 值数据都

社会资本、创新与可持续竞争优势

需要重新调整。

模型拟合指数和系数显著性固然重要，但对于数据分析来说更重要的是一定要符合理论背景，具体到本书中就是能被本研究的理论假设或现实实践所肯定。对可能存在的疑问可以通过修正指标进行调整，进行模型扩展（Model Building）或模型限制（Model Trimming）。

根据模型运行后的修正指数 M.I.（Modification Index），表 6-17 中列出了 M.I.指数较大的一些变量之间的关系，M.I. 指数将会扩展模型，是指对于模型中某个受限制的参数，若允许自由估计（在模型添加某条路径），那么整个模型的改良将会减少最小的卡方值。本次修改每次只修改一个，遵守的原则包括：是否有理论根据、是否会使拟合参数得到改善。根据上述两原则，在模型运用中，逐个对变量进行筛选与试修正，最终本书认为，e3、e4、e14、e15、e27、e28 之间需要加上双箭头，这将大大使一些参数得到改善。另外，由于 q2 部分修正指数及 q2 与 ξ11 间 P 值太高（0.64），显示了明显的拒绝为零的可能，故将此测项删除。e39 和 e41 之间增加双箭头，仔细分析这两个二阶潜变量，发现新产品的商业化与学习能力之间有可能存在一定的相关性，其方差之间加上约束有一定的理论根据，为此同样采纳此方案。

表 6-17 模型 MI 指数（大于 18 部分）

变量	方向	变量	M.I.	Par Change	拟修正措施
e39	<-->	e41	20.048	−0.076	采纳
e38	<-->	e42	21.844	−0.196	—
e27	<-->	e42	48.998	0.39	
e27	<-->	e28	18.619	0.352	采纳
e29	<-->	e38	26.537	0.347	—
e17	<-->	e32	23.169	0.268	
e17	<-->	e41	33.550	−0.191	—
e15	<-->	e29	26.947	0.489	无实际意义
e15	<-->	e14	24.116	0.321	采纳
e12	<-->	e31	24.482	−0.275	—
e4	<-->	e3	24.895	0.332	采纳

续表

变量	方向	变量	M.I.	Par Change	拟修正措施
q27	<---	η23	22.403	0.535	—
q27	<---	q28	31.177	0.307	—
q27	<---	q26	20.329	0.319	—
q3	<---	q4	25.446	0.406	—
q4	<---	q3	24.933	0.353	—

修正以后，整个模型的拟合参数得到进一步提高，P值得到改善，η3<---ξ 路径系数由 0.765 调整为 1.045，C.R.值由 1.07 变为 1.991，P值由 0.285 变为 0.047。这些指标都得到显著的改善。这四项调整涉及的相关系数及协方差系数见表 6-18。调整后的模型运行见图 6-3。

表 6-18 修改后的相关系数及协方差系数

变量	方向	变量	correlation	covariance	S.E.	C.R.	P	Label
e39	<-->	e41	−1.248	−0.095	0.025	−3.745	***	par_38
e15	<-->	e14	0.452	0.389	0.085	4.583	***	par_35
e27	<-->	e28	0.415	0.409	0.089	4.575	***	par_36
e4	<-->	e3	0.407	0.365	0.078	4.701	***	par_37

四、假设解释与验证

前面分析的各类系数没有经过标准化，依赖于有关变量的测量单位，比较路径系数时无法直接使用，采用标准化系数则可以直接比较不同系数作用的大小，故对路径系数进行标准化①。在后续的讨论中使用的数据均是标准化后数据。

模型可以进行效应分解，一个变量对另一个变量的影响可以分为直接

---

① 标准化系数将各变量原始分数转换为 Z 分数后得到的估计结果，用以度量变量间的相对变化水平，因此不同变量间可以直接比较。

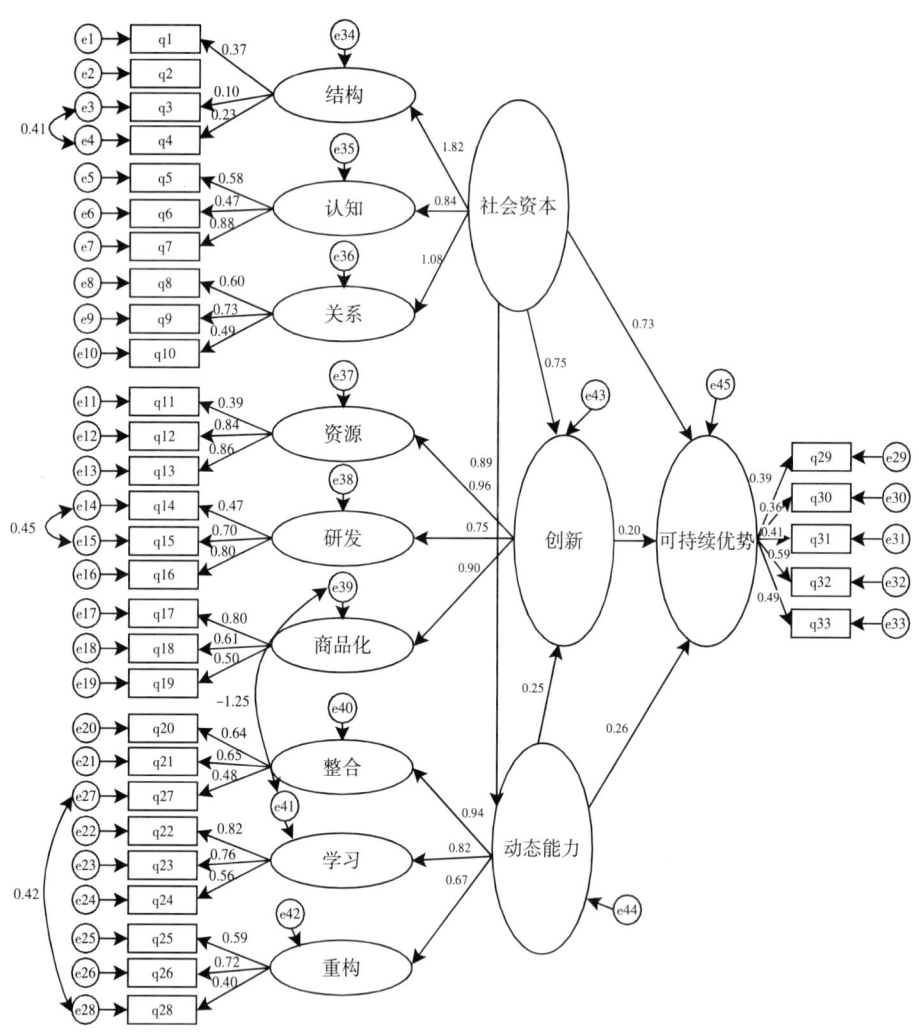

图 6-3 模型修正后的路径（标准化）

效应与间接效应，直接效应即一个潜变量对另一个潜变量的直接影响，而间接效应指通过其他变量对另一个潜变量的影响。当然模型的效应还包括未析效应（Unanalyzed Effect）与虚假效应（Spurious Effect），但一般模型中不太考虑这两个因素。

第六章 数据获取与实证分析

1. 标准化后的直接效应

各变量间直接效应的标准化系数如表 6-19 所示，从表中可以看出 ξ（社会资本）对 η1（创新）路径系数为 0.746，也即社会资本提升一个单位，则创新提升 0.746。同样，社会资本对可持续竞争优势、对动态能力的影响系数分别为 0.728、0.745，动态能力对创新、对可持续竞争优势的影响系数分别为 0.252 、0.264，创新对可持续竞争优势的影响系数为 0.203。

表 6-19 标准化回归系数（直接效应）

	ξ	η2	η1	η23	ξ13	η3	η22	η21	η13	η12	η11	ξ12	ξ11
η2	0.745	0	0	0	0	0	0	0	0	0	0	0	0
η1	0.746	0.252	0	0	0	0	0	0	0	0	0	0	0
η23	0.728	0.264	0.203	0	0	0	0	0	0	0	0	0	0
ξ13	0	0.673	0	0	0	0	0	0	0	0	0	0	0
η3	1.084	0	0	0	0	0	0	0	0	0	0	0	0
η22	0	0.823	0	0	0	0	0	0	0	0	0	0	0
η21	0	0.937	0	0	0	0	0	0	0	0	0	0	0
η13	0	0	0.895	0	0	0	0	0	0	0	0	0	0
η12	0	0	0.957	0	0	0	0	0	0	0	0	0	0
η11	0	0	0.895	0	0	0	0	0	0	0	0	0	0
ξ12	0.840	0	0	0	0	0	0	0	0	0	0	0	0
ξ11	1.818	0	0	0	0	0	0	0	0	0	0	0	0

2. 标准化后的间接效应及总效应

潜变量之间通过其他中间变量产生的相关影响为间接效应，只有一个中间变量时，间接效应的大小就是两个路径系数的乘积，主要潜变量的标准化间接效应如表 6-20 所示。

表 6-20 间接效应（标准化）

	ξ	η2	η1	η23	ξ13	η3	η22	η21	η13	η12	η11	ξ12	ξ11
η2	0	0	0	0	0	0	0	0	0	0	0	0	0
η1	0.190	0	0	0	0	0	0	0	0	0	0	0	0

续表

	ξ	η2	η1	η23	ξ13	η3	η22	η21	η13	η12	η11	ξ12	ξ11
η23	0.500	0	0	0	0	0	0	0	0	0	0	0	0
ξ13	0	0	0	0	0	0	0	0	0	0	0	0	0
η3	0.390	0.051	0	0	0	0	0	0	0	0	0	0	0
η22	0.610	0	0	0	0	0	0	0	0	0	0	0	0
η21	0.700	0	0	0	0	0	0	0	0	0	0	0	0
η13	0.840	0.225	0	0	0	0	0	0	0	0	0	0	0
η12	0.890	0.241	0	0	0	0	0	0	0	0	0	0	0
η11	0.840	0.225	0	0	0	0	0	0	0	0	0	0	0
ξ12	0	0	0	0	0	0	0	0	0	0	0	0	0
ξ11	0	0	0	0	0	0	0	0	0	0	0	0	0

上述两个效应加总后,社会资本对动态能力的总效应为 0.745,假设 2 得到验证;社会资本对创新的总效应为 0.933,假设 1 得到验证;动态能力对创新的总效应为 0.252,假设 3 得到验证;社会资本对可持续竞争的总效应为 1.114,假设 4 得到验证;创新对可持续竞争优势的总效应为 0.203,假设 5 得到验证;动态能力对可持续竞争优势的影响总效应为 0.315,假设 6 得到验证。标准化总效应见表 6-21。

表 6-21 标准化总效应

	ξ	η2	η1	η23	ξ13	η3	η22	η21	η13	η12	η11	ξ12	ξ11
η2	0.745	0	0	0	0	0	0	0	0	0	0	0	0
η1	0.933	0.252	0	0	0	0	0	0	0	0	0	0	0
η3	1.114	0.315	0.203	0	0	0	0	0	0	0	0	0	0
η23	0.502	0.673	0	0	0	0	0	0	0	0	0	0	0
ξ13	1.084	0	0	0	0	0	0	0	0	0	0	0	0
η22	0.614	0.823	0	0	0	0	0	0	0	0	0	0	0
η21	0.699	0.937	0	0	0	0	0	0	0	0	0	0	0
η13	0.835	0.225	0.895	0	0	0	0	0	0	0	0	0	0
η12	0.893	0.241	0.957	0	0	0	0	0	0	0	0	0	0
η11	0.835	0.225	0.895	0	0	0	0	0	0	0	0	0	0
ξ12	0.840	0	0	0	0	0	0	0	0	0	0	0	0
ξ11	1.818	0	0	0	0	0	0	0	0	0	0	0	0

3. 对几个假设的验证讨论

H1：社会资本对创新有促进作用。该假设试图说明社会资本对创新有促进作用，事实上通过前期的模型设立、数据收集、样本分析、模型检验，研究发现其总效应达到 0.933。其中间接效应为 0.19，直接效应为 0.746。要分析社会资本的几个维度是如何影响创新的，需要对此结构方程模型进行再次拆分，为了专门讨论此微观层面的影响，重新设计一结构方程模型（一阶），共有六个潜变量，分别为结构、关系、认知，分别都会对资源、研发、商品化有影响（即都有箭头指向它们）。通过 AMOS7 进行运算，得到如图 6-4 所示的结果路径①。

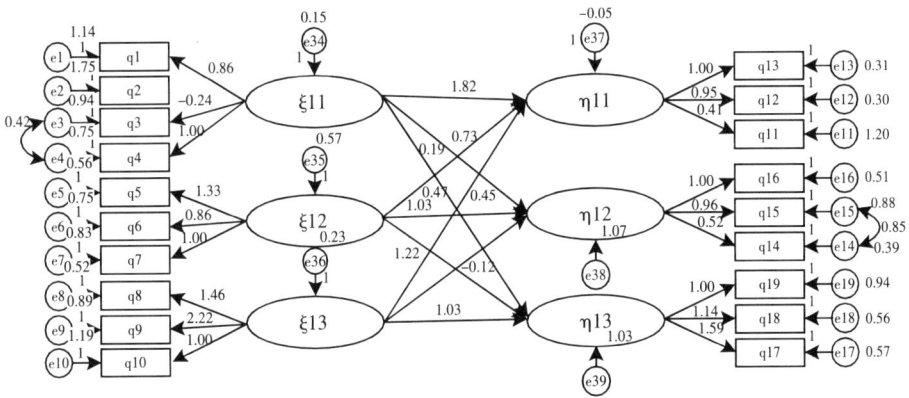

图 6-4 社会资本—创新路径

从表 6-22 中可以看出社会资本的结构维度对创新的各个方面都有影响，尤其是对创新的资源影响最大，达到 1.819，而对商品化的影响最小，为 0.45。但在认识性维度方面，其对资源与吸收能力影响系数不大，特别是对商品化能力是负相关的（-0.123），对此的解释是可能各个公司研发设计部门的成果最终是否都转化商品，主要体现在营销策略上，不一定是研发力量的强大，相应地商业化就都能实现。这是营销部门努力的事情，而社会资本的关系维度（主要是指社会信任、身份标识、规范运作等方面）对创新的各个方面都会产生较好的正向影响，路径系数分别是 1.031、1.22、1.03，这种验证可以得到很好的解释，社会责任、社会认同感强的

---

① 本节中，对 H1~H6 逐一分析的结构方程模型系数都是直接运算所得，不是标准化系数，而在引用前面的总效应时仍旧使用的是标准化系数。

企业，人力资本高的企业，其一定能有更高的创新资源（$\eta11$）、研发力量（$\eta12$）、商品化能力（$\eta13$）。

表6-22 社会资本与创新

创新	方向	社会资本	Estimate	S.E.	C.R.	P
$\eta11$	<---	$\xi11$	1.819	0.542	3.355	***
$\eta12$	<---	$\xi11$	0.732	0.241	3.03	0.002
$\eta13$	<---	$\xi11$	0.45	0.168	2.682	0.007
创新	方向	社会资本	Estimate	S.E.	C.R.	P
$\eta11$	<---	$\xi12$	0.187	0.093	2.017	0.044
$\eta12$	<---	$\xi12$	0.472	0.109	4.321	***
$\eta13$	<---	$\xi12$	−0.123	0.065	−1.899	0.058
创新	方向	社会资本	Estimate	S.E.	C.R.	P
$\eta11$	<---	$\xi13$	1.031	0.255	4.035	***
$\eta12$	<---	$\xi13$	1.22	0.289	4.223	***
$\eta13$	<---	$\xi13$	1.03	0.27	3.815	***

注：系数未标准化；Chi-square=664，df=160；模型的各项拟合指数良好。

H2：社会资本对动态能力有促进作用。现有理论认为社会资本能促进动态能力的发展，本书的结论也支持这一假设。本书中，社会资本对动态能力的影响系数为0.745（标准化），且没有间接效应的发生。为了分析到底是社会资本的哪个方面对动态能力的影响最大，同样需要构建一个结构方程模型，也即原来的二阶潜变量的影响，见图6-5。

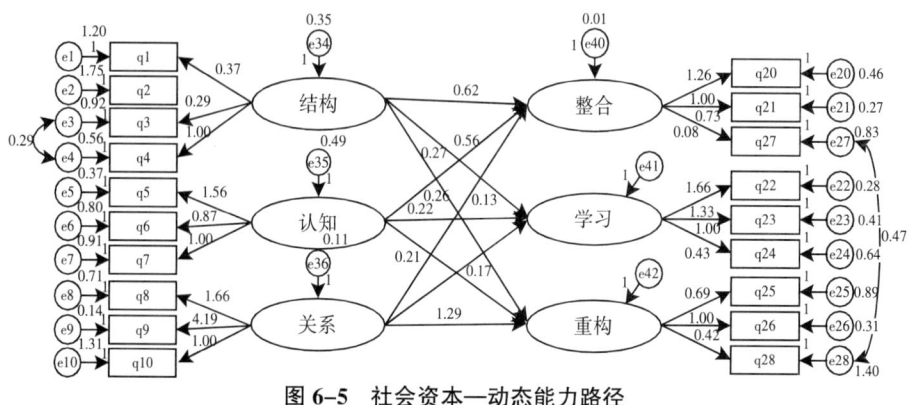

图6-5 社会资本—动态能力路径

从表 6-23 中可以看出，社会资本的结构维度中（$\xi 11$），对动态能力的各方面均能产生影响，只是对重构能力（$\eta 23$）的影响略弱（0.13），结构维度主要是外部关系，而重构能力又主要是内部程序及授权等内容。实践中，这两者之间的相关性不可能很大。而关系维度（$\xi 13$）对重构能力会产生较大影响（1.288），主要是企业的高度信任、规范运作等各方面会显著改善内部程序以及变革、授权的发生。在文献回顾阶段关于社会资本与动态能力的因果关系较为明晰，社会资本是企业已有的一些特性，如良好的信任、规范、认识，具备了这样的条件企业才有可能进行一些自动调节、重构，于是动态能力就产生了。

表 6-23 社会资本与动态能力

动态能力	方向	社会资本	Estimate	S.E.	C.R.	P
$\eta 21$	<---	$\xi 11$	0.617	0.132	4.67	***
$\eta 22$	<---	$\xi 11$	0.557	0.136	4.098	***
$\eta 23$	<---	$\xi 11$	0.13	0.138	0.947	0.344
动态能力	方向	社会资本	Estimate	S.E.	C.R.	P
$\eta 21$	<---	$\xi 12$	0.27	0.071	3.786	***
$\eta 22$	<---	$\xi 12$	0.263	0.076	3.446	***
$\eta 23$	<---	$\xi 12$	0.171	0.108	1.587	0.113
动态能力	方向	社会资本	Estimate	S.E.	C.R.	P
$\eta 22$	<---	$\xi 13$	0.213	0.135	1.582	0.114
$\eta 23$	<---	$\xi 13$	1.288	0.429	3.001	0.003
$\eta 21$	<---	$\xi 13$	0.219	0.136	1.616	0.106

注：系数未标准化；Chi-square=728.3，df=142，P=0.00；模型的各项拟合指数良好。

H3：动态能力对创新有促进作用。文献与实证均表明动态能力对创新一定有促进作用。前面的二阶模型已经论证了这一点，其路径系数为 0.252，尽管系数不是很大，但还是有解释作用的。但到底如何影响的，需要再用方程详解，如图 6-6 所示。

图 6-6 中几个协变量之间的误差相关，e14、e15 及 e27、e28 之间相关引自二阶模型的分析，可知协方差之间的相关系数达到 0.44 及 0.62。各路径系数如表 6-24 所示，可以看出，整合能力对创新中的资源、研发及商

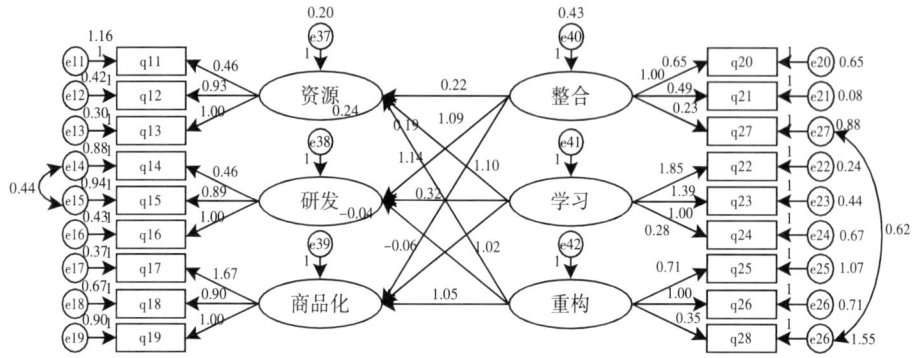

图 6-6 动态能力与创新路径

品化均有促进作用，而学习能力对资源、研发的影响特别显著，分别达到 1.088、1.144，但学习对商品化出现了很微弱的影响（-0.056，C.R.=-0.596，P=0.551），从统计的角度来看，此路径可以去除。这可能是基于三方面的因素：一是前面的二阶模型中曾经将 e39、e41 两个协方差进行了相关，且两者确实相互有影响（较大的负相关，达到-1.2）；二是量表设计可能有一定的缺陷，造成数据偏差；三是测量的角度主要侧重于内部学习、愿景的认识，而商品化主要是体现为研发的后道工序，两者的相关

表 6-24 动态能力与创新

创新	方向	动态能力	Estimate	S.E.	C.R.	P
η11	<---	η21	0.219	0.117	1.868	0.062
η12	<---	η21	0.191	0.125	1.522	0.128
η13	<---	η21	0.323	0.109	2.951	0.003
创新	方向	动态能力	Estimate	S.E.	C.R.	P
η11	<---	η22	1.088	0.218	4.982	***
η12	<---	η22	1.144	0.235	4.866	***
η13	<---	η22	-0.056	0.095	-0.596	0.551
创新	方向	动态能力	Estimate	S.E.	C.R.	P
η11	<---	η23	1.105	0.19	5.808	***
η12	<---	η23	1.022	0.193	5.304	***
η13	<---	η23	1.053	0.225	4.68	***

注：Chi-square=479.9，df=124；模型的各项拟合指数良好。

性减弱,学习并不是企业绩效提升的直接影响因素,学习也不能直接带来企业的核心能力,学习导向必须通过创新才能提高核心能力,进而提升绩效。而重构能力($\eta23$)对创新三个方面的影响分别达到1.105、1.022、1.053。由此可见,在动态环境中,企业必须强烈地变革或重组自己的架构,摆脱过去的成功依赖,变得更为柔性并加大授权,不能因为过于成功而在将来落伍。只有在这种情况下,企业创新资源的整合、新产品的研发、新产品的商业化才能及时且持续出现,才能创造一个个新的且短暂的竞争优势。

H4:社会资本对可持续竞争优势有促进作用。社会资本对可持续竞争的影响达到1.114,存在比较显著的影响,可持续竞争优势的五个测量指标可以分为三类,即增长额(q29、q30)、利润率(q31)、满意度(社会q32、员工q33)这几个维度。经构建方程进行测量发现,在社会资本中,对三者均有显著影响的关系性维度($\xi13$),影响因子分别达到2.005、0.621、1.266。可见"高度信任的关系、较高的产品质量、良好企业公民形象"一定会对房地产企业的土地储备、销售增长、利润率、社会满意度、员工满意度等诸方面产生深远的影响。企业人力资本、内部凝聚力等方面,即认识维度($\xi12$)对满意度的影响明显。

H5:创新对可持续竞争优势有促进作用。在总效应中创新对可持续竞争优势的影响是0.203,理论与实践中创新对可持续竞争优势的影响是无可争议的。但路径系数并不高,只有0.203,按相关系数的标准只是处于中等相关的区间,本书认为,这可能是由于本研究所采用的中间变量、潜变量较多,且每个变量之间都有路径关系,本来两个变量之间的影响很大,可是由于受其他变量的标准系数的影响或钳制(复杂的影响系统),造成两者的系数被"压抑"。[①] 为了验证这种说法,本书决定先放弃其他所有的潜变量,如社会资本、动态能力等因素,只考虑创新对可持续竞争优势的影响。使用同样的数据得出的结论是,创新对可持续竞争优势的路径系数为0.739。这是两者没受到其他因素影响下的数据。创新并非直接提升组织绩效,而是有一个培育核心能力的中间过程;在中国的管理环境

---

① 还有一种可能是,由于本次研究量表达到33个测项,变量之间的相互关系非常复杂,总的分值也就是6分,因此,答卷者在回答时,可能对测项得出非常精确的各变量之间差异值,同时依赖于测试者心理对这些测项的某种主观感觉,这种度确实很难把握。

下，不同产业的企业创新对核心能力有不同的影响，即创新并不必然转化为核心能力（谢洪明，2007）。实践的意义在于为企业正确理解和运用学习、创新来构建核心能力及提升组织绩效提供借鉴②。

H6：动态能力与可持续竞争优势正相关。动态能力对可持续竞争优势的总效应为0.315。这个数值并不是很高，但是还是能够说明并验证本研究的假设。若按照H5中的分析方式，单独做一次方程分析，得到的路径系数为1.07。这说明动态能力对可持续竞争优势的影响是相当大的，而在动态能力中，重构能力对动态能力的影响所占比重最大，达到1.39，这说明企业在动态环境中，必须要及时做出调整。这些重构能力包括但不限于对过去形成的组织架构的重构，对产品的自我否定与创新对已形成的核心能力的再次升级与自我革命，这对动态能力的培育特别重要。

---

① 谢洪明，罗惠玲，王成，等.学习、创新与核心能力：机制和路径［J］.经济研究，2007（2）.

第七章　房地产企业案例分析

第一节　房地产企业案例分析

最近十年来，中国已经诞生了不少优秀的房地产企业，在社会资本、创新、动态能力的建设等方面做出了很好的典范，如万科、中海、华润、远洋、星河湾、绿城、龙湖、万达等。界定一个企业优秀其实很难，因为要从多个角度进行分析，如长久、规模、利润、产品。

曾经星河湾以其"自信、舍得、用心、创新"的企业理念，园林、设计以及大师级精装修标准等方面的品质，建筑、环境、配套、服务等各方面综合优秀品质，在行业中树立了榜样，超越了产品的质量层面，全面提升了居住品质、生活品质及城市景观品质。给自己不断地创建新标准一向是星河湾的"潜规则"，而"品质提升"则是星河湾自始至终孜孜以求的核心目标，所以星河湾成为房地产企业学习的榜样。

曾经作为中国商业地产最成功的案例，大连万达的城市综合体中组合了住宅、写字楼、公寓、酒店等业态，里面增加了文化、健身、餐饮、娱乐等内容，是商业地产设计上的最大创新。不但被国际所认可，同时也符合中国国情，确保了万达广场在开发建设上持久、旺盛的生命力，成为中国真正的"不动产"公司。其创新的商业地产研究、建设、运营使其在每个城市都成为一个中心。万达的成功不仅来源于其良好的社会资本、动态能力建设，还来自自身的探索、研究、合作与创新。

曾经龙湖与绿城在中国都是以产品、创新见长的公司，但是它们在成长过程中一直有各种波动。

曾经，广东系房地产企业发展快、理念新，而这几年，闽系企业增长快、有特色。但是仅仅销售规模增长快也不见得就是优秀。

为什么要用这么多"曾经"呢，因为本来就很难有"常胜将军"。

本书研究整理阶段一直想写星河湾的案例，其固守的产品主义忽略了对外部市场的变化，缺少动态能力的应变，可以成为一个战略失调的反面案例，可是由于目前星河湾地产还不是上市公司，其相关报道、数据很有限。

本书初次研究（2007年）时已经选定绿城作为样本了。在当时的背景下，这是一家市场化的公司，且是以产品、情怀、服务及创新见长的公司。本次对后续其调整及失误增加了一点分析。

新增加的案例选取的原则：市场化的公司（没有选取国企，因为其规模或实力有时不一定是公司管理的结果），有特色的公司，排名靠前且稳定的公司，得到国际权威评级机构认可的公司。

对于一般投资者来说，信用评级，特别是国际信用评级这一工具实际上使用的并不多。但事实上，作为建立在信用之上的资本市场，专业且广受认可的信用评级几乎是一切金融活动的基础。

在国内，"中诚信"比较有威信，而在全球市场中，穆迪（Moody）、标准普尔（Standard & Poor）和惠誉国际（Fitch Rating）位列国际资本市场评级"三甲"，占据了全球95%以上的市场份额。三大信用评级机构已有近百年历史，独立、公正、客观与科学是其存在的前提与基础。为确保评级结果的公正与客观，评级公司独立于政府机构之外。未来国际信用评级将会在国内金融市场中发挥越来越核心的作用。对于国内资本市场的投资者来说，这会增加其投资决策的难度，而国际信用评级机构凭借其多年的评估经验和客观公正的评估结果，将为投资者提供重要的参考指标。

获得国际著名评级机构穆迪、标普、惠誉授予的对公司本身及所发债券的投资级评级，充分表达了国际资本市场和投资者对企业信用水平和发展能力的认可程度。就如同我们现在去选餐馆，也会先看一下"大众点评网"上关于它的评价。

经整理，过去三年（2015~2017年）连续几年被各国际评级公司（上述3家）评为前四档（投资级），被中诚信评为AAA的国内地产公司并不多，主要就是7+1家（如表7-1所示）。其中1家是龙湖（根据公司资料整理，不排除会漏掉一两家）。

表 7-1 本书整理的"7+1"家国内地产企业

	Moody's*	S&P 或 fitch	中诚信**	综合排名***	治理
万科	Baa1	BBB+	AAA	1	市场化
中海	Baa1	BBB	AAA	6	国企
华润	Baa1	BBB+	AAA	12	国企
保利	Baa2	BBB+	AAA	5	国企
金茂	Baa2	BBB-	AAA	33	国企
远洋	Baa3	BBB-	AAA	24	市场化
越秀	Baa3	BBB-	AAA	n/a	国企
龙湖	Baa3	BBB	AAA	10	市场化

注：* 表示穆迪的排名本来有中海宏洋、恒利香港，分别为中海、保利的公司，去掉。
** 表示 2018 年中诚信评级为 AAA 的房地产企业中，国有背景的企业包括万科、保利、中海、华润、绿城、招商、鲁能、远洋、金茂、首开、首创。
*** 表示中国房地产协会举办的（易居参与）综合排名，有一定的公信力。

按照上述原则，特别是要从市场化管理的角度考虑。综合考虑后选择万科、远洋作为补充案例分析，原因在于万科本身就是行业标杆，远洋的情况及资料笔者比较了解。绿城作为第一个案例（2007 年）已经对其进行了详细分析①。

一、内容分析法

一般通过内容分析法（Content Analysis）来进行案例研究，该方法是对客观事实进行陈述剖析，Cowtow 认为，使用这种方法可以克服问卷调查方法的局限性。Krippendorff 将内容分析法定义为："由文章中所得到的数据作出可重复的和有效的结论的一种研究技巧。"采用内容分析方法对企业信息的关键词进行提取、分类，统计出现频率及分布，通过分析得到一定的结论。传统的观点认为，年报的语言部分是经过精心加工过的文件（言外之意，是不可信的），孙蔓莉采用内容分析法证实了在公司报告中，存在人为操纵年报业绩归因的迹象。但国外很多学者从内容分析法角度所

---

① 需要说明的是，对于第二个案例远洋及第三个案例万科，由于时间原因，没有像第一个案例一样用内容分析法去进行结构化数据分析，仅是从企业信息上进行定性分析。

进行的研究表明，公司年报内容与业绩有很强的相关性，Kohut 和 Segars 考察了 50 家财富 500 强企业的"致股东的信件"的内容，可以通过这些信件的内容区分高业绩的公司和低业绩的公司。Tennyson 等用内容分析法来分析年报语言部分解释破产的能力。

但本书认为，作为一个规范的上市公司，其对投资者（即使年报不可信的话），特别对内发布的杂志、刊物、领导会议精神是能够真实反映一个公司领导人的治理意图的，如果最了解公司信息的员工认为内刊、杂志等信息失真，那高层的权威会受损，因此用内容分析法可以提取到有价值的信息。

二、案例分析

1. 案例一：绿城地产分析[①]

（1）背景分析。

绿城房地产集团有限公司（以下简称绿城）是国内知名的房地产企业之一，专注开发系列城市优质房产品。绿城成立于 1995 年，是香港上市企业——绿城中国控股有限公司（股票代码：3900）的全资子公司，集团总部位于杭州市。

绿城专注于优质房产品的开发，产品形态涵盖别墅、城市公寓、度假公寓、酒店式服务公寓等住宅系列，同时涉及酒店、综合类项目的开发和营造。自 1996 年以来，绿城历年房产销售额名列浙江省同行业前茅。绿城 2008 年全年完成合同销售金额 151.6 亿元，合同销售面积 130.3 万平方米，交付面积 207 万平方米。截至 2008 年底，绿城共有在建、待建项目 72 个，分布于杭州、上海、北京、济南、合肥等 33 个区域中心城市，土地储备总占地面积 1951 万平方米，规划总建筑面积 2591 万平方米。自 1998 年以来，历年被金融机构评为 3A 级信用单位。

绿城从 2005~2009 年连续 5 年名列中国房地产百强企业综合实力 TOP10。此外，绿城还荣膺"中国房地产企业成长性 TOP10"（排名第四）。绿城发展 15 年来，始终秉承"真诚、善意、精致、完美"的核心价值观，

[①] 本案例资料及案例分析来源于绿城公司网站（http://www.chinagreentown.com，访问日期 2009 年 4 月 4 日），绿城公司年报，绿城公司领导人讲话，绿城公司内部报纸及杂志（网络版），其他媒体相关报道，《绿城产品价值报告》。

以"为员工创造平台,为客户创造价值,为城市创造美丽,为社会创造财富"为使命,所开发的精致房产品赢得了客户的青睐,也获得了社会各界的广泛认可,企业综合实力稳步增长。

绿城旗下的"桂花"系列房产声名卓著。如丹桂公寓、金桂花园、银桂花园、杭州桂花园、桂花城、兰桂花园、紫桂花园、舟山丹桂园和临平桂花城都数度获奖,已经成为绿城集团的代表作品。

开创性地推出园区生活服务体系、追求人文价值的服务,在项目拓展、房产销售、产品创新、合作联盟方面做出行业的典范,绿城园区生活服务体系作为唯一的企业案例荣膺2007中国城市管理进步奖。绿城集团成立精品战略领导小组和精品战略专项研究小组,出版了《绿城集团成熟产品系列复制标准》。

为了保证内容信度与效度的统一,对本书的内容抽取按下列顺序进行:投资者关系频道(逐年公司年报、月度投资者通信、年度中期报等)、绿城集团大事记(1997~2007年)、企业文化、公益事业、新闻中心、绿城产品、绿城服务、绿城集团报(2006年5月第112期至2009年2月第142期)、绿城杂志(2007年1月第31期至2008年12月第42期)、董事长历年公开所有讲话稿。先由本研究者对公司所有投资者关系文件通读,并按表7-2进行结构化变量归类,对所有涉及内容、关键词进行记号。首先对社会资本进行归类,然后将此内容交由另一位同事进行社会资本归类。将两者的结果进行对比分析,总结两者的分析结果中相同的与不同的内容。同时针对结果的差异之处进行了讨论,并最终达成一致的认识。相互同意度①为0.87,复合信度为0.92,超过Gerbner所定的标准0.8。这表明理论、文字理解及抽取的方式比较可信。用此方法逐一阅读上述所有文件,并填到表7-2中去。

(2)结果分析。

1)社会资本分析。

第一,社会资本结构维度。政府关系方面,"讲道义,走正道,得正果",现有资料不能得出2000年之前绿城是否一定是这么做的,但从公开

---

① 按Gerbner、王石番、杨国枢等的建议,采用的公式为:相互同意度R=2M/(N1+N2),其中,M为共同同意的数目,N1、N2为各自同意的数目。复合信度CR=n×相互同意度/1+〔(n-1)×相互同意度〕。

社会资本、创新与可持续竞争优势

表7-2 结构化数据描述

能力	维度	关键词**	频数	比例（%）
社会资本	结构维	共赢、合作、伙伴、客户、政府等	22	12.15
	认知维	员工、人力资本、人本、价值观等	31	17.13
	关系维	责任、信任、品牌、正义、规范等	23	12.71
创新	资源	创造、外部设计、培训、分享等	14	7.73
	研发	品质、细节、学习、外部考察等	28	15.47
	商业化	客户、服务、销售、满意度、市场等	17	9.39
动态能力	整合	协同、调整、流程、经验、执行等	9	4.97
	学习	团队、愿景、提高、理想、完美等	25	13.81
	重构	效率、忧患意识、自我批判、清醒等	12	6.63

注：** 表示在信息中抽取时，类似的意思表达即可。

的报道、企业领导人员的讲话、集团讲话中，我们可以得出结论，在政府关系、企业社会责任方面，绿城是阳光下的"走正道"企业，规范经营。1995~2007年绿城大事记中，研究发现最多的是关于战略伙伴关系12频次的，关于政府关系为3频次，关于质量品质与服务的6频次。

绿城的其他合作关系：绿城的业务，包括开发量和销售面积，有超过1/3是合作项目，在合作过程中形成了"优势互补、实现互赢"的良好格局。同行如冤家，在房地产开发中，合作的项目不少，但是从合作比例来看绿城更高。跟分包商共同盈利，董事长承认，在绿城"很多项目土建的费率压得很低，施工单位很难有比较好的盈利水平，绿城下一步还是应该恢复到正常水平，就是不要去压施工单位的费用，去帮助他们提高管理水平"。

第二，社会资本认识维度（愿景与价值观的认同）。企业与行业合作伙伴、企业与各地政府领导机构、企业与各大金融机构、企业与客户、企业内部各个营造团队等，一起成为"共创"的主角，向所有员工、合作伙伴传达一个共同的愿景——和社会分享最有价值的产品。通过和绿城保持一个长期的战略合作伙伴关系，双方共同成长，共同走向新的辉煌。在绿城的倡导和牵头下，各友好协作单位开始全面探讨跨企业，甚至是跨行业的资源整合，必将有助于催生一种新的组织模式，一种新的生产力，从而赋予它更高的工作效率，更强的市场竞争能力，最终能更多地惠及整个团队。绿城想要打造优美的生活空间和城市空间，离不开合作单位的鼎力支持和支撑。

第三，社会资本关系维度（口碑、规范方面）。中国质量协会、全国用户委员会组织开展的"2004年度全国住宅用户满意度指数"测评活动中用户满意度、用户忠诚度双双名列第一，盖洛普咨询有限公司和杭州明道咨询有限公司2008年对绿城进行过一次满意度调查，结果显示：绿城业主对绿城物业服务的满意度达到86.19%，忠诚度达到74.15%。有30%～40%的业主重复购买或推荐亲朋购买了绿城的物业。造就极高品牌忠诚度的背后是绿城物业的保值性，其物业保值增值率要明显高出同区域其他物业。集团公司的行业地位、公信力得到进一步确立，绿城品牌知名度、美誉度有进一步提高，品牌价值逐渐得到社会各界广泛的肯定和认知。

2) 创新能力分析。

第一，创新资源与吸收能力。随着公司的发展，设计资源也不断地拓展，境外著名设计机构参与的项目越来越多，景观、室内、智能化、灯光等专业设计资源协同介入、强强联手、中西合璧、博采众长，为房产设计品质的保障奠定了良好的基础。没有国际、国内的第一流的设计师，再能干的发展商也没有大作为。

要提升工程营造的品质控制能力，必须贯彻全员的品质意识、精品意识和责任意识，有效地执行一整套从规划设计、招投标、施工、监理、材料设备供应及后期维修等施工管理的制度和流程，将产品当成"作品"，杜绝漫不经心、粗制滥造和不负责任，重视每一个细节、每一道工艺、每一种材料的推敲把握，并充分提高产品的物质效用和精神价值，把产品做到极致。开发建设全过程是在千锤百炼、精益求精中炼成的，同时客户也应参与工程营造质量管理。"精致、完美"，是绿城持之以恒的追求。

第二，创新研发能力。绿城具有国家甲级资质的设计团队，聚集了数以百计的优秀设计师，一批规划设计方面的专家已从企业内部逐步地成长起来。如果没有好的员工，公司不可能做出好的产品，公司也不可能有发展。

众多新作品以其先进的设计理念、独特的设计风格、完美的细部处理获得客户好评。绿城设计团队技术力量不断加强，强化创新意识，创新成果显著。

员工是企业最重要的资源，绿城的企业之本就是员工，着眼于员工的进步是绿城发展的主旋律，是进步的主要原因和动力。资源总是向优秀的团队、优秀的行业、优秀的企业转移，有没有创造力，有没有激情，有没有一批非常高素质的人才，非常关键。

第三，创新商品化能力。绿城产品有其独创性，而且营销都取得了成功，无论是以"九溪玫瑰园"和杭州"桃花源"为代表的别墅作品还是"桂花城系列""春江花月"系列公寓产品，都在全国房地产业内具有很大的领先优势，造成很好的影响。

3) 动态能力分析。

第一，整合能力。整合国际一流的规划、建筑、景观、精装修设计资源，在原有的基础上进一步丰富产品类型，完善产品功能，并成立了规划、建筑、景观、户型、精装修五个专家小组，颁布实施了《绿城集团设计管理工作规程》，确保产品品质在规划设计上的领先和优秀。

第二，学习能力。宋卫平曾讲，"绿城楼盘欢迎参观，可以拍照"，这句宣传语显示了企业良好的动态能力，持续创新的勇气与信心。"每当我们设计出新的概念后，很快就会被其他人抄袭。因此，我们要不断持续地奋斗，启发更多富有想象力与创造力的概念，使绿城集团成为中国的第一。"

第三，再构能力。定期对人力、综管、设计、工程、营销、客户服务、财务、物管等系统全面展开"体检"活动，并将体检成果汇编，这实际上是对企业管理能力的定期检讨。为了提高品质管控能力，引入业主参与质量管理手段。其相对简单、扁平的集团—片区—项目管理架构，有利于授权、优化流程、提高管理效率，并由计划考核小组监控。用信息化建设提供强大的技术支持，并将绿城独有的管控体系及管理方式通过信息化手段予以固化和传承。

（3）与其他企业的比较分析。

在房地产企业里，公认的标杆企业是万科，而绿城在近几年取得了长足的进展，在案例讨论中本书已经对其社会资本、创新、动态能力各方面进行了分析，这些对其可持续竞争优势有着显著的影响。这可以从相关财务数据中得到验证，以万科为例进行对比，见表 7-3。

表 7-3 内生增长指标

公司	证券代码	营业利润率		净利润率		净资产收益率	
		2006 年	2007 年	2006 年	2007 年	2006 年	2007 年
万科	000002.SZ	19.13%	21.54%	13.52%	14.97%	15.39%	16.55%
绿城	03900.HK	33.94%	30.23%	20.13%	17.53%	45.98%	14.14%

注：由于制表时绿城 2008 年报未出，暂先按 2006 年、2007 年数据进行比较。净资产收益率=（净利润/平均所有者权益总额）×100%；"平均所有者权益总额"为期初资产余额和期末资产余额的算术平均值。但 2008 年报中绿城净利润率为 20.9%。

第七章 房地产企业案例分析

作为公认的标杆,万科是一家优秀的企业,万科在 1996~2003 年的平均净资产收益率为 10.77%(净资产收益率=销售净利润率×资金周转率×财务杠杆,也称 ROE),并不算优秀,如要求 10%的回报率,内在价值应在净资产附近。从 2002 年开始,万科完成战略转型,净资产收益率才开始提升。2007 年 5 月 7 日,绿城公司通过瑞银及摩根大通,以每股 16.35 港元配售 1.415 亿股,同时其财务费用略高(负债率高于万科)。作为很重要的内生增长指标,绿城整体的净利润率、净资产收益率的表现要好于万科。

绿城 2008 年中期销售均价为 8784 元/平方米,2008 年 8 月储备建筑面积为 2627 万平方米,按公司权益 1602 万平方米,平均楼面地价 2000 元/平方米。截至 2008 年底,万科总土地储备建筑面积达 2281 万平方米,同比 2007 年上涨 5.5%;总权益土地储备面积 1793 万平方米,从土地成本来看,2008 年万科新增土地储备平均成本大幅下降,楼面地价为 2003 元/平方米,较 2007 年的 3582 元/平方米大幅降低,但平均售价为 8581 元/平方米,见表 7-4。

表 7-4　三年内增长潜力分析

	土地储备 (万平方米)	权益储备 (万平方米)	平均楼面地价 (元/平方米)	平均售价 (元/平方米)
万科	2281	1793	2003	8581
绿城	2627	1602	2000	8784

注:由于制表时绿城 2008 年报还未出,绿城数据根据其 2008 年中期报告,万科数据源自其 2008 年报。

从表 7-3、表 7-4 中分析可以得出,过去的几年中,一方面绿城的净利润率等内生数据指标要好于万科,说明其良好的管理效率与效果、创新的成果、品牌等各方面的综合作用(源自其创新与动态能力);而另一方面从其增长潜力分析,未来三年内,绿城的权益土地储备与万科相当(绿城合作多些),显示了其良好的社会资本管理水平,但是绿城的成本更低、售价更高(按现有水平推测)。综合两方面考虑,绿城显示了其更强的可持续竞争优势(当然不代表短期内其销售额一定超过万科)。

(4)对绿城后续的跟踪关注。

绿城是一个关注产品、有情怀的公司,但又是有一系列问题的企业。

在绿城的案例研究中,有些数据是几年前的,但是过去的几年来绿城发生了重大的变化,特别是2014年,股权转让风波给绿城的品牌、股东都带来了很多负面影响,下了一步所谓的"毁棋"——股权转让,表面看来在法律上没有问题,但严格意义上来说,是损伤了绿城的社会资本信用的。绿城做产品的基因、情怀还在,但绿城的弱点是过去过度关注产品,运营能力比较弱,不太关注公司的现金流的安全。这几年来,我们也在持续观察中交集团收购了绿城以后绿城运营的变化,发现绿城还有很好的产品、文化基因。除了绿城母公司以外,从绿城蜕变过来的绿城服务(尽管现在跟绿城没有实际上的股权关系),目前的市值就接近174亿元,市盈率达到33[①]。这就表明这样一个关注产品、关注服务的公司,它的价值得到了社会,得到了消费者的认可。凭借398.52亿元的品牌价值,绿城中国荣膺"2018年中国房地产公司品牌价值TOP10(混合所有)"第一,并蝉联"2018年中国房地产顾客满意度领先品牌"。

1)绿城动态能力的再构。绿城中国根据"轻重并举"发展导向优化组织架构和管理体系,演化为"11+5"的新形态[②]。绿成集团李军曾讲,"过去的绿城,是一个产品导向型企业,对企业的战略布局等方面较为忽视。现在,我们开始全力弥补这一短板,并逐渐向战略导向型企业转变"。

绿城集团转型创新打造"理想生活综合服务商"。目前,绿城全面施行"一体五翼"的创新型优化组织架构,以绿城中国为主体,构建绿城房产集团(投资开发)、绿城管理集团(代建开发)、绿城资产集团(金控平台)、绿城小镇集团(小镇建设)、绿城理想生活集团(生活服务)五大板块,形成服务平台化、地产金融化、开发专业化三项战略。

从"造房子"向"造生活"的转变中,绿城充分展现着自身核心竞争力,也在加速实现"理想生活综合服务商"的美好愿景。

未来,绿城将逐步加大轻资产权重,推动公司发展动能从对资源、资金的高度依赖向依靠团队、品牌、专业能力转变,同时不断提升绿城的风险管控能力。重资产方面则导向整体质量及盈利水平。

轻资产领域下的绿城管理集团、绿城资产集团、绿城理想生活集团以及绿城房屋科技集团通过多年的运营开始实现品牌聚合,推动绿城大品牌

---

① http://quote.eastmoney.com/hk/02869.html.
② http://www.chinagreentown.com/article/2324.

效益提升。绿城管理集团作为绿城对外实施品牌输出和管理输出的主体，已成为全国规模最大、专业能力最强的房地产轻资产运营集团公司；绿城资产集团围绕金融服务、资产管理、投资管理三大板块，重点实现多元化地产融资渠道、存量资产流动性、产业链核心价值布局，2017年，绿城资产集团突破11亿元利润指标；绿城理想生活集团抢滩"后房产市场"，依托大数据平台，整合专业服务资源，围绕客户全生活链、房屋全生命链，整合置业绿城、美好生活BOX等生活服务资源，为业主创造更美好的生活；绿城房屋科技集团，下辖绿城装饰集团和绿城房屋4S公司，负责构建完整的研发、设计、施工、咨询、房屋4S、检测、配套产业等全产业链业务，其中，房屋4S作为绿城中国的创新业务板块，从2017年7月3日首个房屋4S服务站——翡翠城服务站正式开业以来，截至2018年上半年已开设46个服务网点，覆盖杭州、济南、青岛、沈阳、三亚等20个城市。计划到2020年底，4S将落地服务网点逾130家，覆盖长三角、京津冀、成渝等重点城市群，辐射园区达500余个，服务数十万居民。

2) 绿城创新能力的延续——营造美好生活样本。在产品创新方面，绿城从未止步。绿城不断推陈出新，不断满足人们对美好生活的向往和期待。绿城桃李春风、杨柳郡、柳岸晓风、之江一号、梧桐郡等热销楼盘的全新产品形态，都是对绿城创新能力的诠释。

此外，绿城中国还与中国建研院等单位签订了战略合作协议，通过强强联合的形式，持续推动绿城房产品的质量提升。

在维持行业品质地位的同时，绿城也在不断加强产品研发，创新工程管理。近年来，绿城一方面对装配式住宅、绿色建筑和收纳研发等方面的课题不断进行深入研究，及时转化研发成果；另一方面积极落实日式管理、BIM技术等先进经验，使其在项目营造过程中得以应用和实施。

3) 绿城社会资本。行业首创的"共赢"平台机制，打造穿越牛熊的产业生态圈。

本着共建产业生态、共享价值创造的理念，绿城管理将致力于打造代建4.0产业平台；在最大化整合全产业链优秀资源的基础上，以平台实现海量需求与海量资源的对接，通过"按需定制、分级认证、优质优价、品保基金"的方式，打造一个"委托方、供应商、购房者"多方共赢的平台体系。最大化保障产品品质，为委托方创造更高效益和价值，实现与合作伙伴共同发展，形成上下游协同发展的产业生态圈。

社会资本、创新与可持续竞争优势

在绿城中国"一体四翼"的组织架构和战略指导下,绿城管理作为中国最早从事代建业务的企业,也是目前唯一一家专业做代建的集团公司,依托于绿城22年的品牌影响和营造经验,通过"代建4.0"体系中的"价值分享计划",与委托方分享绿城品牌、管理与资源整合价值,以及通过对房产开发流程的五项承诺,形成共创价值、共享发展的行业新格局,为合作伙伴创造更多经济效益与社会效益。

其中的"五项承诺"涵盖了房地产开发的全流程,包括定制开发、成本承诺、进度保障、品质承诺和价格约定。作为国内第一个提出成本承诺与价格约定的代建企业,"五项承诺"表达了绿城管理集团作为行业龙头的专业实力,以及与委托方风险共担的合作诚意。

行业首创"建筑全生命周期服务体系",让房子像汽车一样享受"4S服务"。绿城管理深知"好房子是美好生活的重要承载",所以在代建4.0体系中首次完整提出"建筑全生命周期服务体系",在项目维保期满后启动"房屋委托保养服务",让选择绿城管理代建项目的购房者享受房屋全生命周期服务。配合绿城园区服务体系、品质保障基金,为购房者提供更好的品质物业与生活服务。

2. 案例二:远洋集团分析

远洋集团控股有限公司(以下简称远洋集团)创立于1993年,并于2007年9月28日在香港联合交易所有限公司(联交所)主板上市(股票代码:03377)。截至2018年6月30日,远洋集团已发行总股本约为76亿股,主要股东为中国人寿保险股份有限公司、安邦保险集团股份有限公司。

迄今为止,远洋集团被恒生指数有限公司推选为一系列指数的成份股,其中包括恒生综合指数(HSCI)、恒生综合行业指数 — 地产建筑业、恒生中国(香港上市)100、恒生综合市值指数 — 中型股指数、恒生环球综合指数、恒生中国内地地产指数及恒生可持续发展企业基准指数。

远洋集团以"为中高端城市居民及高端商务客户创造高品质环境"为使命,致力于成为以卓越房地产实业为基础、具有领先产业投资能力的投融资集团,业务范围包括中高端住宅开发、城市综合体和写字楼开发投资运营、物业服务、养老产业、物流地产、长租公寓、房地产基金、股权投资、资产管理和海外投资等。

远洋集团在中国高速发展的城市及城市群中,拥有超过180个处于不同开发阶段的房地产项目,包括京津冀地区的北京、天津和石家庄;长三角地区的上海、杭州、南京和苏州;长江中游地区的武汉、合肥和长沙;珠三角地区的深圳、广州、中山和香港;成渝地区的重庆和成都以及其他重点核心城市。截至 2018 年 6 月 30 日,土地储备达到约 3900 万平方米。

远洋集团凭借一贯优质的产品及专业的服务,已在全国树立了"远洋"品牌的知名度。[①]

2015 年 4 月,远洋地产(2016 年 6 月远洋地产更名为远洋集团)发布第四步发展战略,在进入第 20 个发展年头,远洋地产将以创业者的心态重新起航。作为公司的第四步发展战略,海鸥Ⅳ明确了远洋地产在未来五年内安排,在未来远洋地产的业务格局中,以权益资本来计,住宅开发占比 40%;不动产开发投资业务,包括了大型的集中式商业和写字楼,占比 30%;客户服务业务,包括了传统的物业服务、养老地产等创新型服务业务,占比 20%;房地产金融业务占比 10%,远洋地产将四元业务的比例描述为"4321"。

作为一个从纯国有背景演进为现代股份制企业的公司,想象中远洋地产应该是官僚习气比较重、僵化、低效、缺少战略的公司。然而实际上远洋的战略能力和调整能力是非常强大的,当然这主要得益于领导的高瞻远瞩。

(1) 社会资本。

1) 社会资本结构维度。它处于结构维中一个平等、不强势、平衡的位置,这与创始人的性格有很大的关系,其创始人没有追求在这个结构关系中"远洋就是'老大'甲方"。远洋地产的定位非常清晰,并认识到自身所处的市场、企业、行业、社会、政府的关系,强调与政府部门的规范运作。就市场而言,内部强调不过度营销,按样板房标示销售,作为企业应提供过硬的产品与服务,作为企业里的领先企业更不能做任何出格的事情,并且要为行业的发展做出自己的贡献,在中国的商业语境中,强调讲政治,规范运作。这种结构维度的良性互动关系,会使各利益相关方处于一个舒适、平等、信任、安全的市场环境中。

---

① https://www.sinooceangroup.com/zh-cn/AboutUs/CompanyProfile.

2) 社会资本认识维度（价值观视角）。在公司的 2018 年经营管理年会上，公司总裁花了大量时间专门讲了关于和合作方的要求，即"优势互补、平等真诚、建立信任、以我为主、先小人后君子"。"合作是当今时代的一个趋势，不仅是中国的趋势，也是世界的趋势，而且是生存发展的根本，既是竞争力，也是能力，合作的目的是提升竞争力，获取收益。①优势互补就是双方的优势要能互补，如果合作不能给双方带来价值，就会出问题。合作中不要有占便宜的思想。②平等真诚就是对外合作平等坦诚，并且要谦虚，用左宗棠的话讲是，"精明不如厚道，计较不如坦诚，强势不如和善"。待人和善，讲平等、讲真诚就不会吃亏。③信任的前提就是互相了解，内部协同，外部合作方、政府等都是解决问题的高手，多了解他们，建立信任，发挥他们的优势。④以我为主，目的是发展自己，通过合作提升自己的能力。大股东中国人寿的企业文化——"成人达己，成己为人"讲的也是这个意思。⑤先小人后君子，就是说原则性的问题、底线的问题提前讲清楚，既要守承诺，也要罚违约。①

合作过程中，远洋地产会强调所有合作关系的维护，从集团到事业部层面定期回顾检查，确保合作关系处于良性互动的过程中。

3) 社会资本关系维度。继再次入选 2018 年恒生可持续发展企业基准指数成分股之后，远洋集团在可持续发展工作上的杰出表现，陆续受到了国际及本地的肯定。2018 年，远洋集团首次参评"全球房地产可持续性评估指标"（Global Real Estate Sustainability Benchmark，GRESB），并在开发商类别下整体评价中获得四星级的优异成绩，公开披露信息水平处于最高级别 A 级。在 GRESB 的评估体系中，除了一般常见的绩效指标信息，如可持续发展管理及政策、利益相关方参与、风险与机会、能源、温室气体排放、水和废弃物外，亦涵盖了更加具有行业针对性的新建筑和主要改造项目下的绿色发展考量因素。

远洋集团在可持续发展方面依旧以一贯积极及务实的态度，主动响应资本市场在房地产行业中日趋增加的关注，向投资者展示企业在可持续发展上优秀的表现及成果，延续在各评估上的佳绩。

远洋集团入选 2018 年恒生可持续发展企业基准指数成分股，同时积

---

① 远洋集团总裁李明在远洋集团 2018 年经营管理年会上关于合作部分的要求（节选）。

极响应明晟指数（MSCI 指数）ESG 评级，并持续关注 DJSI 等与可持续发展表现相关的资本市场指数①。这些表明远洋得到资本市场及公众、社会顶级机构的认可。

（2）创新方面。

1）创新资源与吸收能力。通过了解先进国家的产品趋势，并结合中国房地产的特点，远洋集团引入了美国 WELL 建筑标准②，推广绿色健康住区，"无论是前期实验室研究、标准制定、产品研发，还是后期建设，推广 WELL 建筑标准的绿色健康住区都会增加成本。但是短期内，远洋集团并不将其当作成本项看待，而是作为投资项对待，未来会收获绿色健康住区产品的价值溢价。"（李明，2017）通过空气、水、营养、光、健身、舒适及心情等 7 大要素，对人体健康及舒适程度进行衡量、认证、监督，是一套有据可循，并通过具体表现衡量建筑是否达标的建筑标准。

吸收能力的一个重要表现是找到战略投资的兴趣点，投资那些经过市场、技术验证过的公司。把投资、创新、转型结合在一起，实现多元化目标。

成都远洋太古里项目是全国商业地产的标杆，业内人士对其赞不绝口。其设计、定位、商业、旧改、保护、文化、美学、创新各方面都是街区商业的翘楚。为什么设计感、体验感能做到那么好？远洋集团总裁李明说过，即使把图纸交给另外一个开发商，他们也做不出来。因为项目背后是创新资源的吸收与整合能力，虽然开发商能请到建筑、幕墙、景观等十来个国际一流设计单位，但是作为各种元素、建筑、品牌（数百个品牌）和谐统一的综合体，项目主体结构提前完工，提前招商。每个国际大品牌都有其御用国际设计师，让这些大牌提前介入（对开发商而言可是免费的），相当于这个项目有几百个最优秀的设计师在服务、讨论、调整，想做不好都难。

2）创新研发能力。就传统的开发业务而言，远洋集团鼓励创新，特别是使用者（而非仅客户）的创新。在集团层面，远洋集团成立专门的远洋设计院。这个设计院最主要的功能就是创新，包括新的户型、体验区、

---

① https://www.sinooceangroup.com/zh-cn/Society/CorporateDuty。同时，远洋 2010~2015 年《企业社会责任报告》以及 2017 年、2018 年《可持续发展报告》均详披露了各项与社会资本相关的内容。
② WELL 由美国 Delos 公司研发，是目前国际上最先进的健康建筑理念，通过七大项、100 多个指标来验证建筑是否健康的。

景观等。通过了解客户痛点，结合健康人居理论和先进的规划理念，从五个维度（5H）体现景观环境健康——规划健康H1、环境健康H2、身体健康H3、心理健康H4、社群健康H5。

作为写字楼专家，远洋集团拥有北京、上海核心地段多栋优秀的写字楼，其经验就是与国际上最优秀的设计师一起研发。

在业务转型与快速发展的同时，远洋集团始终关注人们追求美好生活的需求，从中发掘产品与服务的创意。过去强调以人为本，关注的是人有没有房子这一基本需求。如今远洋的以人为本，不仅是做健康的企业，还要推动健康的经济以及健康的生活。

3）创新商品化能力。作为房地产开发企业，初期由于缺乏养老运营经验，在第一个养老项目上远洋集团与Emeritus和Columbia Pacific共同投资运营椿萱茂·凯健（北京·亦庄）老年公寓，并在2018年9月入股美国Meridian公司[①]，学习并投资美国的养老运营。目前远洋集团已开业的养老项目均是由自己培养的团队负责运营服务与管理的。

养老是远洋集团的先期探索性产业，其实远洋集团拥有民政部发的001号社会化养老的牌照，但是远洋集团也是经过很多年的探索，才找到一条养老产业途径。也就是说"远洋做养老产业，不做养老地产"。目前国内做养老产业能盈利的公司不多，很多公司做养老产业，其实就是一个变相的地产行为。通过摸索、教训、学费，远洋找到了养老产业特色与创新，是国内做养老产业做得最好的公司。做养老产业不是做硬件那么简单，设施、服务、活动的设计尽可能让老人觉得比在家里还充实，解决老人的孤单、学习、交流等软性问题。服务内容及服务人员是远洋养老的核心竞争力。

远洋养老的品牌"椿萱茂"旗下共有三大产品线：长者社区（Continuing Life Retirement Community）、养老公寓（Care Building）和社区嵌入式照料中心（Care Centre）。从项目获取方式来看，远洋养老具备了物业租赁、资产收购、定制建设和委托管理四种合作模式，重资产模式与轻资产模式齐头并进。最重要的是远洋养老能够实现盈利。

在写字楼办公市场上，远洋集团选择与美国知名的WeWork合作，构

---

① 参见公司新闻介绍。

建自己联合办公和智慧办公的架子。从远洋国际中心到光华国际，从上海到北京，远洋与 WeWork 合作产品都带着明显的远洋符号，这也是国际品牌实现中国本土化的另一种创新方式。

"再创业，在改变"（远洋集团 2016 年主题），除了传统的开发类业务外，通过不动产、远洋资本、客服等部门，远洋创新商品化涉及 23 个不同的类别，如大健康、物流、大数据等。"探索更多不同于以往的新产品、新技术、新资源、新区域、新伙伴、新核心人员，形成新的核心竞争力。创新首先体现在管理创新……新业务每年要形成 100%、200%、300%的增长"（李明，2016）。

（3）动态能力。

1）整合能力。①内部协同。由"住宅开发核心视角"转变为"全地产视角"。不再仅仅依赖开发与销售获利，而是通过多种业态的开发、销售、运营、服务，以及实业与金融资本的互动，实现企业战略转型，谋求更多样的业务组合与盈利模式。②外部整合。一方面是好的股东支持。好多人都羡慕远洋这样的股东背景，实力强，支持而不干预，是信用、融资、业务的压舱石。另一方面是好的政商关系。国有背景，社会责任，口碑好，市场运作效率高。

远洋集团托管安邦的地产板块业务，深受全行业关注与羡慕，同样体现了远洋集团在竞争激烈的市场中捕捉、谈判、整合的能力。

2）学习能力。一方面，认识自身不足，定期进行战略宣讲及业务学习，让大家了解企业与行业的差距、与竞争对手的差距，了解行业发展的方向。包括一些强制性的在职培训、入职培训，针对管培生设计职业发展目标及学习路径，通过集训、房地产全流程基石班、轮岗、双导师制等提供完善的培养体系，助力快速成才。①新员工。针对新进员工的关注培养，使其加快文化融入，规范工作要求，快速适应岗位。②新技能。通过"专业交流营"加强条线内部沟通，通过"复盘工作坊"对重/难点工作研讨总结，通过"月学越专业"拓宽专业视野和技能，通过"砺剑计划"加强营销团队全员的工作技能。③新晋升。通过"城市总/项目总班""船长训练营""舵手成长营"强化核心管理干部的专业技能及领导力水平；通过"潜航计划"强化/储备项目营销负责人，严格选拔入班成员；通过 721 混合培养，储备三部核心人才梯队。④新思维。针对核心骨干以上人员提供外部学习机会，如跨界学习、中欧课程等，加强行业交流，拓宽思维方式。

另一方面,要容忍错误。"新业务一定要敢于尝试,快速突破,'敢赔''敢试'""集团当前业务种类多了,团队上、发展方向上出现了新问题,也是正常的……总体来说还是发展上的问题,现在出现新的错误不用担心。发展中,如果我们不犯错误,就是没有足够努力……"(李明,2018)。

3) 再构能力。首先,战略反思调整。事实上2015年开始的第四步战略是提前一年进行的。远洋集团总裁李明认为,厘定战略视角非常重要,一旦明确,企业的盈利模式、产品结构、管理方式乃至人力资源的储备与提升等,都将由此发生重大变化。从当前地产行业的选择看,主要的战略视角有三个:一是单一住宅视角,二是全地产视角,三是全产业视角。围绕地产主业的相关多元化业务,战略新业在确定商业模式后的规模加速,以及增强与主业之间的协同作用。其次,资源能力匹配。无论将视角聚焦在哪类战略导向上,都需要回答四个问题:是否符合市场环境变化的趋势、是否符合投资者的诉求和期待、目前持有资源是否与之相匹配、自身管控能力的支撑性是否足够。最后,组织文化跟随。实现"去组织化",推行"人依附于事"这种管理模式,没有文化的变革是不行的。除了组织架构的变化,企业文化的改变也尤为迫切。远洋集团提倡五种文化,分别是创业文化、执行文化、专业文化、客户文化、团队文化。创业文化被李明排到了第一位。

3. 案例三:万科企业分析

万科企业股份有限公司(以下简称万科)成立于1984年,经过30余年的发展,已成为国内领先的城乡建设与生活服务商,公司业务聚焦全国经济最具活力的三大经济圈及中西部重点城市。2016年公司首次跻身《财富》"世界500强",位列榜单第356位;2017年再度上榜,位列榜单第307位。

2014年万科第四个十年发展规划,已经把"三好住宅供应商"的定位延展为"城市配套服务商"。2018年万科将这一定位进一步迭代升级为"城乡建设与生活服务商",并具体细化为四个角色:美好生活场景师,实体经济生力军,创新探索试验田,和谐生态建设者。

2017年,深圳地铁集团成为万科第一大股东,始终支持万科的混合所有制结构,支持万科城市配套服务商战略和事业合伙人机制,支持万科管理团队按照既定战略目标实施运营和管理,支持深化"轨道+物业"发展模式。

万科始终坚持"为普通人提供好产品、好服务",通过自身的努力,为满足人民对美好生活的各方面需求,做出力所能及的贡献。公司核心业务包括住宅开发、物业服务、租赁住宅;在住房领域,公司始终坚持住房的居住属性,坚持"为普通人盖好房子,盖有人用的房子"。2018年,公司将自身定位进一步迭代升级为"城乡建设与生活服务商",所搭建的生态体系已初具规模,在巩固住宅开发和物业服务固有优势的基础上,业务已延伸至商业开发和运营、物流仓储服务、租赁住宅、产业城镇、冰雪度假、养老、教育等领域,为更好地服务于人民美好生活需要、实现可持续发展奠定了良好基础。未来,万科将始终坚持"大道当然,合伙奋斗",以"人民的美好生活需要"为中心,以现金流为基础,深入践行"城乡建设与生活服务商"战略,持续创造真实价值的好企业[①]。

（1）社会资本。

1）社会资本结构维度。在这个时间点来讨论万科社会资本的结构维相对容易一点了。万科处于结构维中心、平等、透明的位置。在各种利益相关者格局中,万科也一直声称华润仅是公司第一大股东,且始终强调公司无控股股东和实际控制人。万科一直处在透明的治理框架下,从经营和管理的角度来讲,股东、经理人、客户、利益相关者有一点是一致的,就是利益共同体的诉求实际上是一致的。所以万科多年以来,一直是公司治理的典范。

但问题也随之而来,在一段时间内,在一些关键问题上,万科管理团队缺少与大股东的沟通。在宝能事件中,与已成事实的大股东（新老）对抗,在市场伦理上陷入尴尬境地。这是万科社会资本最大的危机。

总体来说,这次危机并不影响万科优秀的治理架构及团队。在引进深圳地铁股东后,可以看到团队的改进与提升,管理层以谦恭的态度和各方沟通,认清所处的结构。这有利于在新的结构中维持平衡,从而有利于公司经营的稳定。

2）社会资本认知维度。万科对内平等、对外开放,致力于建设"阳光照亮的体制",定期召开高规格的万科合作伙伴大会。万科非常珍惜与万科理想、追求一致或贴近的伙伴关系,并且谋求在合作中以同步发展、

---

① https://www.vanke.com/about.aspx?type=3.

社会资本、创新与可持续竞争优势

共同进步,最终以提升各自的竞争能力作为双赢的标志。万科的事业合伙人制度把员工、合作方统一起来,共同推动公司的成长。

3)社会资本关系维度。和谐的生态关系既包括人与自然的和谐,也包括人与人的和谐。万科坚决拥护"绿水青山就是金山银山",不仅在经营活动中节约资源、保护环境,也在探索进入环保产业、循环经济产业,而人与人的和谐,意味着不仅要对客户负责、对投资者负责,也要对利益相关方负责、对社会负责,万科不仅关注城市的发展,也关注乡村振兴、共同富裕;不仅要关注自身的成长,也要带动上下游产业共同发展。

万科认为,坚守价值底线、拒绝利益诱惑,坚持以专业能力从市场获取公平回报,是万科获得成功的基石。公司致力于通过规范、透明的企业文化和稳健、专注的发展模式,成为最受客户、投资者、员工、合作伙伴欢迎,最受社会尊重的企业。凭借公司治理和道德准则上的表现,公司连续八次获得"中国最受尊敬企业"称号。

万科致力于引领行业节能减排,持续推进绿色建筑及住宅产业化。2005年,万科的第一个"工业化建筑"1号试验楼完成,对各种工业化建筑体系完成了一次全面的检验。2007年,万科获得建设部住宅产业化中心和专家评审认可,成为国内第一个企业联盟型住宅产业化基地。2016年,万科集团工业化开工面积为2254万平方米,工业化面积占比83.4%。纵然工业化住宅成本高,且无可观的外在支持环境,但在追求精工品质的工业化道路上,万科显然已越走越远。

在孤贫儿童大病救治及环保领域成立万科公益基金会。启动"春天里行动"项目,为因贫困而无力支付自身或配偶、子女的大病治疗费用的农民工承担其费用。

(2)创新方面。

1)创新资源与吸收能力。通过市场创新、产品创新、服务创新和制度创新,追求有质量、有效率的持续增长,使万科实现行业领跑并持续超越。我们不会否认,万科是有创新能力的公司,只是其在创新与市场化以及前瞻研究方面做到了较好的平衡。

2)创新研发能力。①技术舍得。在建筑科学与技术、住宅产业化研究方面,万科希望自己未来能走到全球前列,形成全球领先的自有知识产权,并延展到绿色、环保等领域。②容错心态。对于新业态的具体规划布局,万科董事长郁亮并没有给出明确的答案。他说:"对于刚刚转型的万科而言，最重要的是要找到'1'，摸索0到1的过程。因为不知道哪个业务会被市场需要，也不知道哪个业务能最终脱颖而出。"③组织保证。组织保证就是确定新的商业模式。为此，万科设置了独立事业部制度和内部员工创业制度（即郁亮所称的"小草"业务），来构建一个自己的产业生态系统。《万科集团内部创业管理办法》提出，公司支持司龄超过2年的员工离职创业。优先考虑的创业方向则是符合城市配套服务要求且有益于万科生态系统的轻资产、技术类、服务类项目。

3）创新商品化能力。在住宅地产方面，万科基于金色系列（Golden）、城花系列（City）、四季系列（Town）、高档系列（TOP）四大产品系列，聚焦主流客户自住需求，并充分利用信息化技术，通过工程管理APP"匠心"，进一步提升精细化管控能力，通过移动验房APP以及线上客户服务产品"服务家"，为客户提供更加快速便捷的沟通渠道。

在物业服务方面，万科物业以"让更多用户体验物业服务之美好"为使命，着重提升商业和写字楼物业管理的能力，并围绕楼宇和业主工作及生活配套提供拎包入住、房屋托管、二次装修等基于楼宇的服务，以及阳光物业、邻里社交和友邻市集等基于生活的服务，服务品质持续保持行业领先。

在商业开发与运营方面，万科以印力集团为商业开发与运营平台，持续推进商业服务创新、存量资产管理提升和数字化建设，优化城市空间场景体验，助力城市更新升级，同时积极探索社区商业运营模式。

在物流仓储服务方面，万科联合多家资本收购全球领先的现代物流设施提供商"普洛斯"。

在租赁住宅方面，万科目前已整合形成了集中式长租公寓品牌"泊寓"，致力于满足城市青年人群的中长期租住需求，同时，万科还启动了"万村计划"，专门从事城中村综合整治及租赁运营业务，升级城中村公共设施配套，提供规范化的租赁服务。

王石曾提出只做住宅，就算"从坟墓里伸出一只手"，也要阻止万科做商业地产。所以万科刚开始做商业地产的时候，有人将此炒作为王石与郁亮的分歧，但后来事实证明并非如此。2012年之后，万科在产品线上有了商业地产、旅游地产、养老地产等。只建设房子卖钱已经不是好的选择，"让住宅融化在产业里"已经是更多人的共识，而万科之前打破自己只做住宅的铁律，恰恰说明了其内部创新包容和颠覆自己的能力。

（3）动态能力。

1）整合能力。在"专业化"理念下，多年来，万科整合了一批优秀供方资源，包括研究咨询类、设计类、工程类、部品供应类、营销类和其他服务类供方。

万科收购印力，印力将专注零售商业地产，在国内商业地产上突然排进前三；万科收购普洛斯，将有望在全球范围内打造全新的物流商业发展模式，在国内物流行业排在第一位。

虽然表面看来万科整合资源跨度很大，但实际上多是有相关性的资源。万科将通过与微软的合作，把更多前沿技术带入具体的业务场景，实现技术的落地与应用。为客户的美好生活提供更好的服务，与微软公司的合作，无疑是万科在转型升级过程中拥抱科技的重要举措。

2）学习与探索。与同行不同的是，万科所推进的转型是"自下而上"试错式的改革，由各地方公司在前方"探路摸索"而前行，改革正烽火连天，遍布各地城市。"自下而上"是因为"市场不断变化，客户的需求难以捉摸，但一线团队始终与客户保持交流和接触，他们所掌握的信息最能体现客户的需求"。以北京万科为例，其目前已提出了六个方面的业务转型，其中包括"住房装修"和"V-Link业务"；而广州万科乃至于整个广深区域，以"八爪鱼战略"为主旨，在转型路上跨步前进。这样一种转型模式在万科内部被称为"赛马机制"。

万科认为，必须给出学习与探索的冗余时间，转型初期万科要乱3年，其在未来3年之内允许混乱的存在。创新业务如果没有冲突，几乎不太可能。所以万科在准备迎接冲突的到来。

而如今允许混乱的3年期限已过，2018年进入成果检验期。万科这一场艰巨的转型任务也在多重思考、探索，甚至试错的过程中，逐渐变得清晰且明确，走向从1到N的规模扩张新阶段。

3）再构能力。一是组织再构。"我们身边的世界正发生巨变"[①]。"工业时代所积累的文明、管理上的实践，都开始失效了。合伙人制度与公司新业务开拓相匹配，也符合凯文·凯利的生态系统概念：去精英化，去金字塔架构，建立平台化机制"。万科2018年9月宣布调整总部组织架构，撤销万科总部所有部门设置，另成立三大中心，分别是事业发展中心、管理

---

① 2014年报致股东信。

中心、支持中心。万科总部新成立的三大中心都设置了合伙人，共分四个层级。万科总部形成了一个新的决策体系：万科董事会主席—总裁—三大中心负责人等高管—中心合伙人—26位执行合伙人。二是定位再构。2018年，万科将"城市配套服务商"定位进一步迭代升级为"城乡建设与生活服务商"。万科已形成了多元化、全方位的房地产上下游产业链布局，在保持核心业务的优势之外，在新兴领域开拓方面仍引领行业趋势。万科希望自己未来是美好生活的服务商，人们想到万科，就会想到美好生活，而不是几栋房子。万科的业务覆盖了养老公寓、商业、长租公寓、冰雪度假、教育、产业办公等业务，新时代的万科业务几乎覆盖了城市生活涉及的所有领域。

万科以住宅为中心，往其他8大业务（万科物业、万科产城、印象城、随园、泊寓、美好家、万巢教育、万纬物流）发展。从万科的"八爪鱼"战略中我们可以看出，无论万科的"地产+"都加了哪些内容，目前万科所有关于互联网、高科技的尝试，都是围绕着地产进行的。积极寻找第二主业的万科，有着自己清晰的逻辑。那就是一切的转型都不能离开房地产主业进行。不管是高科技，还是互联网，都只是万科转型中的工具，而不是转型的终极方向。

客观来说，万科也是一个以战略见长的公司，其产品在市场上谈不上最好，但是其战略研究能力，把握大势、周期、运营执行能力强。这对于靠周期吃饭的地产行业而言非常重要。

三、观察到行业转型动向

无论是成为美好生活的服务商，还是成为城市的运营商，在城镇化加速推进的大形势下，房地产业大都开始尝试转型、探索多元化发展。

新时代下，行业大势有变，房地产企业大都开始不能靠旧模式延续高增长，转型升级成为其必经之路，没有成功的企业，只有时代的企业，把握大势是企业成功的终身课题。新时代下，外部环境中挑战与机遇并存，甚至个别因素的影响都会因企而异，"有人星夜赶考场，有人辞官归故里"。

百强房企中，排名前10的企业凭借自身的资源优势和稳健的运营能力，转型方向大而全，60%以上的企业积极抢占特色小镇、商业地产、文旅地产、养老地产、社区服务等领域；排名11~30的企业中超50%的企业重点关注特色小镇、商业地产、文旅地产和养老地产等。

这些转型或多元化的背后,是战略的适时调整。可以看到,一些典型房企的更名也即是地产企业大业务的调整(见表7-5)。

表7-5 典型房企的更名

变更前	变更后	日期
远洋地产控股有限公司	远洋集团控股有限公司	2016年5月23日
恒大地产集团有限公司	中国恒大集团	2016年6月16日
雅居乐地产控股有限公司	雅居乐集团控股有限公司	2016年6月21日
保利房地产(集团)有限公司	保利发展控股集团有限公司	2018年9月12日
深圳市万科房地产有限公司	深圳市万科发展有限公司	2018年9月12日
龙湖地产有限公司	龙湖集团控股有限公司	2018年7月3日
合景泰富地产控股有限公司	合景泰富集团控股有限公司	2018年6月28日
时代地产有限公司	时代中国控股有限公司	2018年3月1日
万达商业地产股份有限公司	万达商业管理集团股份	2018年3月1日
朗诗绿色地产有限公司	朗诗绿色集团有限公司	2018年1月15日

1. 存量资产方向

对存量资产价值的认识在迅速提升,未来的房地产存量资产运营将成为热点。把更多的精力转移到存量市场上来,通过有能力的运营获得新的发展机会。

(1)盘活商业地产。我国有超过6600万平方米的存量商业物业资产待盘活,有些商业空间刚面世就成了有待盘活的存量物业,形同鸡肋,面对国内商业同质化严重、盈利艰难的现实,盈石资产提出"用运营重新定义商业价值,专业团队用特色商业内容活化存量资产"的策略,2018年10月,龙湖收购北京"胜茂"。

(2)联合办公。利用低效厂房办公,改变了以往办公方式,同时也是创意产业园的一部分。2015年是中国联合办公的"元年",中国共享办公行业飞速发展,2016年WeWork正式宣布进入中国市场。2017年至今,联合办公企业为了更好地生存,出现了一系列的合并联盟。从群雄混战到"头号玩家"竞争,预示着行业正在加速洗牌,行业战争才刚刚开始。联合办公数量从2016年的234家上升到2018年的395家,增幅高达68%;

WeWork，SOHU-3Q 等是主要代表性玩家。

（3）长租公寓。2015年11月，国务院首次将"公寓"定性为生活性服务业，并提出将重点支持长短租公寓等业务发展，在政策红利支持和租赁市场潜在的巨大发展空间下，长租公寓市场受到各方青睐，不仅许多专注长租公寓领域的创业公司获得资本的垂青，市场上主要的四类常规市场参与者——开发商类（万科、远洋、金地、旭辉、龙湖等）、中介类（链家）、酒店类、创业类品牌，在各自的领域里都有独门武器。

（4）资产管理。房企开始寻求角色转变，从"开发商"转化为"运营商"，力求成为行业转型的核心。房地产行业已经进入了以资产管理为主的阶段，探索城市空间更新和资产运营管理变得十分重要。资产管理商成为房地产开发商的主要转型方向。房企可借助私募基金、REITs 等全生命周期的资本通道，全程参与不动产获取/开发、运营、退出等全链条，形成"投—融—管—退"管理闭环，如"高和资本"。很多企业都想成为中国的 Blackstone。

2. 增量资产方向

（1）住宅开发。长期来看，房地产市场规模和市场空间都将趋于稳定，行业竞争将演变为"零和博弈"，大型房企正在紧抓并购机遇快速做大规模，中型房企仍有少量弯道超车机会，而其他中小型房企生存空间被逐渐压缩，未来被迫退出或主动转型的概率更大。

2017年，房地产行业集中程度进一步提高。前四大房地产开发企业销售金额占比从2012年的6.61%上升至2017年的14.56%。以销售金额计算的10强、20强、50强、100强房地产企业的市场份额分别为24.05%、32.21%、45.29%和55.24%，分别较上年增长5.34、7.38、12.20和15.49个百分点，各梯队市场份额近年均呈现上升趋势，且呈现销售持续向龙头企业集中的态势，房地产行业集中程度正加速攀升。随着行业野蛮成长时代的结束，房地产市场进入了强者恒强的王者时代。①

（2）专业不动产。专业不动产包括写字楼、商业开发、酒店，做持有型物业并和金融产品进行一定的结合，如 SOHO 或凯德商业的模式，这些开发商看好长期核心地段的持有模式，一些香港地产企业也采用这种模式。

---

① 数据源自2018年中国房地产开发企业500强测评成果。这是由中国房地产业协会、上海易居房地产研究院、中国房地产测评中心共同主办的测评。

3. 美好生活方向

地产企业需要完成从单纯开发商到综合性服务商的转变。养老、医疗、儿童、体育等附加产业的运营将成为新的课题。中国人口老龄化和居民收入的提高等变化，也表明做服务的机会来临。图7-1说明了不同年龄段人们需求的变化，也给开发商带来了新的机会。

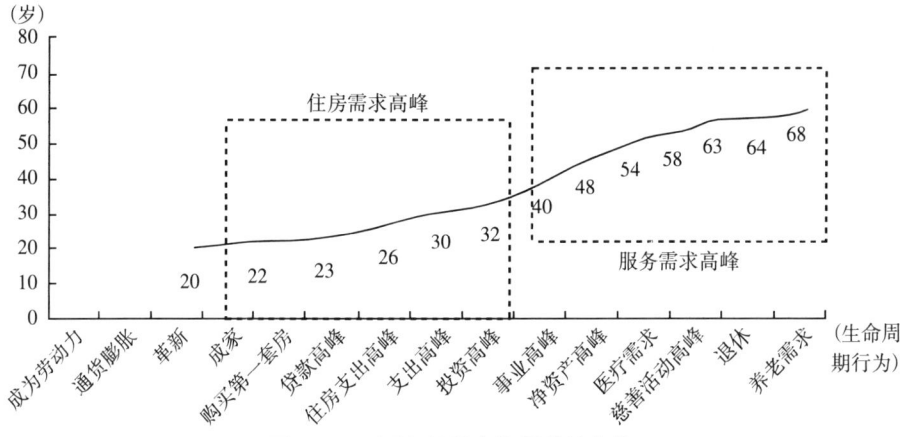

图7-1 不同年龄段人们需求的变化

资料来源：凯丰投资曹博2016年《洗尽铅华，回归本源》演讲稿。

中国的首次购房年龄比其他国家低得多，德国首次购房的平均年龄是42岁，日本是42岁，英国是37岁，台湾是36岁，美国是31岁，而我们的首次购房年龄已经降到了25岁。因此将来这些人的购房需求会下降。

从人口角度来看，我国的住房需求很可能已经见顶或者接近见顶。我国的年龄中位数是37岁，而到了接近40岁的时候，其实我国的服务需求就会进入高峰，我国的各种"美好生活"需求都属于服务需求，会逐渐进入高峰。也就是说，当我们的劳动平均年龄超过40岁的时候，需求会从购房转移到服务，产业会从重资产转移到轻资产。

我国社会的主要矛盾"已经转化为人民日益增长的美好生活需要和不平衡不充分发展之间的矛盾"。这种不平衡不充分就为地产企业转型及满足这些需要创造了新的业务。

（1）社区O2O。物业基础服务依然属于传统物业服务模式，社区O2O则是通过线上平台为社区用户提供物业费缴纳、业主投诉、居家维修、日用品和生鲜食品购买等服务，而物联网智能设备一方面为物业公司提供日常设备维护、能耗管理、远程监控服务，另一方面为业主提供智能门禁、智能停车等服务。所有这些行为都是为了实现物业的大数据所进行的前期的数据收集工作，其最终目的就是社区里的"万亿市场"。恒大、万科、碧桂园、花样年、雅居乐、龙湖等公司也都在对自己的社区O2O平台项目进行积极布局。

（2）物业管理。引入新技术、新业态和新方式，开创全新商业模式，致力于提高物业服务的技术含量、增值服务和产品附加值，实现从粗放型传统服务业向集约型现代服务业的转变。彩生活、南都物业、绿城服务都已实现上市，而且估值很高，彩生活市值都超过了本体花样年。

（3）医疗养老服务。养老领域也将是角逐的战场，房企力图建立全生命服务产品体系。"银发浪潮"席卷而来，这是一个令人担忧的现实。随着人口老龄化的快速发展，养老问题日益引起政府的重视，大量的养老服务需求为养老打开了广阔的市场空间。

曾经有开发商以养老名义做地产，但政府也注意到了这一点，所以用这种方式会越来越难拿到地。

有意思的是，上述万科养老业务及新业务的多元化，与远洋集团非常类似，万科将其参与的养老业务始终定位于"养老服务"，而非"养老地产"。郁亮曾讲"养老地产这个词我是不赞成的，万科要做的是'养老服务'，而不是地产，用地产的方式做养老服务是错上加错，换个方式卖房子我们是不干的"。远洋提出只做"养老产业"不做"养老地产"。看来战略家们的路径与眼光都是差不多的。养老地产最重要的不是地产开发，而是服务，在发展的过程中一定不要颠倒是非。

恒大、万科等投资医院，好多地产公司投资各医疗服务。据不完全统计，有30家地产商介入医疗行业①。

（4）文旅。文旅产品包括健康养生、体育运动、文化创意、商务会议、教育研学、休闲度假、乡村休闲、主题游乐。IP这个词特别火，它代表着个性、稀缺性、新的流量入口、新的认知，文化IP能提高文旅产品的识别度和品牌溢价，促进二次消费，具有超强的变现能力。华侨城、港

---

① 30家地产商如何涉足医疗？缴了千亿学费总结出4条经验［EB/OL］. https://www.cn-healthcare.com/article/20170802/content-494472.html.

中旅、华强、万达等旅游地产项目在中国有一定的知名度。

4. 地产+产业方向

（1）产业地产。产业地产模式是指，开发商在工业园区或其他地方获取土地，以整体开发或定制式开发的形式建设产业物业产品，如产业综合体、总部综合体等，然后以租赁、转让或合资等方式进行项目经营和管理，最终获取开发利润。华夏幸福、联东U谷、天安数码城都是产业地产开发商模式的典型代表。

另外还有一种专业的产业地产，如物流地产、大数据地产等新兴专业门类的地产。

（2）科技实业。以前只有实业转做房地产的情况，这几年，随着行业的发展到了新的瓶颈期，大家越来越意识到科技的重要性以及其中蕴藏的新的增长点，所以我们看到了恒大做汽车、碧桂园做机器人。之后还会有越来越多的企业通过资本或名义投资科技实业公司。

（3）房地产领域的垂直一体化。开发商提供施工、装修、客服链条上的各种服务。专业化协作与产业链整合，是房地产开发的两种典型模式，万科、恒大是专业化协作的典型代表，碧桂园是产业链通吃的典型代表，模式无所谓孰优孰劣，只有适合不适合、擅长不擅长。碧桂园颠覆了房地产外包经营模式，其"一条龙"开发模式几乎覆盖了房地产开发的所有环节，包括项目定位、设计、建筑、装修、建材、营销和物业管理等，攫取价值链上每一环的利润，并借此实现低成本和快速开发。上下游相关公司的设置有助于合法避税，成本内部化有助于降低成本、提高盈利水平。

（4）金融。作为传统的资金密集型行业，房地产与金融市场的联姻一直广泛而密切，中国金融资本市场包括保险、证券、基金、银行、互联网金融、风险投资等多个门类，从目前梳理的房地产企业转型案例来看，几乎地产商们在这些领域都有所涉及，更有强者已经将两者结合起来，俨然成为金融地产财团的模式。绿地、万科、万达、泛海等都参与其中，也许地产开发商最需要钱，每个地产开发企业都有一个或爱或恨金融并最终征服它的心。

第七章 房地产企业案例分析

第二节 案例及问卷分析对房地产企业的启示

一、房地产企业社会资本管理

1. 加强企业社会责任的建设

在经济危机之下，企业处于权衡之中，要兼顾企业短期获利与永续发展，在企业经营与社会价值中取得平衡。按《财富》最新调查，81%的人认同履行社会责任确实有助于提升长期业绩，责任也是竞争力。根据2009年企业社会责任（Corporate Social Responsibility）调查，76%的企业表示要把战略和社会影响作为第一要素（两年前只有36%），改善治理的重要性由46%升至70%，加强社会和环境影响为70%（两年前为41%），接触并与利益相关者合作为63%（两年前为16%）。目前，政府、媒体、行业协会也在关注地产企业的社会责任建设①。在激变中，中国房地产企业应当坚持怎样的行事标准？如何对待利益相关方？地产企业在从粗放经营转型至集约化经营的过程中，如何摆放自己的位置？同时必须注意，社会责任不等于捐款、做善事等行为，而是一个全方位的概念②。

从公开的媒体报道上我们看到，一些企业领导人公开提出不裁员，体现在危机面前的一种社会责任③。无论是房地产业还是其他行业，唯有将履行社会责任建立在企业文化发展之上，才能立足于民、取信于社会，这

---

① 2009年中国最具社会责任房地产企业G20由《经济观察报》与中国社科院城市发展与环境中心主办，并发布了首份《中国房地产社会责任绿皮书》，主要关注中国房地产企业在与社会责任相关的十大领域中的表现：建筑质量、消费者满意度、节能环保、合法经营及纳税、就业贡献及善待员工、产业化贡献及善待合作伙伴、慈善捐赠、企业信用、全装修水平、保障房建设。资料来源于2009年3月12日的《经济观察报》"蓝筹地产"板块。
② 北京大学、《环球企业家》杂志和零点调查公司联合对中国企业家社会责任感进行了一次调查。总体上公众对于中国企业的社会责任感的评分为56.2分。企业与公众对社会责任的排序也是很不相同的，如利润、员工、环境、质量等方面，有些方面甚至是相反的。
③ 资料来源：万达公司年会上董事长提出不裁员，星河湾公司黄文仔在两会期间采访中提出不裁员，绿城董事长在员工会议上提出不裁员（公司网页新闻）。

是企业做大做强之根本。

2. 认真构建与政府、合作者关系

（1）处理与政府的关系。转型期游走于政策与潜规则边缘是无可厚非的，但是不能违背法制，否则就不可能有第一波的发展。政府关系从来都是企业运营中的重要环节，关键在于企业不应通过寻租来获得某种资源。企业通过自身的努力获得社会及政府的认可，通过这种信任获得良好的政府关系才是企业真正要筹划的。当然，对于地产企业来说，无法回避良好的政府关系对企业的促进作用，这也是政治能力的一种表现。各方学者的研究均表明[①]，政府关系能力对绩效的影响并不显著，而经营关系能力（与上下游合作伙伴）则能显著改变绩效。国外研究中也有相似的结论，例如，Agrawal 和 Knoeber 研究发现，有政治背景的董事能在与政府打交道的过程中出谋划策，当然也可以为企业正当寻租（而不是非法）提供便利。而 Fang Wang 和 Zhang 等的研究也认为，这种背景并没有提高公司效率。在政府、银行、媒体之间，房地产商创新性地提出了一套独特的生存逻辑，可惜的是，这种生存逻辑并非从房地产市场长期健康发展的角度，而是从地产商短期获利的角度建立起来的。这一生存逻辑所体现的制度设置、道德标准及发展目标，并不是我们所期待的、理想中的"地产精神"。

（2）与合作方的关系。公司要融入"价值网"和生态系统中。房地产是一个由设计、施工、监理、设备材料等专业公司和开发企业共同打造的产业链，房地产企业则在产业链中发挥着资源整合的作用。公司的竞争优势不再仅依赖于市场能力，而在于协同能力，随着合作开发项目增多，产业的垂直一体化程度会降低，中间过程减少，外包不断涌现。

企业同供应商和分销商并不是伙伴关系，仅仅是普通契约关系，企业同这些供应商和分销商之间的运行成本、信息搜寻成本较高。显然，这种普通契约关系会对跨组织流程的绩效产生负面影响，只有基于利益共享契

---

① 本书中的社会资本包含了政府关系及其他合作关系，政府关系只是企业成功的必要条件而非充分条件，政府关系不能有效改善公司的治理状况，持这种观点的学者有 Park 和 Luo（2003），贺小刚（2006）、Li（2001）研究发现，政治网络关系不起作用，可能是存在一定的交易成本。Guthrie（1998）实证表明，"关系"因素的重要性在下降，只有当企业具备了竞争力时，这种关系才有一定的促进作用。本书对此的解释是：构建 q2 与 q29、q30（土地储备及销售额）之间的回归关系，发现它们是正相关的，而 q2 与 q31（利润率）是负相关的。这表明，偏重前者的企业，只是获得了一定的土地并转化为产品。而偏重后者的企业，注重企业的内部运营，致力于提高效率、提高品质、创新产品，使单位土地上产品的利润率得到最大化。

约的伙伴关系，最终社会网络锁定社会资本。

需要特别指出的是，很多的房地产公司或创始人是通过建筑业起家，再转到房地产开发的，这种开发、施工、材料等各方面的垂直一体化似乎符合交易成本理论，但本书认为，过高的一体化战略会使内部交易成本、沟通成本加大，一体化企业的成本不能确定，最终导致资源的错误配置、效率的低下，管理的难度反而加大。Jansen 进一步给出了上游企业在何种情况下应选择垂直分离，在何种情况下应选择垂直一体化的系统均衡模型。其实垂直分离企业在固定的契约成本和战略契约的收益之间进行权衡。对于房地产企业而言，过多的一体化只会降低效率与产品品质，当然，其可以作为税盾（Tax Shell）的理由存在，即可以进行合理避税[①]。但是作为战略选择的一种，房地产企业不可能在任何方面都做到最优秀，而社会中在某一方面一定有最优秀的资源存在。此时，房地产商作为资源与价值整合者，就需要用最优质的资源为企业服务，使核心业务能力更加专业化，并将非核心业务外包，与其他企业组成跨组织业务流程，从而提高整体效率。企业之间从传统的具有长久的良好合作关系转变为企业合作伙伴的动态关系。

从另一个角度来看，企业要培育自己的核心竞争力，尤其是难以模仿且有企业特色的核心竞争力，设立自己的设计研究院（特别是园林景观设计院）、物业服务公司以及培养自己的精装修研发人员，是非常重要的。外部市场配置中，难以形成这种和企业特色相结合的核心竞争力。市场上做得比较好的公司都在这方面有非常独特的隐性核心能力，如绿城、万科、万达、星河湾等。

必须培养合作共赢的理念，因为企业孤立经营的传统格局正在被打破。Nalebuf 和 Brandenbuger 认为，企业经营活动是可以实现双赢的非零和博弈，企业的绩效取决于在这个系统中合作和网络关系管理能力的水平（林键，2005）。合作的目的是共赢，其前提必然离不开互补和诚信。越来越多的企业倾向于选择战略伙伴，在施工、精装、园林、材料等方面取得长期合作，减少交易成本，双方共赢，一定不是通过所谓的招投标取得市

---

① 本书的多角度测算认为，施工企业或其他工程仅占房地产企业成本的30%，从财务避税角度看产生效应非常有限。最重要的是，由此产生的附加的内部交易成本远大于这种收益，得不偿失。且作为阳光下的企业，更需要的是规范运作。

社会资本、创新与可持续竞争优势

场最低价。只有合作方也满意了，且长期合作的意愿强烈，开发商才能得到优质的产品。2007年底，万科集团委托第三方顾问机构进行了"万科合作伙伴关系调查"，在业内首次推出合作共赢指数，为万科加强供应资源整合、巩固和建设战略合作伙伴关系提供了数据支持和改进思路①。

3. 加强企业的社会信用

首都经贸大学统计学院发布了"2008年北京地区社会调查八大指数"②，诚信度最低的行业为房地产业。房地产业"跃居"倒数第一，显然是对房地产业长期以来社会责任感普遍偏低的一种直观反映。围绕着商品房，我们可以看到各种各样的投诉：延期交房、质量不过关、绿化面积减小、公摊面积过大，似乎没有一个小区不在维权。诚信是多方面的，为广大业主提供合格的产品和优质的服务，是企业存在的意义所在。股东和股民，是企业财产的终极所有者。必须通过健全法人治理结构，发挥全体股东的作用，规范企业经营，提升企业核心竞争能力，提高企业的资产收益率，为股东和股民创造更多的投资收益。一个优秀的开发商必须与材料和服务供给商保持良好的合作关系，而保持良好关系的前提就是诚信。房地产企业必须积极主动地培养自己的良好信用，以赢得良好的社会声誉，而良好的声望有助于房地产企业吸引客户、投资者、潜在员工和商业伙伴，从而增强房地产企业的可持续竞争力。

在前述分析中，社会资本对可持续竞争优势影响较大的是关系性维度（主要是指社会信任方面），其对销售额、利润率、满意度的影响因子分别达到2.005、0.621、1.266（非标准化系数）。

二、创新能力的管理对策

1. 创新精神的缺失

现代管理，包括地产公司的管理已经暴露了很多本质上的缺陷，尽管在某些方面能精确计算成本和利润，协调数千名员工（主要是指控制），但在一个标准化、规则化的体系内，破坏了人类最美妙的想象力和创新精神，从而降低了组织的适应能力。在一个颠覆性加剧的世界里，企业必须

---

① 参见《2008年万科企业社会责任报告》公开数据。
② 参见2009年1月4日《新京报》。

同时具有战略适应力强和营运效率高的特征。在商业上不断创新，激励员工发挥其最佳水平创造性地解决问题，是各家公司普遍需要改进的。对于房地产企业来说，其运作原理相对粗放与传统，没有高、精、尖。但越是传统的企业，越需要的是创新，否则就可能会被淘汰。当买方市场最终形成的时候，创新又将成为救市的良药。有地在手还没有开发的房企，需要在产品、建筑、户型、环境乃至一切吸引客户的方面进行全面创新，以期吸引客户；有房子正在卖的房企，则需要在营销、推广、包装、展示方面全面创新。以汉斯公司为例，其将许多原先只在高档写字楼等公共建筑应用的成熟技术和设备，广泛应用于住宅项目。由于技术上的领先，汉斯有效避免了产品的同质化，拥有了许多同行所缺乏的独特技术优势。汉斯公司有机会始终参与这些技术的发展进程，并逐步将这些技术商业化。

创新精神的不足同样体现为创新信心的不足，几乎所有地产公司的样板区都是禁止拍照的，生怕被人抄袭，其实若有持续的创新能力又何怕被模仿。当然有两家优秀地产公司公开表示可以参观、拍照，体现了其对创新的自信。

2. 创新人才的缺失

企业需要对员工的积极性加以调动，而不是施加官僚压制；需要适当控制成本，而不是抑制人的想象力。本次调查样本中 q7 的平均得分为 3.894，非常低的得分之一。样本数据中 4 分以下的占 65%，体现了大部分公司对现有创新人才的重视远远不够。q14 的得分也不是很高，体现了研发类人员在地产公司的地位需要得到进一步的加强。以企业家和职业经理人为核心的管理资源和以技术专家为核心的技术支持资源，通过企业资源整合活动的全部过程使人力资本的异质性得到体现，并凸显了一个企业不同于其他企业的个体能动性特征。正是这些人力资本的异质性导致了企业的异质性，并通过企业的经营理念、价值观等企业文化要素表现出来[①]。

Paul Hersey 认为，企业家对组织、员工的承诺是不能改变的。不管是在对待消费者、合作者的时候，还是在对待自己员工的时候，如果由于缺乏人本意识，企业家过度利用权谋思想，那么会导致企业的发展屡屡受阻，裹足不前，甚至会断送企业生命。为什么在同样条件和同样水平下，一些房地产公司会得到长足发展而另一些却逐渐衰落，有些即便没有立即

---

① 王宏伟，任荣伟. 美国房地产开发企业成长中的能力要素辨析［J］. 现代管理科学，2007（5）.

衰落，但也没有多少社会知名度和美誉度？这是因为所有的经济实体的核心竞争力都来自人，包括员工、合作伙伴、消费者及潜在消费者。这些要素如果得不到合理的利用和重视，所谓公司的发展和产品的飞跃都几乎是一句空话。细节可以复制，不容易复制的是企业的经营理念和管理者的能力。我们看到的是成功楼盘和成功企业所共有的机理，即敏锐的市场意识、强烈的人本意识和特有的专业创新能力。

3. 品牌与品质问题需要提高

如何提高品质是所有公司面临的问题。选项 q16 的平均分只有 3.8，还没有到基本满意的程度，也是所有得分中最低的测项，说明房地产公司品质管控是目前要重点解决的问题。这从一个侧面说明了创新性地解决品质管控能力，还有很大的提高空间。地产企业更需要在品质控制中融入丰田生产方式（TPS），其核心概念就是把质量融入每一个制造业的流程，这需要一系列的措施，要在问题刚出现的时候就发现问题。丰田相信，员工责任心是品质改善的来源，有责任心的员工会不断地提高产品的质量和生产的效率。丰田公司的文化认为，企业的核心力量是企业的员工，特别是一线工人。日本企业在戴明（Deming）和朱兰（Juran）的管理理论下，通过近乎残酷的质量管理，精益求精、全员参与，创造了最好的产品品质。不论采用如何先进的现代化工艺技术，没有员工的能力和热情以及其对工作内容的熟悉和把握，企业不可能完成生产任务，而地产企业的现场品质控制比工业生产线更为复杂，有时没有统一的工业标准，需要有责任心的工程人员在现场把握。观察品质较好的公司，绿城价值观中强调"精致、完美"，龙湖提出"追求卓越、专注品质和细节"，星河湾提出"追求极致，用品质打动世界"，中海地产提出"精品永恒"。事实表明，这样的企业文化对公司的价值最大化的影响是深远的。但需要注意的是，我们需要学习"精益管理"，而不是"精细"到僵化与效率低下。

品牌的发展与公司的可持续竞争优势是正相关的，Hendricks K. 的实证研究表明，荣获质量奖的公司往往具有较高的股东回报率。Easton 和 Jarrell 在对美国最大的 1000 家公众持股公司进行研究时也发现，那些实施了经过较好设计的质量改进项目的公司，在营利性、股票价格和资产收益率等方面都要明显超过其竞争对手。同样 q14、q15 的低分值（4.3、3.94）说明了整个行业中研究能力的整体水平不高。特别是设计师等重要研究人员没有作为公司的核心资产且严重缺失，又使整个行业陷入低水平复制的同质化。对于精品住宅社区，园林的设计相当重要，但不同的客户群对园林有着不同的要求。准确的市场定位以及符合目标客户群的园林设计，是小区走精品之路的关键一步。星河湾的事例证明了行业领导品牌的诞生（包括市场领导品牌和思想领导品牌）需要过硬的产品品质与创新能力以及对行业和社会的影响力。

4. 顾客的服务需要放到重要的地位

企业需要创造性地为顾客提供有价值的服务。同时任何公司都会遇到顾客投诉，但有投诉不一定是坏事，McCullough 等的补救悖论指出，那些经历过服务补救的顾客的满意度和重购比率要超过没有遇到过服务失误的顾客。但房地产企业普遍不太重视这一点。顾客是公司资产的来源，能为公司长远创造价值，其实现的必要条件是公司先能为顾客带来其感知价值。詹姆斯等（2005）[1]论证了顾客满意与顾客忠诚的关系。该理论认为，在利润、成长性、顾客忠诚、顾客满意、提供给顾客的产品和服务的价值、员工能力及效率之间存在着直接相关关系。龙湖地产的服务中，"全程化的服务理念决不仅仅是停留在产品交付之后，而是贯穿于企业经营管理的全过程，所有的方案、工序、流程、制度、规定均围绕着以客户为中心而拟定"。

很多公司在售后服务与投诉补救方面的失败，对品牌的影响几乎是致命的，且需要较长时间的修复。仅 2008 年第一季度物业管理类投诉就上升了 34.2%，位于投诉增长前十位的服务之列。房屋类投诉在各类投诉中占据第四位，但却是涉案金额最高的投诉。2008 年消费者对房屋投诉上升了 10.8%[2]。研究表明，一个不满意的顾客会影响 25 个人的购买意愿；而一个满意的顾客会引发 8 笔潜在的生意，其中至少有一笔会成交。

瑞查德（Riochheld）与塞斯（Sasser）采集了大量的样本，对市场份额与利润的关系进行重新探究。他们发现，这两者的相关度已大大降低；相反，在对其他变量进行测定时，发现顾客的满意与忠诚已经成为决定利润的主要因素。瑞查德与塞斯的发现动摇了 PIMS 分析以及支撑它的理论基石，自 20 世纪 80 年代开始，大量的研究与实践使人们认识到以顾客满

---

[1] 詹姆斯·赫斯克特, 小厄尔·萨塞, 莱思·史科莱斯格. 服务利润链 [M]. 王兆刚, 夏艳清译. 北京: 机械工业出版社, 2005.

[2] 数据源自中国消费者协会, http://www.cca.org.cn/web/xfts/newsShow.jsp? id=42448.

意（Customer Satisfaction）度为标志的市场份额的质量比市场份额的规模对利润有更大的影响。一味推行"顾客永远是对的"这一哲学应该被"顾客不全是满意的"理念所替代，营销过程中一味投入广告的做法应该被侧重于"为顾客服务、使顾客满意"而实现的人际传播媒介所替代，与此相适应，企业经营的 PIMS 战略应该被 CS 所替代。大量营销调查表明，发展一名新顾客的费用是维系一名老顾客费用的 5~8 倍。过高的拓展新顾客的费用往往会无情地吞噬掉企业的利润，而且当企业的市场份额已达到一定水平时，再进一步提高市场份额的边际费用非常之高，甚至使企业得不偿失。

国内做得成功的企业有星河湾、绿城、龙湖，其在品质及品牌的发展上给众多公司树立了成功的榜样。而美国的汉斯公司同样值得大家去学习①。

5. 创新最先要解决的问题是管理创新

创新来自多个层面②：营运创新、产品创新、战略创新、管理创新。管理创新无疑是最高层次的创新。流程创新聚焦于一个公司的经营流程（包括采购、制造、营销、服务等），而管理创新针对的是公司管理流程——决定日常管理工作的方法和程序。这个问题不解决，那任何创新就只有一个人能够推动——最高决策者。在这种情况，下面任何一个层级都不敢创新，那就有可能出现路径依赖。营运创新依赖于企业信息化水平的提高，产品创新在被模仿之前会带来很多的订单，每个层面的创新都会对公司的效益产生一定的影响。然而，当公司大且复杂到一定程度时，当众多问题交叉到难以解决时，管理创新能产生一种难以模仿的优势。很多高管发现，采用一种突破性的商业模式，比丢弃他们心中固有的管理理念容易得多，特别是有时说服企业过度自信的最高领导人舍弃以往的管理模式实在太难了。

三、动态能力建设的现实问题

1. 能力僵化成为企业发展到一定阶段的必然产物

管理层次繁多，老板成为被不断神话的偶像和符号，使企业过早地患

---

① 汉斯公司的创始人杰拉德·汉斯（Gerald D. Hines）将汉斯的成功之道归结为三大能力原则：品质开发能力、学习创新能力和以人为本的管理能力。美国 Buildings 杂志评出的 2005 年度房地产开发企业排行榜中，汉斯有限合伙公司（Hines Interests Limited Partnership）排名第二。
② 加里·哈默，比尔·布林. 管理大未来 [M]. 陈劲，译. 北京：中信出版社，2007.

上了大企业病，内部组织结构僵化、冗员沉重，政治氛围很浓。即使管理者看到市场的变化和机会，如何调动这个臃肿组织已成为一件很困难的事情。最终的结果就是老板高高在上做决策，但所有的执行还没有出会议室门口就衰减得所剩无几了。管理没有效率、团队没有士气和执行没有结果的现象使庞大的企业不再具备以前的高效率；流程上管理过分僵化、官僚化，决策过于复杂且行动缓慢，难以适应市场的变化；架构上企业各个部门、规章制度林立，各部门矛盾增多，本位主义严重、协调困难，各部门在执行的时候相互之间难以配合，组织沟通出现障碍，一旦出了问题部门之间或者员工之间又互相推诿。其实，企业做大，部门专业化、程序化本没有错，但企业员工和管理阶层会产生"名门意识"，过分自信，丧失了危机感。主要原因是这些部门与程序的负责人的责任心不够或承担责任的能力跟不上这种复杂的企业系统。于是大家都沉浸在"既不犯错误，也不解决问题"的职业状态。

2. 企业家能力僵化与动态能力提高

企业家是企业的灵魂，企业现有的成功不管是通过何种方式取得的，但一定离不开企业家的努力。然而，企业不同阶段对企业家的要求是不同的。特别是到了企业二次创业阶段，企业家的创新精神，摆脱过去的路径依赖以及能力再构等至关重要。领导不同于管理，成功变革的驱动力来自领导而非管理。企业家能力通过创建组织能力最终实现了组织绩效。

美国管理学学者爱特申（Eitzen）和叶特曼（Yetman）在研究总裁的领导能力时，发现了领导经验的长短与企业业绩高低之间的一种抛物线相关关系[①]。但对于总裁和企业高级主管"经验拐点"出现的原因，却一直

---

① 爱特申和叶特曼对美国三十几支职业垒球队主教练的执教经验长短和所在垒球队比赛成绩的相关关系进行了全面分析。他们发现，主教练执教经验的长短对所在垒球队的比赛成绩高低的影响是一条初期上升、后期下降的抛物形曲线。在主教练执教生涯的前半期，经验与业绩成正比，但超过一定期限后，经验会成为一种消极因素、一种包袱，经验越长，比赛成绩越差。根据他们的调查，垒球队主教练的经验拐点（即从正因素转化为负因素）出现在第 13 年。由于垒球运动是在一种相对比较稳定的环境中进行的，游戏规则长期以来没有太大的变化，因此总裁管理生命的周期较长；在外部环境动荡、销售大起大落的新兴行业，这一周期一般要短得多。而中国房地产行业这一周期为 3~5 年。把 1981 年以来的中国房地产周期划分为 3 个，即 1981~1986 年为第一个周期，1987~1989 年为第二个周期，1990 年以后为第三个周期。其中 1984 年、1992 年为景气分割点，1987 年、1989 年为萧条转折点。处于景气上转点的年份是 1983 年上半年、1988 年上半年、1990 年上半年，处于景气下转点的年份是 1986 年下半年、1989 年下半年和 1993 年下半年。资料来源：何国钊，曹振良，李晟. 中国房地产周期研究 [J]. 经济研究，1996（12）：51-56，77.

社会资本、创新与可持续竞争优势

到 1991 年才有人提出了一套比较完整的解释理论。美国哥伦比亚大学的汉布瑞克（Han brick）和福克托玛（FuKutomi）提出了一个总裁生命周期的五阶段模型，对总裁任职期间领导能力的变化规律及其原因，提出了一个比较完整的总裁生命周期的五阶段假说。该模型认为，总裁的管理生命周期大约有以下五个季节（见表 7-6），一是受命上任，二是摸索改革，三是形成风格，四是全面强化，五是僵化阻碍。

表 7-6 总裁管理生命的五个阶段

变化/阶段特征	受命上任	摸索改革	形成风格	全面强化	僵化阻碍
认知模式刚性	中强	或弱或强	中强	强且上升	非常强
职务知识	知之甚少上升很快	大体熟悉中速上升	非常熟悉缓慢上升	非常熟悉缓慢上升	非常熟悉缓慢上升
信息源宽窄	来源广；未经过滤	来源广；信息过滤产生	少数信息源；信息过滤加剧	少数信息源；信息高度过滤	非常少的信息源；高度过滤
任职兴趣	高	高	中高	中高、下降	中低、下降
权力	弱；上升	中；上升	中；上升	强；上升	非常强；上升、失控产生

资料来源：Donald C. Hambrick, Gregory D. S. Fukutomi. The Seasons of a CEO's Tenure [J]. Academy of Management Review, 1991（4）：719-742.

在上面这五个阶段模型中，导致总裁绩效始于上升，继而持平，终于下降的抛物线现象的，大概有认知模式刚性、职务知识、信息源宽窄、任职兴趣以及权力这五项因素。其中，最主要的可以说是"认知模式刚性"和"信息源宽度和质量"。

最重要的因素是认知模式刚性。每个人都有一个基本的认知行为模式，或者说一个简化了的世界模型。但是，在第二阶段的摸索改革调整期过去之后，总裁往往会表现出对自己认知模式的迷信和固执，越来越相信自己和自己的思想方法的正确性，认为他们的模式已经经过了实践的考验。模式的刚性开始上升。

认知模式刚性化的原因还来源于总裁长期在位本身，事实上，一个总裁只有业绩"过得去"才能"坐得住"，而"坐得住"本身在他们自己心目中，就证明了他们的模式是正确有效的。因此，越是任职时间长的总裁，越是容易相信自己行为模式的正确性。但是，也正是在位时间长的总裁，其认知模式与环境要求错位的可能性最大。

导致总裁管理能力在管理生命周期后期下降的另一个重要因素是总裁信息质量的趋势性下降。随着任期的延长，总裁的信息源会变得日趋同一化，而所得到的信息也越来越受到有意无意的筛选。因为随着在位时间的加长，总裁对工作的兴趣不可避免地会有所减退，对外界信息进行主动收集的意愿会下降，但更重要的是，随着在位日久，手下的工作人员渐渐摸熟了总裁的信息偏好，"报喜不报忧"现象日益严重，不同的意见不但说得越来越少，即使说了，传到总裁耳朵的可能也减少了。人们学会了"总裁不愿听的话不说，总裁不赞成的主张不提"，至少不主动提，开始自觉实行舆论管制。摆在总裁桌上的报告虽然有增无减，但信息却越来越单调。

这里起作用的并不仅仅是人人都有的不愿报告坏消息的自然倾向，还有组织机构"合群筛选"趋势的自强化因素。任何一个组织要运转，必须要有内部协调，领导班子需要一群"合得来""讲得拢"的人一起奋斗。不合群的"持不同政见"者常常不是自动挂冠出走就是被排挤出决策圈子，而新挑选新加入的则往往是认同企业现行认知模式和主导文化的"同志"，从而在组织上、人员构成上种下了思想上"近亲繁殖"的种子。

综上所述，钻研学习的兴趣下降、信息质量下降以及对自身认知模式的迷信，造成了总裁思想方式的僵化；再加上既得利益等因素，创业总裁所代表的那一套曾经先进的思想方式和技能组合的积极作用渐渐向相反的方向发展，原来的革新家可能转化为新一轮改革的反对派，企业的业绩就会下降。

关于总裁生命周期模型的讨论也对总裁如何防止思想方式僵化、偏听偏信指出了努力的方向和思考的思路，其中，认知模型僵化、信息源质量下降和人员构成"同志化"的趋势尤其值得我们警惕①。

但是，我们永远不要，也不能忽略企业家资源的稀缺性、重要性，有时这甚至是一个企业成功的唯一要素。

"每个队伍的队长都是具备独特技能的唯一领导者，而且致力于利用其优势取得持续的伟大成功"。这是沃克（Sam Walker）通过采访近50个国家的运动员以及团队经理、教练、执行官和其他人员所总结出来的，不

---

① 上述关于总裁生命周期的论述部分引自梁能的《关于公司治理的两个故事和一个模型》。

社会资本、创新与可持续竞争优势

仅讲述的是体育,更代表了一种对领导力的全新理解①。

3. 企业的成功史可能形成强烈的路径依赖与惯性

很多优秀的企业失败于自己的"成功史"。企业员工和管理阶层产生"名门意识",过分自信,丧失了危机感。应当简政放权,保持基本结构稳定但具流动性、灵活性。未来的组织结构将是横向的,以产品事业部为主要形式。优秀公司的文化观念、经营哲学和价值准则能够为职工所接受,从而能在公司内部达到高度集中统一。然而在高度变迁和集中竞争的环境中,资源在帮助企业确定需要关注的核心信息的同时,可能也抑制了企业的关注视野,从而核心能力可能会转变为某种核心刚性。独特的核心能力不仅是竞争对手难以模仿的,而且可能也是企业自身难以改变的。刚性特征使核心能力在企业成长与发展中成为一把"双刃剑":一方面,核心能力支持着企业的竞争优势;另一方面,核心能力一旦形成就很难改变,经营的成本急剧上升,从而制约着企业的战略调整,使企业的战略调整明显地表现出路径依赖的特征。

过去成功的(特定历史时期),不一定是战略的,也不一定正确的。动态能力理论的关键是不断创造新优势,在激变的市场中,已有的优势或核心能力都是短暂的,固守原有优势将导致更大的灾难。只有响应机会、重构资源,并形成暂时、不相容的新优势,才能保持持续的竞争优势,其实质就是连续创新战略。企业竞争环境的快速变化和竞争强度的日益加剧相适应,诸如流程再造、全面质量管理、基于活动的成本管理、及时管理、时间管理、员工授权、标杆管理、精益制造和经济价值分析等有关改进的革新性管理逐渐成为企业改进实践的主流。但令人遗憾的是,多数企业并未因此而获得预期的成功,许多持续改进的努力最终都以失败告终,Elizabeth Keating 进行的相关研究中再一次被证实。

---

① 沃克(Sam Walker)试图回答体育界最具争议性的问题:如何才能造就一支最伟大的团队。他设计了一套公式,然后套用到世界上成百上千个联赛团队,从 NBA 到英超联赛,乃至奥运会曲棍球赛。最终,他得出了历史上最伟大的 16 个团队名单。接下来,他开始痴迷于研究另一个更为复杂的问题,那就是,这些团队身上到底有什么共同之处?随着他的深入调研,一些"套路"慢慢显现出来,即每个队伍的队长都是具备独特技能的唯一领导者,而且致力于利用其优势取得持续的伟大成功。沃克发现了队长所需的核心技能,包括坚持和犟劲儿、情绪控制、熟练掌握战术压制的非言语沟通技能以及特立独行的勇气。

4. 企业学习能力的重要性

本书从共同愿景、知识传递与融合、开放性和试验等角度测量了学习、学习知识传导、创新、动态能力的实现途径，这也是企业能力更新的关键。学习能力对资源、研发的影响特别显著，达到了 1.088、1.144。学习与动态能力的路径系数为 0.82。本书中，关于学习的测项得到的分数分别为 4.38、4.25、4.41。知识的传递与融合作为组织学习能力之一，需要清晰、快速、有焦点地把握知识，并能够在组织内部跨越不同功能和职能的部门传递知识，同时知识的获取和分布应该与组织的问题和机遇联系起来。企业的知识管理出现了某种障碍：企业成功的隐性知识在企业内部难以扩散，特别是一些成本、设计、技术类知识，成为极少数人文件柜里的企业秘密，这样的后果是企业的隐性知识在内部不能传播、不能有效实施，一年以后变成没用的数据、落伍的知识；企业没能有效引导员工互相学习，由于竞争压力的增大，员工之间趋于保守，防止其他人强于自己；企业没有及时培训外界成功的显性知识。这样一来知识—动态能力—创新—优势的链条在第一环节就断了，学习型组织提倡很多年了，但在高新产业还没有落地，更别说是相信"关系"的地产行业。房地产企业知识管理其实是组织智商的提高，也是未来改善企业竞争的最有效武器。

5. 组织架构与战略的匹配

组织结构必须要跟随战略，没有结构调整的战略只能导致无效率。现行地产公司中的战略与架构的协调一直存在很大问题。生产经营规模不断扩大，组织结构的等级层次和职能部门会不断增加，结构复杂性大幅度提高，使组织管理效率降低。需要在控制与效率之间取得平衡，那些亲临现场了解问题的人却没有必要的权力解决问题并实验必不可少的革新，于是，整个组织的刚性也越来越大。

成本化战略需要的是多层级的总部管控。成本化战略需要严格固定各项费用，各级管控部门只能按既定的目标责任成本进行管理，如类似"泰罗制"的刚性管理，且边际成本是递减的。可是，在市场同质化的情况下，过度强调成本，必然会忽略灵活创新。成本领先作为比较原始的竞争策略，在房地产公司中会陷入某种循环，各部门之间相互独立，招标审核部门进行最低价选择，而工程生产部门面临的是逆向选择产生的队伍，这样就变成了低价格—差队伍—劣质量—低价值的循环，且最后各部门都不会为此造成的后果负责。

差异化战略需要扁平化架构，寻找自己的利基（Niche），发现市场中价值更高的产品。实际上是企业的价值创新，价值创新不仅仅是"创新"，而且是涵盖整个公司行为体系的战略问题。为此企业需要寻求与此差异相匹配的管理构架，精简、扁平、网络化、有弹性、能够不断学习、不断自我创造是企业组织创新的方向。克服组织刚性很重要的障碍就是在组织内部缺乏一种以诚信为主流的文化。

不管是何种战略，企业最终需要的是高效处理运营中出现的问题，企业的竞争最终还会回到效率的比拼上，即谁在差异化过程中做得更加有效、成本更低，谁就可能在竞争中取胜。要提升效率，首先要增强中高层的责任心、承担责任的勇气、较好的职业素质，其次需要信息化平台，这可以增加信息传递的速度、透明度。但很多地产公司的 ERP 或其他信息化平台只是增加了工作人员的录入负担，并没有起到解决问题的作用。

第三节 房地产企业应注意的一些管理悖论

一、VUCA 时代 VS 权威的悖论

VUCA 时代权威领导的作用更明显吗？

VUCA 代表了一个比以往更易变、更不确定、更复杂以及更模糊不清的商业世界。美国陆军军事学院最早提出了 VUCA 一词，以此来形容世界环境处于一种"不稳定"（Volatile）、"不确定"（Uncertain）、"复杂"（Complex）和"模糊"（Ambiguous）的状态之下。宝洁公司首席运营官罗伯特·麦克唐纳（Robert McDonald）借用一个军事术语来描述当今世界新的商业世界格局——"这是一个 VUCA 的世界"。

（1）V=Volatility，表示易变性是变化的本质和动力，也是由变化驱使和催化产生的。

（2）U=Uncertainty，表示不确定性，意味着预见很难，缺乏对意外的预期及对事情的理解和意识。

（3）C=Complexity，表示复杂性，企业为各种力量、各种因素、各种

事情所困扰。

(4) A=Ambiguity，表示模糊性，现实模糊是误解的根源，各种条件和因果关系的混杂。

从人类有文明记载以来，所有领域都以相对平稳的速度呈上升的趋势变化。"与今天相比，一百年前时代变化的速度相对缓慢，组织变革相对简单，但是也不是一件容易的事情。今天，组织所面临的环境日新月异，变化速度非常快"。商业环境正在发生剧变，而组织也面临着未来发展的空前挑战。对于领先的组织而言，越领先意味着越接近灭亡。大型企业创新导致的必然趋势是传统的等级分明的组织架构遇到越来越大的挑战，组织的边界正在被打破，见图7-2。

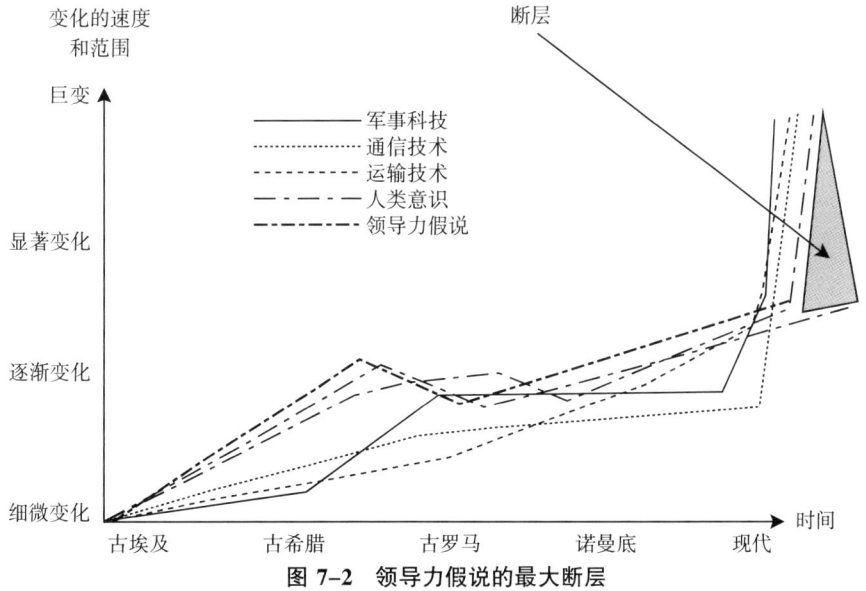

图7-2 领导力假说的最大断层

资料来源：尼克·奥博伦斯基. 未来的领导力——成为 VUCA 时代的复合型高适领导者 [M]. 苏雪梅，王宾，译. 北京：人民邮电出版社，2017：21.

VUCA 时代给我们带来了巨大的冲击。因为在过去很长一段时期内，环境是相对稳定并可预见的，因此企业通常运用已有的知识和经验就可以解决很多问题。把繁杂的问题进行细化分解，然后逐个解决，最后再把所有的解决方法进行归纳总结，形成制度甚至建设成一套流程体系，以此来避免类似的问题，并作为基础解决新的问题。这种处理方式在商业环境相

社会资本、创新与可持续竞争优势

对稳定并且可预测的工业经济时代非常奏效,只要严格执行并重复标准化的流程作业就可以获得成功(戴维·韦斯和克劳德·勒格朗,2012)[①]。

我们日益发现,现代的企业组织与其环境之间再也无法独立存在,而是一种动态的、紧密的、相互作用的关系(刘洪,2011)[②]。遵从过去的经验似乎越来越不能带来安全感,外部环境的任何风吹草动都可能成为企业面临的暴风骤雨,企业自身的调整和变动也同样会影响着产业链上下游以及同行业企业乃至整体环境的变化。但是,到了近几十年,几乎所有的领域都突然间呈现井喷式的快速发展,打破了以往平稳发展的变化趋势。其中只有一条线比较特别,就是对领导力的假定。我们可以很轻易地感受到周围环境的变化。

在策划一件事情和确定行动思路之前,切记注意内外部环境的特征,以免落入定式思维和经验主义。在 VUCA 时代,变化和适应无处不在,这样的环境将影响企业对市场的"可预见性"和"可塑性"[③]。

随着环境的快速变化,曾经的巨人——诺基亚、柯达、摩托罗拉……一个接一个地倒下。而上述公司恰恰是大家曾经竞相学习和模仿的标杆企业,完善的流程体系、规范的管理制度在 VUCA 时代已经可能会成为失败或僵化的来源。想象一下仅通过看后视镜去尝试开一辆车,假设闭上双眼,面前是一个漆黑的挡风玻璃,把脚放在踏板上,里程表显示为 70 km/h,在后视镜中只能看到马路在身后蜿蜒,完全不知道前方是什么样子,这样的场景十分恐怖。尼克·奥博伦斯基(2014)[④]的研究数据显示,高管们普遍意识到自己面临着以下三种困境:①高管需要更多的放手;②高管跑得很辛苦,但却是在原地打转;③很多高管将时间花费在不重要的事情上。

寡头领导体系看起来仍然是当下的主要领导力理念,但已经存在非连续性,企业正从相对固化且等级分明的单一职能型组织类型向更为灵活的

[①] 戴维·韦斯,克劳德·勒格朗.头脑风暴如何扼杀了创新:让你的组织学会真正的创新思考[M].陈倩译.北京:中信出版社,2012.
[②] 刘洪.组织复杂性管理(第1版)[M].北京:商务印书馆,2011.
[③] 马丁·瑞夫斯(Martin Reeves)、克莱尔·洛夫(Claire Love)和菲利普·蒂尔曼斯(Philipp Tillmanns)曾在《哈佛商业评论》2012年第9期撰文《战略之战略》,提及了可预见性和可塑性是外界环境影响企业战略的两大关键要素。
[④] 尼克·奥博伦斯基.未来领导力——成为VUCA时代的复合型高适领导者[M].苏雪梅,王宾,译.北京:人民邮电出版社,2017.

体系进化,多头领导体系伴随着飞速变化的时代而出现。在多元化领导体系里,权力被动态地赋予那些最适合行使权力的人。

领导者们首先需要学习的原则就是放权。当领导力从少数几个被选择的人手中向更多人手中转移时,一个组织可以更灵活、更敏捷地应对复杂状况。当大环境表现出既有序又混乱且兼具复杂性和简单性的系统性变化时,领导者们做得越少,收获便越大。

未来,组织并不会消失,虽然组织不会消失,但权威却在不断消失,组织结构会随着环境变化不断演化。组织会处于一种"有组织的混乱"(Organized Chaos)当中,这其实是复杂性科学的范畴。

二、成长VS稳定管理的悖论

企业在成长,管理就不要折腾吗?管理再稳定不变,但成长的每个阶段都会有危机,相应地,每个阶段的管理是不一样的。

拉里·格雷纳(Larry E. Greiner)在《关于在演进和剧变中成长》[①] 中的论述,对于房地产企业来说同样适用,各家企业所处的周期可能不一样,但是在每个时期都会有它成长的"烦恼"与危机。组织的发展取决于五个关键因素,即组织的存续时间、组织的规模、演进期、剧变期和行业的增长率。这些因素相互作用,共同影响着组织的发展。每个阶段都以演进期开始,经过持续、稳定的发展,然后以剧变期结束。在剧变期,组织中会出现动荡混乱的局面并发生巨大变化。每一个剧变期是否有效解决问题,决定着企业能否顺利进入下一个成长阶段(见图7-3)。

第一阶段:创造。在组织诞生期,重点在于创造产品和开拓市场。带有个人主义色彩的创造性活动对于企业的起步来说至关重要,但随着企业的成长,这些活动又恰恰变成了问题。这时,企业创始人发现自己承担着很多不愿承担的管理职责,他们渴望像过去那样行事。于是,领导力危机爆发了,这就拉开了第一场剧变的序幕。企业必须找到一位既能被创始人接受,又能使整个企业团结一致的强有力的管理者。

第二阶段:指令。指令型领导者化解了领导力危机,企业进入一个持

---

① Larry E. Greiner. Evolution and Revolution as Organization Grow [J]. Harvard Business Review, 1998, 76(3): 55-60.

	阶段一	阶段二	阶段三	阶段四 协调	协作 阶段五
组织规模 大→小	创造	指令 自主	授权 控制	官僚	未知

对应的管理方法					
类别	第一阶段	第二阶段	第三阶段	第四阶段	第五阶段
管理重点	制造与销售	运营效率	市场扩张	组织整合	解决问题和实施创新
组织结构	非正式	集权型、职能型	分权型、地域型	直线—参谋制、按产品分部门	团队矩阵
高管层的风格	个人主义、创业精神	指令型	授权型	监督型	参与型
控制体系	市场表现	标准与成本中心	报告与利润中心	计划与投资中心	设置共同目标
管理层报酬的重点	所有权	增加薪资与福利	个人奖金	利益分红与股票期权	团队奖金

图 7-3 企业成长的五个阶段

续成长期。随着组织变得更加多样化和复杂化，指令型管理方法不再适用，一场自主危机引发了第二次剧变。大部分企业的解决方法是扩大授权。

第三阶段：授权。分权型组织结构的成功应用引发了又一个成长期。随着拥有自主权的一线管理者各自为政，组织陷入了控制危机。当高级管理层试图重新控制整个公司时，第三阶段的剧变期就开始了。出路在于使用某些协调方法。

第四阶段：协调。这一阶段的特点是，使用各种正式的系统来改善协调效果，并由高管们来建立和管理这些新系统。虽然企业获得了成长，但在直线员工和参谋人员之间，在总部和基层之间，逐渐产生了一种不信任感。公司设立的许多系统和制度开始产生负面作用，一场官僚危机全面爆发，第四阶段的剧变开始了。

第五阶段：协作。这一阶段强调用员工之间的紧密协作来克服官僚危机。该阶段的剧变期将围绕着"心理饱和"的状态展开，引入一些让员工能定期得到休息、反思和恢复活力的组织结构和制度。

企业是容易被过去的成功所打败的。迷恋过去的成功，会成为新的僵化的力量。彭罗斯（Penrose）在《企业成长理论》中提出了一个深刻的问题，在企业的本性中，是否存在着内在力量既促进企业的增长而又必然限制着企业增长的速度？这个问题本身及其回答就是对新古典经济均衡论的颠覆。彭罗斯否认新古典经济理论认定的企业规模的三个限制因素——管理能力、产品或要素市场以及不确定性和风险。她认为真正限制企业扩张的因素来自企业内部："……企业现存管理人员的力量（Capacities）必然在任何给定的期限内限制企业的扩张。"

三、精细管理 VS 经营的悖论

科学管理、精细化管理有助于经营吗？

流程=提高效率=排斥变化，渐渐变成一种僵化。如果流程定义了完成某项任务的能力，就等于同时定义了无法完成其他任务的能力，流程能使企业按照既有方向高效运转，但却是企业无法灵活快速创新的根本原因，管理产生的熵增大于管理降低的熵增时，管理就是问题。为什么所有流程都被完美执行时，公司依然亏损？

陈春花教授在一篇文章中指出，"当一家企业的管理水平超过经营水平的时候，这家企业离亏损就不远了"。这篇文章很火。陈春花教授认为，"经营大于管理，管理始终为经营服务"。管理是服务，最直接的意义就是管理始终为经营服务。管理水平不能够超越经营水平。

管理其实很简单，它只是需要做一个分配就可以了，即分配权力、责任和利益。我们知道管理与经营是管理者需要具备的两种能力，经营能力就是选择正确的事做，管理能力就是把事做正确。我们大部分企业还处于薄利多销的经营水平上，但是很多这样的企业竟然开始了流程再造的努力，结果一定是亏损。

在企业经营的不同阶段，需要相应的管理来匹配，中欧国际工商学院的忻蓉教授提醒我们，在企业管理中"不要给3岁的孩子穿10岁的衣服"。

持类似观点的德鲁克先生认为，"公司内部的所为只会增加费用，而机会在外面。大多数公司内部进行的各项工作，即使打着管理的旗号，但若没有处理好与经营的关系，不会有好的结果"。陈春花教授认为，"组织内部只有成本，结果存在于组织的外部"。传统工业时代的科学管理有三大逻辑：重视数据、关注流程、遵循科层制，在新时期下是需要做一些调整的。

德鲁克先生认为，"真正决定企业未来发展方向的是市场价值网，而非管理者；真正主导企业发展进程的是机构以外的力量，而非机构内部的管理者。管理者实际上只是扮演一个象征性的角色。"其在《优秀公司的五个标准》一文中指出:"优秀公司的时间主要花在外部为客户创造价值上,而平庸公司的时间,都花在内部你搞我、我搞你的人际关系和组织内耗上","先有经营后有管理,管理必须与经营相匹配"。

四、增长的 S 曲线 VS 不连续性的悖论

增长的 S 曲线能一直延续下去吗?企业的 S 曲线—失速点—转换价值曲线(第二曲线)—跨越不连续性,这是一个增长的曲折过程,更是一场企业的自我革命。

(1)企业的 S 曲线及阶段。中欧国际工商学院 Sampler 教授分析认为,行业与企业都有一个 S 曲线,各自所处的阶段不同,所采取的策略也不同,企业在第一阶段应以研发为主,在第二阶段应通过管理提高规模,在第三阶段应通过服务创新开始转型。对于房地产行业而言,笔者认为已处于第三阶段,且大部分企业也已经到了第三阶段(见图 7-4)。

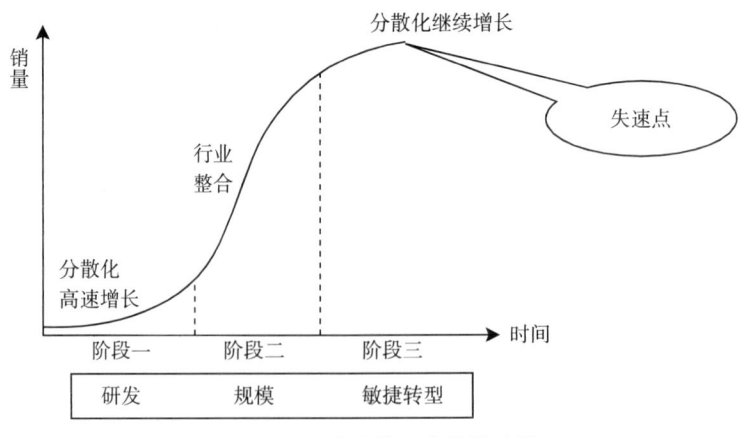

图 7-4 企业的 S 曲线及阶段

企业的生存环境永远在变,而且越变越快、越变越糟。若企业只靠坚守,那么很难基业长青。

(2)企业与行业的 S 曲线与失速点。任何企业、行业甚至国家的发展都是 S 曲线,即慢慢切入,过了破局点之后,高速前进,最终一定会遭遇

极限点 (Stall Points)。

Matthew S. Olson 和 Derek Van Bever (2009)[①] 研究认为,一年之内营业额下降20%,企业就进入了失速点。企业进入失速区,83%的企业会直接俯冲下去,只有17%的企业可以再起来。原因在于当企业发现财务曲线下降的时候,价值网曲线早已经衰落了,只是发展惯性帮助企业的财务多"走"了一段而已。

为什么企业到了失速点就无力回天呢?财务曲线是看得见的,但是有三条价值网曲线是看不到的,分别是市场曲线、技术曲线和组织曲线。看不见的曲线的发展速度要快于看得见的财务曲线。

索洛 (Solow) 的经济增长模型认为,克服稳态停滞的唯一出路是通过加速创新来提高资本和劳动力的生产率。Shumpter 提出,企业家的创造性破坏,以新产品和新服务来实现创新的根本动力。

(3) 开启新的 S 曲线(第二曲线),自我颠覆,未雨绸缪。Paul 和 Tim 的研究表明,不管企业曾经多么辉煌,早晚都会失去成长空间,面对这一令人不快的现实,公司不得不周期性进行业务重塑,这种自我延续的能力,也就是从业务成熟的阶段跳跃到下一个发展阶段的能力,正是区分卓越绩效企业与昙花一现之流的关键。企业花费大量精力延伸现有业务线(财务 S 曲线),却没有能投入足够精力为创建成功的新业务打下基础[②]。

克里斯坦森分析了两种不同的第二曲线,发现在面对正向非连续性的时候,也就是说面对技术性突破的时候,赢的几乎总是在位企业,但是在面对反向非连续性,即破坏性创新的时候,大公司往往会丧失其龙头地位。换句话说,真正对大公司具有颠覆性特征的是反向非连续性,他由此提出一种颠覆式创新。图 7-5 是从 PC—Internet—移动—MR 的跨越图。

[①] Matthew S. Olson, Derek Van Bever. Stall Points: Most Companies Stop Growing—Yours Doesn't Have To [M]. Yale University Press, 2009.
[②] 保罗·纽恩斯,蒂姆·布林. 企业逃离生死周期的奥秘:跨越 S 曲线 [J]. 哈佛商业评论, 2015 (8).

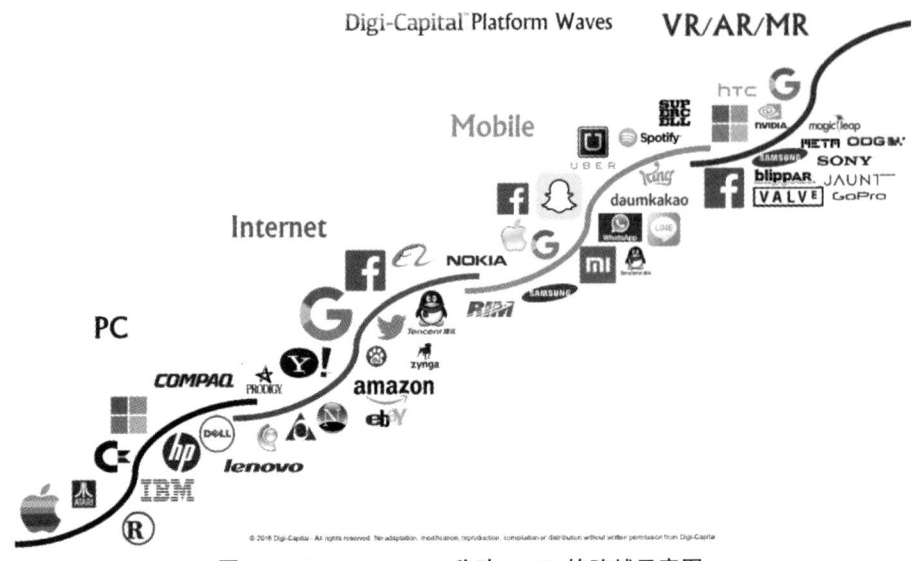

图 7-5　PC–Internet—移动—MR 的跨越示意图

资料来源：https://www.digi-capital.com/news/2016/07/virtual-augmented-and-mixed-reality-are-the-4th-wave.

颠覆式创新最重要的特征是进入到新的价值网，进入到第二曲线（跨越不连续性）。颠覆式创新的新产品的性能往往低于主流市场的成熟产品，但是它拥有这些边缘市场、边缘客户所看重的其他特性，是一种低端颠覆式创新。低端颠覆式创新通常更方便、更简单、更便宜，有的时候还更小，但大公司看不上。战略错位、"蓝海"、长尾等基本也是讲的这些意思。

房地产企业的装修与立面性能超配，典型的例子就是星河湾、绿城（产品主义者），它们一味追求所有立面都是石材，精装成本 5000~10000 元/平方米，也就是所谓的超配。克里斯坦森推出了一个非常有价值的假设，叫作性能过度假设。恰恰是性能过度假设，使大企业在竞争当中丧失地位。当产品性能过度的时候，领先的企业就会很危险，市场的颠覆者将推出功能精简的产品，先从低端市场开始进攻，最后把大公司颠覆掉。恒大、碧桂园以及一些新的闽系企业都是市场的颠覆者。新旧企业之间的创造性破坏，才造就了整个市场的成功。市场的秘密在于破坏，用创新企业去毁灭老企业。地产企业在周期口的曲线跨越如图 7-6 所示。

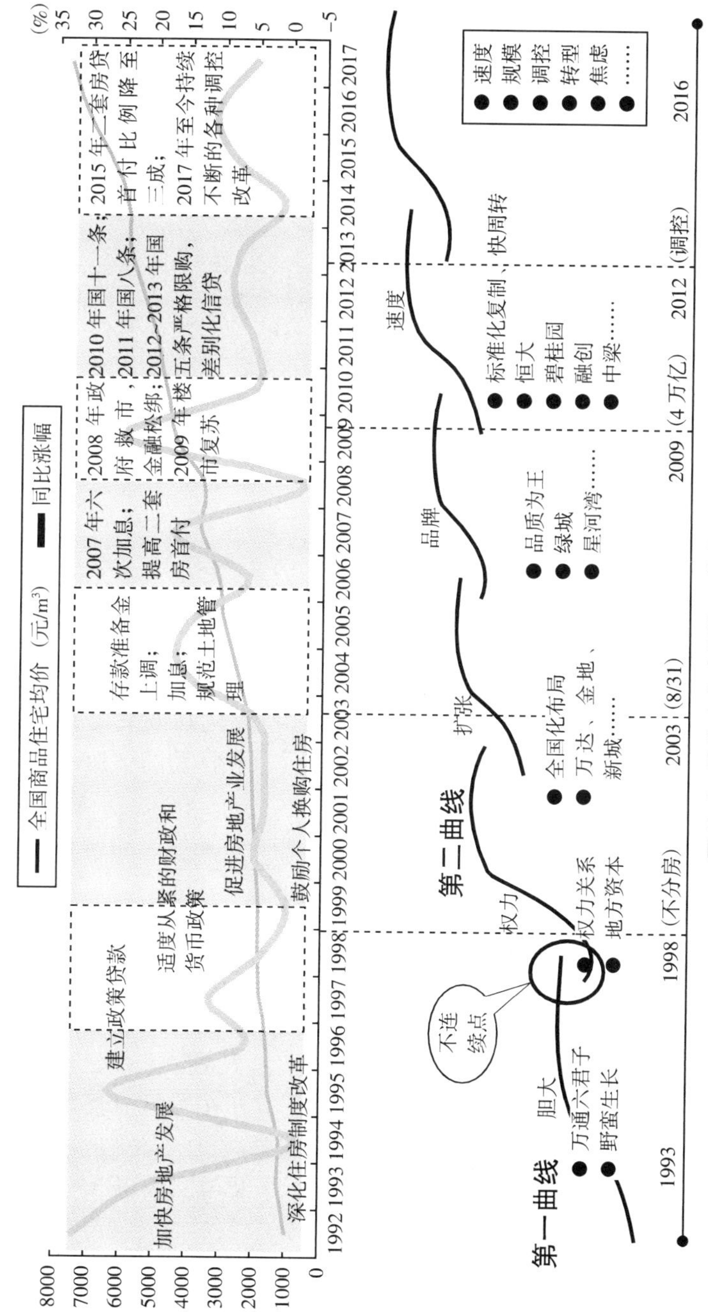

图 7-6 地产企业在周期口的曲线跨越

资料来源：国家统计局全国商品住宅销售金额、面积数据；Wind 数据。

当然，企业可以开启一些新的业务，提前布局，这也是我们看到很多优秀的房地产企业提前布局多元化业务的原因。否则，固守带来的后果是，"每件事情都做对了，仍有可能错失城池"。提前布局意味着在"第一曲线"还没有到达巅峰之时就要开启"第二曲线"，此时企业既然有资源，又有士气，还有势能，能够挑起"第二曲线"。

管理者通常都是基于经验预测未来，因为我们相信过去和未来之间存在连续性。但是我们凭什么相信连续性假设，认为未来跟过去一样？市场并非综合连续的，当遭遇不连续性时，越是拥有丰富经验的人，表现就越拙劣，《创新者的窘境》中指出，"就算我们把每件事情都做对了仍有可能错失城池，面对新技术和新市场，导致失败的恰好是完美无瑕的管理"。

五、创新VS差异化的悖论

创新就是不断升级吗？差异化不是创新吗？

在接触到穆恩的观点①之前，笔者也有些迷惑，我们进入这样一种怪圈，竞争激烈—寻求差异化—集体智慧—协作筛选—单一目标—竞争趋同—集体窒息。

传统意义上，我们一直受Levitt的"通过差异化获得市场成功"，Ries和Trout的"定位"，Porter的"差异化战略化"，科特勒的"STP"，即细分（Segmentation）、目标选择（Targeting）和定位（Positioning）等思想的影响。但到最后我们发现，我们在部分时候却忙于与其他人相拼（人家有的我都要有）而忘了细分，Moon认为要注意以下几个问题：

1. 追求不差于别人、人有我都有的误区

其实作为消费者，笔者自己已经有了这样的麻烦，在这个国庆节，为了买一个1500元左右的洗衣机，居然在国美电器花了一个小时来论证哪一个最好，痴迷于最细微的产品差异。事实上，大部分产品已经进入了异质的同质化（Homogeneity），即所谓的差异确实存在，但淹没在一片相同的海洋中。竞争方式导致了商业领域的相似与趋同。

营销人员有改善自己品牌弱点的冲动，根本想不到做相反方向的事

---

① 扬米·穆恩. 如何打造脱颖而出的品牌[M]. 北京：中信出版社，2012.

情——增强自己的优势，拉开与竞争者的距离。事实上，真正的差异是可持续的差异，并不是平衡周全你的产品，而是失衡所特有的贡献——形成卓越。努力追求均衡的结果是集体平庸。

Moon认为，"企业越努力参与竞争，与其他企业的差异就越小，至少在消费者看来是这样"。"依赖传统的营销学知识——竞争标准、定位图、消费者调查，这也是促进一致化的工具，这些工具促进了一致行为，而不是避免，整个商界被他们自己所用的工具背叛"。

2. 发展的悖论

有两种产品升级途径，即加法升级和乘法升级。所谓加法升级是增加功能及各种配置，形成产品内各种功能的堆积与冗余。乘法升级是即推出不同的产品，如不同的可乐系列。作为商业的难处在于，容易陷入无穷尽的竞争大战中，忘记自己。有总比没有好，但是多就不见得比有好。消费者有"满足感适应症"，完美的未来与不完美的未来之间界限很模糊。

营销人员深谙同时又深陷为了差异而差异的"重复性差异"和"竞争性克隆"。营销人员容易在这种"竞争性克隆"中把所有的配置性能都堆积起来形成所谓的功能完美，成本极高，这种无限的产品加法升级有时要避免。而乘法升级开辟新的产品系列是避开同质化竞争的有效方法之一，需要认真学习。

3. 逆向品牌战略

逆向品牌是指，故意对抗行业内其他升级趋势，且这些升级趋势是消费者所期望的。坚持不提供，态度坦然，一点不愧疚。谷歌就属于这种类型，当时其他门户网站都提供各种新闻，把页面都铺满了，但它却空了（带来了纯净化网络、宁静、快速的体验）。苹果也是这样，只提供最基本的软件，其他的软件花钱买，且这种外形或页面都有点类似。在光秃秃的价值定位上再增加一些出人意料的奢华，这些灵感与创意特性造就了这些企业在行业内独特的地位。

成熟化消费的特征是消费者在很长时间内无法对产品产生深刻印象。逆向品牌剥夺了一些东西，但又使顾客有一些惊喜。

4. 营销近视症

一方面，我们对竞争对手投入过多的精力，细节、琐事，这让我们无法集中注意力，强迫症让我们的所有动作围绕他人展开。另一方面，对竞争对手的效仿变成了一种自然反射，患上竞争性适应症（Competitive

Treadmill)。

六、团体 VS 个人能力的悖论

团队的战斗力一定强于分散的小组或个人吗?

强大的美军在伊拉克经历的很多挫折,让他们对军队体系做了重要调整。

在动荡的世界如何应对,"组织"如何组织,同样对我们的管理提出了新的挑战。Stanley① 在 *Team of the Teams* 中的研究值得我们深思。在接任指挥官之初,Stanley 在伊拉克每天只能打击基地组织有限的几次。为什么?因为美军的组织架构太复杂了。光情报机构就有 CIA 、FBI 、NSA、海陆空军队、不同军种的情报、五角大楼、伊拉克当地的联络官组织,它们互相之间几乎没有直接联系,都垂直向上汇报,只有最上层的各部门官员们有一些的联系,然后研究、采纳、分析、行动,早就错过了有效的打击时间。

Stanley 重点强调了一点,叫作信息共享(Shared Information)。与传统的层级结构对信息严加看管不同,他们这次给所有人开放所有信息的权限。这在美军历史里是绝没有发生过的。然而结果是,信息的泄露程度反倒降到了历史最低。

美军的传统军队是编制式的、科层制的,而伊拉克军队基地组织的结构是非正统的、分布式的。Stanley 重构美军团队,利用适当的规则与设计,增加横向沟通以及美军不同兵种之间的认同感,提倡资讯开放。每天都要举行行动暨情报简报会议。这个会议采用安全的视讯会议的方式进行,任何特遣部队的成员或是任何被邀请的伙伴,都可以拨号进来听取会议的内容。行动暨情报简报会议通过每天传送与正在发生的事情相关的信息,为特遣部队的工作安排提供参考意见。这种会议规模非常大,超出了一般的机密要求。

他们的总部被设成了一个开放的空间,前方有一个大的荧幕墙,显示进行中的行动的即时更新状态,重要的长官坐在可以自由移动的桌子前,在他们的电脑及各种设备旁边安排一群军官,整个区域都被指定为最高机

---

① Stanley 是美军驻伊拉克副总司令,2009 年驻阿富汗联军总司令,四星将军。在他的领导下,战斗军队等级森严的机构被改造成了 "Agility and Lethality"。

密，在场的人都可以观看荧幕，随时看见整个战场正在发生的状态，发动的战斗数量大为增加。

到后期，一线人员收到情报，经他判别以后，可以立刻通知相关战斗单元（导弹、无人机、海军陆战队等）发起战斗。从发现情报到打击，在几分钟之内可以完成。每天可以有几百场精准打击，甚至发现恐怖分子开车刚进某个院子，几分钟内就能解决，过去要分析、分析、请示、请示，时机早跑了。这是一种"时刻关注，不干涉"（Eyes on Hands off）策略，授权一线决定，高层关注就行了。

第四节　问卷中得到的有益建议

在本次调查问卷的最后部分有开放式问答，供回复者填上好的建议，主要从四个方面对这个行业的企业提供一定的建议，由于本次问卷回复者均是行业内有一定从业经验且对企业管理有切身体会者。共有 36 位回复者对这些问题进行了回答。主要汇总如表 7-7 所示①：

表 7-7　关于社会资本、创新、动态能力管理者的建议

一、社会资本
1. 积极处理好和政府之间的关系
● 与政府等相关部门的社会关系在项目运营中起重要作用，开发周期、成本都可以得到一定的节省，从而提高企业的盈利能力。（3）
● 减少与政府挂钩，规范房地产开发市场，以实力取胜。
● 赚取阳光利润，规避风险，在中国今后就必须要这样。（2）
● 小政府，但更规范，注重监管和调节，看重其引导和中介作用。
● 重点处理好与政府及银行关系。（2）

---

① 在整理中，本书尽可能地保持原意，对一些观点一致的意义进行了合并，在观点后的括号中注明了累计频度。

续表

一、社会资本
2. 处理合作伙伴及顾客的关系
● 一定要有共赢的思想,合作伙伴才能和谐,互惠、共变共荣。(2)
● 对顾客的责任感决定了公司的寿命。(4)
● 顾客的回头率对房子销售有着重要的作用,必须充分重视他们的意见。
● 建议房地产公司做物业管理一定要到位,可与顾客建立良好关系。
● 客户及市场研究、定位、设计,至少前瞻一个开发周期,为客户创造价值。
二、创新能力
● 从生产型向销售型转变,通过体验式营销等营销手段提升产品的价值,使得利润最大化。
● 房屋建造质量尚可,但项目管理能力与国际管理能力有差距。 (3)
● 应及时吸收消化国内外新的设计与生产知识及先进经验。
● 在市场营销、策划上花样层出不穷,但在技术创新上远远不够。
● 采用各种高科技材料减少房屋能耗。
● 更应注重资源整合方式的创新,另外融资创新、项目定位策划结合客户需求的引导创新也有很大的空间可以发挥。
● 相对于其他行业,房地产业缺乏创新能力,包括设计、技术、材料、产品、品质营销的创新能力都不强。(4)
● 需要融资创新及管理创新。(3)
三、动态能力
● 加强管控流程,流程既刚性又必须有变通,变通的决策必须清晰。
● 企业应主动适应变化、制造变化、利用变化以提高自身在动态环境下竞争性的管理思想,强调将"稳定和变化"同时进行管理。
● 积累、多看多思多交流、重新规划战略和现金流、注重市场和创新。(3)
● 主要体现在设计方面。但国内目前大量抄袭国外的产品,缺少适用于国人的产品。
● 注重储备资金、稳定人才,特别是员工的学习能力。
● 公司的授权要到位,扁平化管理。(3)
四、这个行业内公司发展或管理存在的问题是什么?该如何发展?
● 资金的高速运转、标准化生产、薄利多销。(2)
● 专业水平应提高、聘请高质量人才。
● 注重人才的培养,加强员工培训,人才不宜过快流动,公司的管理层要在稳定企业宏观、微观层面上下功夫。(3)

续表

四、这个行业内公司发展或管理存在的问题是什么？该如何发展？
● 管控流程必须配合精细化管理，各项成本必须要得到控制。
● 急功近利、缺乏对宏观经济的把握、好赌、轻战略规划和真正的资本运作、盲目自信等。
● 增加员工福利，进一步增强员工归属感。（5）
● 产业集中度不高，房地产公司数量众多，且品质良莠不齐，影响到整个行业在消费者心中的形象。
● 暴利行业，让太多人对此各怀心思，因此对人的管理最难。
● 减少管理环节、加快开发速度、加大放权力度。（2）

第八章 研究结论与展望

前面部分经过对社会资本、创新、动态能力的回顾，提出模型，验证模型，各变量之间的逻辑关系得到论证，本章提供了一些具有理论与实践价值的结论。

第一节 社会资本在房地产企业中的作用

1. 社会资本促进可持续竞争优势

在企业发展过程中，社会资本起着非常重要的作用，政府关系对企业的发展至关重要。从本书中我们可以观察到，q2观测项的总频数分别为4分（42家）、5分（38家）、6分（15家），占60%，显示了各家房企对拥有"非常"政府关系并不回避。本书中，政府关系显示了和土地储备很强的相关性。考虑到产业的敏感性及答卷者保守性，可以预见，该得分与事实相比还是比较保守的。为准确描述在转型中关系所起的作用，本书支持李家涛等提出的中国转型期三阶段模型，市场转型早期阶段，战略选择是基于个人关系的，转型中期则基于价格与销量，而后战略选择期是基于能力的。这对房地产公司同样适用，在越规范的市场，越是一种基于能力的竞争。政府关系能力对内生增长绩效的影响并不显著（销量或储备增加，但利润率不增加），而经营关系能力（与上下游合作伙伴）则能显著改变绩效。可持续竞争类指标包括三类共5个维度：增长额（q29，q30）、利润率（q31）、满意度（社会q32、员工q33），经构建方程进行测量发现，在社会资本中，对三者均有显著影响的关系性（ξ13）维度，影响因子达到2.005、0.621、1.266。

2. 社会资本促进动态能力与创新能力的发展

社会资本促进了企业的动态能力的发展，企业之间为了一定的目标，通过一定方式的合作，构筑优势互补、风险共担、要素双向或多向流动的战略联盟，已被视为当代企业快速发展的最有效率、最经济的方式，而同时社会资本通过这种内、外协作也会促进创新能力的发展。社会资本的关系维度（主要是指社会信任、身份标识、规范运作等方面）对创新的各个方面都会产生较好的正向影响，路径系数分别是 1.031、1.22、1.03，这种验证可以得到很好的解释，社会责任、社会认同感强的企业人力资本高的企业，其一定能有更高的创新资源（$\eta 11$）、研发力量（$\eta 12$）、商品化能力（$\eta 13$）。

社会资本对动态能力的影响系数为 0.745。特别是关系性维度（$\xi 13$）对重构能力会产生较大影响（1.288）。

第二节 创新对可持续竞争有促进作用

创新对可持续竞争优势的影响，本书使用同样的实证数据得出的结论是，创新对可持续竞争优势的路径系数 0.739。

创新意味着在竞争对手前持续不断的差异化竞争，创新、质量、增长、利润、市场价值各要素有促进作用。创新成为在快速变化市场中获得可持续竞争优势的必要条件，创新意味着先于竞争对手之前对产品、质量、管理各方面作出调整与改革，取得阶段性暂时领先优势，从而表现为利润、市场价值等财务数字。本书证明了创新对可持续竞争优势的促进作用。

创新包含的内容有很多，产品、品质、服务特别是管理创新是其他所有创新的基础，只有管理创新，才能在形式上、内容上、制度上、效率上为整个企业的创新提供保证。本书支持 Projago（2006）的研究，过程创新对企业绩效的影响比产品创新更为显著。

罗默[①] 在《内生技术进步》一文中提出了他的第二个内生增长模型。该模型有三个基本前提或假定：第一，技术进步是经济增长的核心。第

---

① 罗默因此获得了 2018 年度的诺贝尔经济学奖（2018 年 10 月 8 日）。

二,大部分的技术进步源于市场激励而致的有意识的投资行为,即技术是内生的。第三,创新能使知识成为商品。罗默特别强调知识商品的特殊性:使用上的非竞争性(Nonrival)和占有上的部分排他性(Partially Excludable)。由此产生了两个重要结果:①使用上的非竞争性的商品可以无限地累积增长;②不完全的排他性和不完全的独占性使知识可以产生溢出(Spillover)效应,经济具有长期的收益递增性。

第三节 动态能力对二次创业的企业更为重要

1. 能力僵化是企业要经历的阶段

动态能力理论的关键是不断创造新优势,在激变的市场中,已有的优势或核心能力都是短暂的,固守原有优势将导致更大的灾难。企业能力的僵化、企业家能力的僵化都会影响到企业竞争优势。对于二次创业阶段的企业来说克服路径依赖,创造新的能力特别重要。

2. 动态能力能够促进创新能力的发展

动态能力中,学习能力对资源、研发的影响特别显著,分别达到1.088、1.144。重构能力(η23)对创新的三个方面的影响分别达到1.105、1.022、1.053。由此可见,在动态环境中,企业需要强烈地变革或重组自己的架构,摆脱过去的成功依赖,变得更为柔性并加大授权,不能因为过去成功而在将来落伍。

动态能力可以理解为持续的创新,早期资源战略的研究强调特殊资源能力的重要性(核心能力)。在获得超额租金中特别强调公司资源的变化,动态能力将创新置于战略的核心位置,特别是动态环境变化与创新行为一致化。在这种进化匹配的过程中,特别重要的是一种学习效应。"动态"概念强调组织能力的持续革新,动态能力的概念修正了资源观,即不仅是市场,还包括组织能力等各方面的创新。

3. 动态能力能够促进可持续竞争优势

房地产企业要重知识管理,特别是企业独有的隐性知识在组织内部的显性化学习,组织智商的提高,成为组织的可持续竞争优势。动态能力的表现主要体现在企业快速应对市场变化、重整资源、重构程度、创造新的方法，通过"知识—动态能力—创新—优势"的链条，从而创造新的竞争优势。

动态能力实际上也是对外部世界的一种态度，保持一种不安焦虑的态度，同时又保持自己的定力原则。《选择卓越》一书中，吉姆·柯林斯向我们定义了一个新的概念——10倍速，无论是10倍速企业，还是10倍速领导者，都有着一些共同的特点：有严明的纪律，有建设性的焦虑，有基于实证主义的创造性。

根据柯林斯的研究，仅靠一个好运气事件并不能成就一家卓越的公司。具备严明的纪律、基于实证主义的创造性、具有建设性的焦虑和雄心的领导者，从来都不会错失任何好运气，并能够创造多倍速增长的企业[①]。保持建设焦虑（动态求变）、创新的原则（基于实证主义）是我们持续增长的源泉，当然也有要纪律性。

第四节 人力资本是可持续竞争优势的源泉

本书发现，$\xi 12$（$q5$，$q6$，$q7$），$\eta 12$（$q14$，$q15$，$q16$），$\eta 23$（$q22$，$q23$，$q24$）都是与人力资本或组织学习相关的潜变量，关系到组织智商的水平。且这几个潜变量最终对可持续竞争优势有着决定性影响，但目前得分都不高。

人力资本对企业长期影响的逻辑链，即人力资本—社会资本—动态能力—创新—可持续竞争优势中人力资本最终对可持续优势有着显著的影响作用。

竞争优势的源泉是什么？Nile Hatch 研究表明，人力资源对可持续竞争优势起基础性作用，人力资源的公司性、社会性、不可见性使其不易被模仿，人力资源筛选、开发训练大大提升了员工干中学（Learning by Doing）的效果，同时过度依赖从外部获得有经验的人（挖墙脚）减少了

---

① 柯林斯及莫滕·汉森从众多研究公司中筛选出能10倍增长的公司，发现它们有这三项共同的特征。当然策略上它们会：试验20英里征程；先发射子弹，后发射炮弹；超越生死线；先将镜头拉远，后将镜头拉近；SMaC方法等。

学习绩效。公司过高的员工流失率（Turn Over）会比对手绩效低。

官僚式管理可能是以牺牲个人能动性为代价的，并且在不确定性和急速变化时期可能会出现功能失调①。官僚制还可能滋生像组织内部抵抗、繁文缛节、紧张关系、逃避责任、手段目的化和本位主义等不良现象。

智力资本是指能被转化为利润的知识，而知识的掌握是人。通过对人力资本的培训最终进行价值萃取，房地产企业人力成本所占的比重非常小，但作为资源整合型企业其人力资本非常重要②，人均产出非常大，万科人均产值为1227万，在这个意义上人才是资本，一定不是企业的成本。

第五节　主要创新点

针对已有文献对有关两两变量之间的一些研究，及对具体房地产行业的研究，本书进行了一些探讨，本书的创新点如下：

（1）理论上，跳出传统对竞争优势研究的资源观分析框架，研究社会资本、创新、动态能力三者的互相作用机理及最终对可持续竞争优势的协同作用，而且对各能力内部不同维度的影响做了具体探索。以往的研究较多考虑单一因素的作用，而对其他因素进行固定与假设。

（2）实践上，纠正了实业界对社会资本的误解与误用，纠正了实业界对创新要素的忽略。社会资本的解释很多，本书试图通过较为确切的社会资本理论来验证社会资本是如何促进企业的竞争优势的产生。

（3）对社会资本、创新、动态能力三者潜变量的测量从理论上进行了探讨，通过文献回顾，整理出最重要的测量量表。企业在运行中考察一些显性指标或问卷，能对自己一些不易考察的能力进行评价与调整。在实际企业管理中很有指导意义。

（4）结合行业内优秀企业，通过案例研究的论证，分析优秀企业在这

---

① 按照韦伯（Max Weber）的观点断言，现代社会最理性和最有效的组织均具有官僚制度的特征（Gerth 和 Mills，1972），在各种条件稳定的情况下，官僚制结构运行良好。但在动态环境中这种制度的有效性需要重新界定。
② 本书调查上市公司年报得知，2008年万科房地产人员3342人（不含物业），完成销售410亿元，净利40.3亿元，存货周转天数1098天。

几方面如何做的，为其他企业找到可以借鉴的实践参考。

第六节 本书的不足及后续研究的方向

本书理论上就社会资本、动态能力、创新与可持续竞争优势的关系进行了深入研究，并结合房地产行业进行实证研究，以期揭示行业内三者之间的关系。现有研究中，大量文献是关于两者之间的关系，而同时考察这几者之间的复杂关系，对样本、测量、模型等各方面提出了更高的要求，本书显然还存在很多不足：

（1）对变量测量方面：由于现有文献中关于这几者的测量很少，关于房地产特别是中国情境下房地产企业如何进行测量的论述更少，仅有的关于社会资本的测量也局限于高层人员社会关系的测量，有一定的局限性。本书结合相关文献及房地产行业的特点进行了一些探索，但还是有一些不足，主要表现在一些变量的测量有重复性，在模型验证阶段也表现出了测项或一阶潜变量误差之间的高度相关性，说明有些测项还需要进行调整。

（2）问卷回复与采集方面：第一，本书尽管对中国国情采用6点式Likert问卷，但是由于是房地产处于比较敏感的行业，特别是公众的口碑差及社会的负面影响比较多，回复者对问卷可能有一定的顾虑，会造成一些数据的失真。第二，由于涉及四个变量之间的关系测量且其是相互影响的，这就需要精确区分各测项之间的分项高低，才能体现出相互的影响系数，要防止关系"钳制"（如不同变量都给4分，体现不了影响关系），就需要更高、更精确的分值区间，如10分制李克特问卷，但这样又会增加答卷者回复时间，回复率降低。第三，问卷回复企业的范围与数量需要进一步加大，以体现更多的代表性。

（3）本书运用理论对房地产企业的分析还不够透彻，很多的理论运用对企业来说显得更为共性，需要理论与行业的具体融合与深入，才更具有实际指导意义。在案例分析阶段，还需要对企业的纵向数据分析，如何通过社会资本、创新、动态能力的建设几者之间的相关关系，且最终形成可持续竞争优势，本书案例分析显得表面化。

（4）本书的样本数据实际上是在一个"时点"所截取的，属于截面数据。截面数据的一个缺陷在于对于现象的描述是静态的，不能反映出现象随时间变化的动态概念。未来关于创新能力的研究应该采用动态的研究方法，在数据收集方面，也应相应地采用长期数据（Longitudinal Data）。

总体来说，社会资本、创新、动态能力的研究一定会对房地产企业的发展起到很好的指导作用，企业只有重视并加强这方面的建设，改变以往"关系"加粗放型的管理，通过持续能力的改善，创造企业的持续竞争优势，才能在环境的剧烈变化中取得胜利，在后期的研究中需要进一步的改进与提高，找到问题更深更好的解释与实践途径。

附录　调查问卷

《社会资本、创新与可持续竞争优势——基于动态能力对房地产业的实证研究》调查问卷

尊敬的先生/女士：

您好！这是为一博士研究课题而设计的一份调查问卷，目的在于了解社会资本、动态能力、创新与企业可持续竞争优势的关系，希望您能挤出一点时间逐项回答每一个问题。完成问卷后请尽快回邮或传真给联系人。谢谢！

本问卷未涉及填写者姓名，您的回答仅作为学术研究之用，我们对所有的资料予以保密，研究成果中也不会出现公司名称（本问卷共3页）。

所有的研究成果可以一起分享，如果希望获得本书成果，请留下您的通信方式：

E－mail：

电　　话：

联 系 人：

指导老师：

一、动态能力、社会资本、创新测量

请就以下每一测项进行打分，在表格的右边选择一个适当的数字，来代表您自己对企业实际运用程度的判断（用"√"选择）。其中：1="非常不同意"、2="不同意"、3="有点不同意"、4="有点同意"、5="同意"、6="非常同意"。

序号	测量项目	评分
1	上下游企业或合作伙伴及客户关系良好，密切联系且较为固定的合作企业数量多。	1 2 3 4 5 6
2	获取的土地或各项政策便利主要源于和政府的非常人情关系。	1 2 3 4 5 6

续表

序号	测量项目	评分
3	非常良好的银行关系，是最主要的融资途径。	1 2 3 4 5 6
4	在社会关系中处于中心地位，且除了政府、银行、现有企业外，积极寻找其他的合作商（土地、融资、战略联盟、合资）。	1 2 3 4 5 6
5	企业内及合作企业间凝聚力很强，内耗低，员工归属感强。	1 2 3 4 5 6
6	所有成员都通晓企业的愿景与社会价值观，并努力执行与实现。	1 2 3 4 5 6
7	本企业有非常独特的人才智力资本（设计、运营、成本、品牌各方面），超出同行企业。	1 2 3 4 5 6
8	社会各方面对本企业高度信任，合同关系、质量、品牌口碑非常好，互惠互利。	1 2 3 4 5 6
9	本企业在同行及社会中（或本地区中）处于龙头地位，品牌价值高。	1 2 3 4 5 6
10	近几年来，本企业规范运营，从不做任何违背规章、法律等方面的事情，是良好的企业公民。	1 2 3 4 5 6
1~10题是社会资本的测量		
11	合作单位、客户意见等常规性共同参与了本企业的各项新产品开发。	1 2 3 4 5 6
12	本企业能及时吸收、消化国内外最新设计与生产知识及同行的先进经验，容忍"试错"。	1 2 3 4 5 6
13	本企业独特的知识、诀窍、经验在内部有良好的分享体系，并且能有效地转化为最终产品。	1 2 3 4 5 6
14	本企业的设计与研发人员在公司有着非常重要的地位，是公司非常重要的资产（相对于其他部门）。	1 2 3 4 5 6
15	本企业设计的新产品（住宅、商业、配套设施、园建、服务等）数量与领先性超过同行。	1 2 3 4 5 6
16	运用最新管理工具与方法，创新性管控质量能力，产品品质极高。	1 2 3 4 5 6
17	对新设计的产品或已有产品，通过有效包装，其扩散速度总能比同行更好。	1 2 3 4 5 6
18	顾客服务（售前、售后及物业等）与投诉补救能力较强，客户满意度很高。	1 2 3 4 5 6
19	市场研究、营销定位、广告效果与创意一直与众不同，差异化效果非常明显。	1 2 3 4 5 6
11~19题是创新的测量		

续表

20	企业交流、共享顾客信息或技术信息，跨部门协调整合、解决共同问题的能力。	1 2 3 4 5 6
21	组织拥有的特定技术、智力资产、互补性资产、顾客基础及与供应商的关系等。	1 2 3 4 5 6
22	学习承诺：企业重视学习并承诺学习共识。	1 2 3 4 5 6
23	分享愿景：企业建立并分享组织各级愿景。	1 2 3 4 5 6
24	开放心智：企业包容、鼓励开放与创新。	1 2 3 4 5 6
25	企业的战略柔性、组织架构、授权方式适应快速变化的市场，对分公司授权很大。	1 2 3 4 5 6
26	快速识别外界变化的能力比同行要快，并提出应变措施（资源、策略），并已形成了应对这种变化的惯例。	1 2 3 4 5 6
27	企业以前的投资和它所储存的惯例（"历史"）没有制约着它的未来行为，突破历史做法很容易。	1 2 3 4 5 6
28	处理各种事务的制度、程序不繁多。决策、文件形成需要的周期很短。	1 2 3 4 5 6
	20~28题是动态能力的测量	
29	过去几年中，本企业的土地储备增长很多，高于同行水平，且足够以后三年内的开发建设。	1 2 3 4 5 6
30	最近三年中，本公司营业额持续增长。	1 2 3 4 5 6
31	过去三年中，本企业净利润率持续增长，高于同行水平，且源于管理水平提高（而非市场涨价因素）。	1 2 3 4 5 6
32	政府、合作方、顾客对本企业满意度非常高，各方愿意在下次购买本企业产品，或与本企业合作。	1 2 3 4 5 6
	29~33题是可持续竞争优势的测量	
33	本企业的员工满意度非常高，过去三年中离职率很低。	1 2 3 4 5 6

二、基本资料

1. 贵公司的创立年份：＿＿＿＿年，现有员工数：＿＿＿＿人。

2. 公司的股权性质：①民营　②国有　③外商投资　其他＿＿＿＿＿。

3. 您是贵公司的：①创始人（董事长或股东）　②职业经理人　您在公司工作＿＿＿＿＿年。

4. 您认为该行业（房地产）环境是：

①几乎不变化的　②有一点变化　③一般　④较变化的

⑤剧烈变化的

贵公司的管理是否跟得上这种变化：
①差很多　②差一点　③一般　④基本跟上　⑤完全跟上

5. 企业创始人的受教育程度：

①高中以下　②大专—本科　③研究生及以上

6. 上一年度贵公司营业额＿＿＿＿＿元。

7. 公司总部位于＿＿＿＿省＿＿＿＿市，公司经营区域为：＿＿＿＿＿。

8. 公司名称＿＿＿＿＿＿。（可以不填）

您的好建议：（不一定是针对本公司）

社会关系作用（政府、合作方、顾客）：

_____

该行业的创新情况：

_____

动态环境中企业如何应对：

_____

这个行业内公司发展或管理存在的问题是什么，该如何发展：

_____

非常感谢您完成此问卷！祝贵公司基业长青！祝您事业成功！

参考文献

[1] Adler Paul, Kwon Seok-Woo. Social Capital: Prospects for a New Concept [J]. The Academy of Management Review, 2002, 27 (1).

[2] Adner R., Helfat C. E. Corporate Effects and Dynamic Managerial Capabilities [J]. Strategic Management Journal, 2003 (24): 1011.

[3] Ahuja G. Collaboration Networks, Structural Holes, and Innovation: A Longitudinal Study [J]. Administrative Science Quarterly, 2000 (45): 425–455.

[4] Amabile T. M. Assessing the Work Environment for Creativity [J]. Academy of Management Journal, 1996.

[5] Andrew H. Gold, Arvind Malhotra, Albert H. Segars. Knowledge Management: An Organizational Capabilities Perspective [J]. Journal of Management Information Systems, 2001, 18 (1).

[6] Anne Marie K. Persistent Heterogeneity and Sustainable Innovation [J]. Strategic Management Journal, 2003 (24): 687–705.

[7] Avlonitis G., Kouremenos A., Tzokas N. Assessing the Innovativeness of Organizations and Its Antecedents: Project Innovstrat [J]. European Journal of Marketing, 1993, 28 (11): 5–28.

[8] Barney J. B. Firm Resources and Sustained Competitive Advantage [J]. Journal of Management, 1991 (17): 99–120.

[9] Benn Lawson, Danny Samson. Developing Innovation Capability in Organisations: A Dynamic Capabilities Approach [J]. International Journal of Innovation Management, 2001, 5 (3): 377–400.

[10] Boris Snoj. An Examination of the Relationships among Market Orientation, Innovation Resources, Reputational Resources, and Company Perfor-

mance in the Transitional Economy of Slovenia[J]. Canadian Journal of Administrative Sciences, 2007 (24): 151-164.

[11] Bourdieu L.Wacquant. An Invitation to Reflexive Sociology [M]. Chicago, IL: University of Chicago Press, 1992.

[12] Bourdieu P. The Forms of Capital [M] //Richardson. Handbook of Theory and Research for the Sociology of Education. Westport, CT: Greenwood Press, 1986.

[13] Burt R. Structural Holes: The Social Structural of Competition [M]. Cambridge, MA: Harvard University Press, 1992.

[14] Calantone R., Cavusgil S., Zhao Yushan. Learning Orientation, Firm Innovation Capability, and Firm Performance [J]. Industrial Marketing Management, 2002 (31): 515-524.

[15] Caroline Dombrowski, Jeffrey Y. Kim, Kevin C. Desouza, Ashley Braganza, Sridhar Papagari, Peter Baloh, Sanjeev Jha. Elements of Innovative Cultures[J]. Knowledge and Process Management, 2007, 14 (3): 190-202.

[16] Carter C. R., et al. Social Responsibility and Supply Chain Relationships [J]. Transportation Research Part E: Logistics and Transportation Review, 2002 (38): 37-52.

[17] Cepeda G., Vera D. Knowledge Management and Firm Performance: Examining the Mediating Link of Dynamic Capabilities [C]. 4th International Meeting of the Iberoamerican Academy of Management, Lisbon, Portugal, 2005.

[18] Cohen W., Levinthal D. A. Absorptive Capacity: A New Perspective on Learning and Innovation [J]. Administrative Science Quarterly, 1990 (35): 128-152.

[19] Coleman J. S. Social Capital in the Creation of Human Capital [J]. American Journal of Sociology, 1988, 94 (5): 95-121.

[20] Constantine Kontoghiorghes, Susan M. Awbrey, Pamela L. Feurig. Examining the Relationship between Learning Organization Characteristics and Change Adaptation, Innovation, and Organizational Performance [J]. Human Resource Development Quarterly, 2005, 16 (2).

[21] Cooper R. B. Information Technology Development Creativity: A Case Study of Attempted Radical Change [J]. MIS Quarterly, 2000.

[22] Currie W. L. Revisiting Management Innovation and Change Programmes: Strategic Vision or Tunnel Vision [J]. The International Journal of Management Science, 1999, 27 (6): 647-660.

[23] Daniel I. Prajogo, Amrik S. Sohal. New Research of the Relationship between TQM Practices, Quality Performance, and Innovation Performance an Empirical Examination [J]. International Journal of Quality & Reliability Management, 2003, 20 (8): 901-918.

[24] Daniel I. Prajogo. The Relationship between Innovation and Business Performance—A Comparative Study between Manufacturing and Service Firms [J]. Knowledge and Process Management, 2006, 13 (3): 218-225.

[25] David J. Collis. Research Note: How Valuable are Organizational Capabilities? [J]. Strategic Management Journal, Special Issue: Competitive Organizational Behavior, 1994 (15): 143-152.

[26] DeSilva Mary, Sharon R. Huttly, Trudy Harpham, Michael G. Kenward. Psychometric and Cognitive Validation of a Social Capital Measurement Tool in Peru and Vitnam [J]. Social Science & Medicine, 2006 (62).

[27] DeSilva Mary. System Review of the Methods Used in Studies of Social Capital and Mental Health [M] //Kwame McKenzir & Trudy Harpham. Social Capital and Mental Health. London: Jessica Kingsley Publisher, 2006.

[28] Deth Jan W. Van. Measuring Social Capital: Orthodoxies and Continuing Controversies [J]. International Journal of Social Research Methodology, 2003.

[29] Dewar R. D., Dutton J. E. The Adoption of Radical and Incremental Innovations: An Empirical Analysis [J]. Management Sciences, 1986, 32 (11): 1422-1433.

[30] Dooley L., Cormican K., Wreath S., O'Sullivan D. Supporting Systems Innovation [J]. International Journal of Innovation Management, 2000, 4 (3): 277-297.

[31] Dosi G., Nelson R. R., Winter S. G. Introduction: The Nature and Dynamics of Organizational Capabilities [M]. Oxford University Press: New York, 2000.

[32] Dougherty D., Barnard H., Dunne D. Exploring the Everyday Dy-

namics of Dynamic Capabilities [C]. Third Annual MIT/UCI Knowledge and Organizations Conference, Laguna Beach, CA, 2004.

[33] Dror I. The Process of Technology Evolution [J]. Technological Forecasting and Social Change, 1993 (44): 49-58.

[34] Drucker P. F. The Discipline of Innovation 1985 [J]. Harvard Business Review, 2002, 80 (8): 67-72.

[35] Eisenhardt K. M., Martin J. A. Dynamic Capabilities: What are They? [J]. Strategic Management Journal, 2000 (21): 1105-1121.

[36] Elena Cefis, Orietta Marsili. Survivor: The Role of Innovation in Firms' Survival [J]. Research Policy, 2006, 35 (5): 626-641.

[37] Fombrun C. J., Rindova V. Who's Tops and Who Decides? The Social Construction of Corporate Reputations [R]. New York University, Stern School of Business, Working Paper, 1996.

[38] Fukuyama F. Social Capital and Civil Society [D]. IMF Working Paper, No.0074, 2000.

[39] Fukuyama F. Trust: The Social Virtues and the Creation of Prosperity [M]. NY: Free Press, 1995.

[40] Fukuyama Francis. Trust: The Social Virtues and the Creation of Prosperity [M]. NY: Free Press, 1996.

[41] Gabriel Hawawini, Venkat Subramanian, Pau Verdin. Is Performance Driven by Industry-or Firm-Specific Factors? A New Look at the Evidence [J]. Strategic Management Journal, 2003 (24).

[42] Gabriel Hawawini, Venkat Subramanian, Pau Verdin. Is Performance Driven by Industry-or Firm-Specific Factors? A Reply to McNamara, Aime and Vaaler [J]. Strategic Management Journal, 2005 (126).

[43] Gabriel Hawawini, Venkat Subramanian, Paul Verdin. Is Performance driven by Industry-or firm-Specific Factors? A New Look at the Evidence [J]. Strategic Management Journal, 2003, 24 (1).

[44] Garcia R., Calantone R. A Critical Look at Technological Innovation Typology and Innovativeness Terminology: A Literature Review [J]. The Journal of Innovation Management, 2002 (19): 110-132.

[45] Gilbert C. Unbundling the Structure of Inertia: Resource Versus

Routine Rigidity [J]. Academy of Management Journal, 2005, 48 (5): 741-763.

[46] Gilbert M., Cordey-Hayes M. Understanding the Process of Knowledge Transfer to Achieve Successful Technological Innovation [J]. Technovation, 1996, 16 (6): 301-312.

[47] Glynn M. A. Innovative Genius: A Framework for Relating Individual and Organizational Intelligences to Innovation [J]. Academy of Management Review, 1996, 21 (4): 1081-1111.

[48] Gopalakrishnan S., Damanpour F. A Review of Innovation Research in Economics, Sociology and Technology Management [J]. The International Journal of Management Science, 1997, 25 (1): 15-28.

[49] Gould S. J. The Structure of Evolutionary Theory [M]. Harvard University Press: Cambridge, MA, 2002.

[50] Granovetter M. A Theoretical Agenda for Economic Sociology [M] // Maur of G., Randall C., England P., et al. The New Economic Sociology: Development in an Emerging Field. N Y: Russell Sage Foundation, 2002.

[51] Granovetter M. Economic Action and Social Structure: The Problem of Embeddedness [J]. American Journal of Sociology, 1985 (91): 481-510.

[52] Granovetter M. Economic Institutions as Social Constructions: A Framework for Analysis [J]. Acta Sociologica, 1992 (35): 3-11.

[53] Granovetter Mark. Economic Action and Social Structure: The Problem of Embeddedness [J]. American Journal of Sociology, 1985 (91): 481-510.

[54] Grant R. M. A Resource Based Theory of Competitive Advantage: Implications for Strategy Formulation [J]. California Management Review, 1991 (33): 114-135.

[55] Greve H. R., Taylor A. Innovations as Catalysts for Organizational Change: Shifts in Cognition and Search [J]. Administrative Science Quarterly, 2000 (45): 54-80.

[56] Grootaert Christiaan, Thierryvan Bastelaer. Understanding and Measuring Social Capital: A Multidisciplinary Tool for Practitioners [C]. Washington, D.C.: World Bank, 2002.

[57] Grootaert Christiaan. Measuring Social Capital: An Integrated Ques-

tionnaire [C]. Washington D. C., the World Bank Working Paper, 2003.

[58] Grossi G. Promoting Innovation in a Big Business [J]. Long Range Planning, 1990, 23 (1): 38, 41-52.

[59] Gulati Ranjay. Alliances and Networks [J]. Strategic Management Journal, 1998, 19 (4): 293-317.

[60] Gulati. Social Structure and Alliance Formation Patterns: A Longitudinal Anglysis [J]. Administrative Science Quarterly, 1995 (40): 619-652.

[61] Halpern, David. Social Capital [M]. Cambridge: Polity Press, 2005.

[62] Harpham T., Grant E., Thomas E. Measuring Social Capital within Health Surveys: Key Issues [J]. Health Policy and Planning, 2002 (17).

[63] Harpham Trudy. The Measurement of Community Social Capital Through Surveys [M] //Idiro Kawachi, Subramanian S. V., Daniel Kin. Social Capital and Health. New York: Springer, 2007.

[64] Helfat C. E. The Evolution of Firm Capabilities[J]. Strategic Management Journal, 2001 (21): 955-959.

[65] Helfat C. E., Peteraf M. A. The Dynamic Resource Based View: Capability Lifecycles [J]. Strategic Management Journal, 2003 (24): 997-1010.

[66] Heng M. S. H., Trauth E. M., Fischer S. J. Organizational Champions of IT Innovation[J]. Accounting Management and Information Technologies, 1999 (9): 193-222.

[67] Hubert Gatignon, Michael L. Tushman, Wendy Smith, Philip Anderson. A Structural Approach to Assessing Innovation: Construct Development of Innovation Locus, Type, and Characteristics Management Science [J]. 2002, 48 (9): 1103-1122.

[68] Hult T., Hurley R., Knight G. Innovativeness: Its Antecedents and Impact on Business Performance [J]. Industrial Marketing Management, 2004 (33): 429-438.

[69] Hunt Shelby D., Robert M. Morgan. The Resource-Advantage Theory of Competition: Dynamics, Path Dependencies, and Evolutionary Dimensions [J]. Journal of Marketing, 1996, 60 (10): 107-114.

[70] Hurley R., Hult T. Innovation, Market Orientation, and Organizational Learning: An Integration and Empirical Examination[J]. Journal of Mar-

keting, 1998, 62 (3): 42-54.

[71] Hurley R., Hult T., Knight G. Innovativeness and Capacity to Innovate in a Complexity of Firm Level Relationship: A Response to Woodside (2004) [J]. Industrial Marketing Management, 2005 (34): 281-283.

[72] James C. Anderson, Häkan Häkansson, Jon Johanson. Dyadic Business Relationships within a Business Network Context [J]. Journal of Marketing, 1994, 58 (4): 1-15.

[73] Janine Nahapiet, Sumantra Ghoshal. Social Capital, Intellectual Capital, and the Organizational Advantage [J]. Academy of Management Review, 1998 (23): 242-266.

[74] Jenny Darroch, Rod Mcnaughton. Examining the Link between Knowledge Management Practices and Types of Innovation [J]. Journal of Intellectual Capital, 2002, 3 (3): 210-222.

[75] Johannessen J. A., Olsen B., Lumpkin G. T. Innovation as Newness: What is New, How New, and New to Whom? [J]. European Journal of Innovation Management, 2001, 4 (1): 20-31.

[76] King N., Anderson N. Managing Innovation and Change: A Critical Guide for Organizations [M]. London: Thompson, 2002.

[77] Koka B. R., Prescott J. E. Strategic Alliances as Social Capital: A Multidimensional View [J]. Strategic Management Journal, 2002, 23 (9): 795-816.

[78] Krackardt D. The Strength of Strong Ties: The Importance of Philes in organization [M]. Boston, Ma: Harvard Business School Press, 1992.

[79] Lall S. Technological Capabilities and Industrialization [J]. World Development, 1992, 20 (2): 165-186.

[80] Lawson B., Samson D. Developing Innovation Capability in Organizations: A Dynamic Capabilities Approach [J]. International Journal of Innovation Management, 2001, 5 (3): 377-400.

[81] Leana C., Van Buren. Organizational Social Capital and Employment Practices [J]. Academy of Management Review, 1998, 23 (3): 538-555.

[82] Luo J. D. Chinese Renmai-ego-centric Trust Network (forthcoming) [J]. Research in Relational Management, 2006 (3).

[83] Luory Glenn C. A Dynamic Theory of Racial Income Differences [C] // Phyllis Wallace, Annette M. La Mond. Women, Minorities, and Employment Discrimination. Lexington, MA: Heath, 1977.

[84] Macpherson A., Jones O., Zhang M. Evolution or Revolution? Dynamic Capabilities in a Knowledge-dependent Firm [J]. R&D Management, 2004, 34 (2): 161-177.

[85] Mark Easterby-Smith, Isabel M. Prieto: Dynamic Capabilities and Knowledge Management: An Integrative Role for Learning? [J]. British Journal of Management, 2007 (8): 1-15.

[86] Maureen Blyler, Russell W. Coff. Dynamic Capabilities, Social Capital, and Rent Appropriation: Ties That Split Pies [J]. Strategic Management Journal, 2003 (24): 677-686.

[87] McGahan, Porter. How Much Does Industry Matter, Really? [J]. Strategic Management Journal, 1997, 18 (S1).

[88] Meyer A. D., Gaba V., Colwell K. A. Organizing far from Equilibrium: Nonlinear Change in Organizational Fields [J]. Organization Science, 2005 (16): 456-473.

[89] Miguel A. Rodriguez, Joan E. Ricart, Pablo Sanchez. Sustainable Development and the Sustainability of Competitive Advantage: A Dynamic and Sustainable View of the Firm [J]. Creativity and Innovation Management, 2002, 11 (3): 135-146.

[90] Mohan Subramaniam, Mark A. Youndt. The Influence of Intellectual Capital on the Types of Innovative Capabilities [J]. Academy of Management Journal, 2005, 48 (3): 450.

[91] Nahapiet J., Ghoshal S. Social Capital, Intellectual Capital, and the Organizational Advantage [J]. Academy of Management Review, 1998, 23 (2): 242-266.

[92] Neil Anderson, Carsten K. W., De Dreu, Bernard A. Nijstad. The Routinization of Innovation Research: A Constructively Critical Review of the State-of-the-Science [J]. Journal of Organizational Behavior, 2004 (25): 147-173.

[93] Nijhof A., Krabbendam K., Lossise J. C. Innovation through Exemp-

tions: Building upon the Existing Creativity of Employees [J]. Technovation, 2002 (22): 675-683.

[94] Nile W., Hatch J. H. D. Human Capital and Learning as a Source of Sustainable Competitive Advantage [J]. Strategic Management Journal, 2004 (25): 1155-1178.

[95] Oliver Christine. Sustainable Competitive Advantage: Combining Institutional and Resource-Based Views[J]. Strategic Management Journal, 1997, 18 (October): 697-713.

[96] Paolo Boccardellil, Mats G. Magnusson. Dynamic Capabilities in Early-Phase Entrepreneurship [J]. Knowledge and Process Management, 2006, 13 (3): 162-174.

[97] Paul L., Robertson T. F. Y. Firm Strategy, Innovation and Consumer Demand: A Market Process Approach[J]. Strategic Management Journal, 2001 (22): 183-199.

[98] Peteraf M. A. The Cornerstone of Competitive Advantage: A Resource-based View [J]. Strategic Management Journal, 1993, 14 (3): 179-191.

[99] Powell W. W., Koput K. W., Smith-Doerr Interorganizational Collaboration and the Locus of Innovation: Networks of Learning in Biotechnology [J]. Administrative Science Quarterly, 1996 (41): 116-145.

[100] Prahalad C. K., Gary Hamel. The Core Competence of the Corporation [J]. Harvard Business Review, 1990, 68 (3): 79-91.

[101] Putnam R. The Prosperous Community: Social Capital and Public Life [J]. The American Prospect, 1993 (13): 35-42.

[102] R. Garcia, R. Calantone. A Critical Look at Technological Innovation Typology and Innovativeness Terminology: A Literature Review [J]. The Journal of Innovation Management, 2002 (19): 110-132.

[103] Ray G., Barney J. B., Muhanna W. A. Capabilities, Business Processes, and Competitive Advantage: Choosing the Dependent Variable in Empirical Tests of the Resource-based View[J]. Strategic Management Journal, 2004 (25): 23-37.

[104] Richard P. Rumelt. How Much Does Industry Matter [J]. Strategic

Management Journal, 1991 (12).

[105] Robert A. Burgelman, Andrew S. Grove. Let Chaos Reign, Then Rein in Chaos-repeatedly: Managing Strategic Dynamics for Corporate Longevity [J]. Strategic Management Journal, 2007 (28): 965-979.

[106] Rodriguez Ricart, Sanchez. Sustainable Development and the Sustainability of Competitive Advantage: A Dynamic and Sustainable View of the Firm [J]. Creativity and Innovation Management, 2002, 11 (3): 135-146.

[107] Ronald S. Burt. Structural Holes [M]. Cambridge: Harvard University Press, 1992.

[108] Rumelt, Richard P. How Much Does Industry Matter? [J]. Strategic Management Journal, 1991, 12 (3): 167-185.

[109] Sambamurthy V., Mani Subramani. Special Issue on Information Technologies and Knowledge Management [J]. MIS Quarterly, 2005, 29 (2): 193-195.

[110] Sastry M. A. Managing Strategic Innovation and Change [J]. Administrative Science Quarterly, 1999, 44 (2): 420-422.

[111] Saxenian A. Regional Advantage: Culture and Competition in Silicon Valley and Route 128 [M]. Boston: Harvard University Press, 1994.

[112] Scott W. R. Institutions and Organizations [M]. Thousand Oaks: Sage Publications, 2001.

[113] Shaker A. Zahra, Harry J. Sapienza, Per Davidsson. Entrepreneurship and Dynamic Capabilities: A Review, Model and Research Agenda [J]. Journal of Management Studies, 2006, 43 (4): 917-955.

[114] Sher P. J., Lee V. C. Information Technology as a Facilitator for Enhancing Dynamic Capabilities through Knowledge Management [J]. Information & Management, 2004 (41): 933-945.

[115] Stara, R. Organizational Learning-The Key to Management Innovation [C]. SMR Forum, 1989.

[116] Subba Narasimha P. N. Strategy in Turbulent Environments: The Role of Dynamic Competence [J]. Special Issue: Strategy and the Market Process, 2001 (22): 201-212.

[117] Subramanian A., Nilakanta S. Innovativeness: Redefining the Con-

cept [J]. Journal of Engineering and Technology Management, 1996 (13): 223-243.

[118] Teece D. J., Pisano G., Shuen A. Dynamic Capabilities and Strategic Management [J]. Strategic Management Journal, 1997 (18): 509-533.

[119] Thomas H. Davenport, Marius Leibold, Sven Voelpel. Strategic Management in the Innovation Economy –Strategy Approaches and Tools for Dynamic Innovation Capabilities [M]. Erlangen, Germany: Wiley-VCH GmBH, 2006.

[120] Tsai W. P., Ghoshal S. Social Capital and Value Creation: The Role of Intrafirm Networks[J]. Acadmy of Management Journal, 1998, 41(4): 464-476.

[121] Tucker R. B. Driving Growth Through Innovation [M]. San Francisco: Berrett-Koehler Publishers, Inc., 2002.

[122] Uphoff Norman T. Learning from Gal Oya: Possibilities for Participatory Development and Post-Newtonian Social Science [M]. London: Intermediate Technology Publications, 1996.

[123] Verona G., Ravasi D. Unbundling Dynamic Capabilities: An Exploratory Study of Continuous Product Innovation [J]. Industrial and Corporate Change, 2003, 12 (3): 577-606.

[124] Woodside A. Firm Orientation, Innovativeness, and Business Performance: Advancing a System Dynamics View following a Comment [J]. Industrial Marketing Management, 2004, 34 (3).

[125] Wu Lei-Yu, Chun-Ju Wang, Cheng-Ping Chen, Lee-Yun Pan. Internal Resources, External Network, and Competitiveness During the Growth Stage: A Study of Taiwanese High-tech Ventures [J]. Entrepreneurship Theory and Practice, 2008.

[126] Wu Lei-Yu. Entrepreneurial Resources, Dynamic Capabilities and Start-up Performance of Taiwan's High-tech Firms[J]. Journal of Business Research, 2007, 60 (5): 549-555.

[127] Wu Lei-Yu. Resource, Social Capital, Path Dependence and Dynamic Capability [J]. Journal of Management Review, 2006, 25 (1): 117-136.

[128] Wu Lei-Yu. Resources, Dynamic Capabilities and Performance in

a Dynamic Environment: Perceptions in Taiwanese IT Enterprises[J]. Information & Management, 2006, 43(4): 447-454.

[129] Yam R. C. M., Guan J. C., Pun K. F., et al. An Audit of Technological Innovation Capabilities in Chinese Firms: Some Empirical Findings in Beijing, China[J]. Research Policy, 2004(33): 1123-1140.

[130] Zollo M., S. G. Winter. Deliberate Learning and the Evolution of Dynamic Capabilities[J]. Organization Science, 2002, 13(3): 339-351.

[131] Zollo M., Winter S. G. From Organizational Routines to Dynamic Capabilities[R]. Working Paper: Wharton School, 1999.

[132] 埃里克·冯·西普尔. 民主化创新——用户创新如何提升公司的创新效率[M]. 陈劲等, 译. 北京: 知识产权出版社, 2007.

[133] 埃里克·冯·希普尔. 创新的源泉: 追循创新公司的足迹[M]. 柳卸林, 陈道斌等, 译. 北京: 知识产权出版社, 2005.

[134] 埃里克·冯·希普尔. 创新民主化[M]. 陈劲, 朱朝晖, 译. 北京: 知识产权出版社, 2005.

[135] 保罗·纽恩斯, 蒂姆·布林. 企业逃离生死周期的奥秘: 跨越S曲线[J]. 哈佛商业评论, 2015(8).

[136] 彼得·德鲁克. 创新与企业家精神[M]. 蔡文燕, 译. 北京: 机械工业出版社, 2007.

[137] 边燕杰, 丘海雄. 企业的社会资本及其功效[J]. 中国社会科学, 2000(2): 87-99.

[138] 边燕杰, 张文宏. 经济体制、社会网络与职业流动[J]. 中国社会科学, 2001(2).

[139] 边燕杰. 城市居民社会资本的来源及作用: 网络观点与调查发现[J]. 中国社会科学, 2004(3): 136-146.

[140] 边燕杰. 社会网络与求职过程[M]//林益民, 涂肇庆. 改革开放与中国社会: 西方社会学文献述评. 香港: 牛津大学出版社, 1999.

[141] 卜长莉, 金中祥. 社会资本与经济发展[J]. 社会科学战线, 2001(4): 217-222.

[142] 陈春花. 中国企业的下一个机会——成为价值型企业[M]. 北京: 机械工业出版社, 2008.

[143] 陈劲, 王方瑞. 中国企业技术和市场协同创新机制初探——基

于"环境—管理—创新不确定性"的变量相关分析［J］.科学学研究，2006，24（4）.

［144］陈柳钦.社会资本及其主要理论研究观点综述［J］.东方论坛，2007（3）：84-91，121.

［145］陈淑贤，埃里克森，王诃.房地产投资信托——结构、绩效与投资机会［M］.刘洪玉等，译.北京：经济科学出版社，2008.

［146］陈晓萍，徐淑英，樊景立.组织与管理研究的实证方法［M］.北京：北京大学出版社，2008.

［147］达维拉.创新之道——持续创新力造就持久成长力［M］.刘勃，译.北京：中国人民大学出版社，2007.

［148］戴布拉·艾米顿.创新高速公路：构筑知识创新与知识共享的平台［M］.陈劲，宋朝晖，译.北京：知识产权出版社，2005.

［149］戴维·韦斯，克劳德·勒格朗.头脑风暴如何扼杀了创新：让你的组织学会真正的创新思考［M］.陈倩，译.北京：中信出版社，2012.

［150］顾新，郭耀煌，李久平.社会资本及其在知识链中的作用［J］.科研管理，2003，24（5）：44-48.

［151］桂勇，黄荣贵.社区社会资本测量：一项基于经验数据的研究［J］.社会学研究，2008（3）：122-245.

［152］郭毅，罗家德.社会资本与管理学［M］.上海：华东理工大学出版社，2007.

［153］郭子睿，陈骁，魏伟.房地产的周期嬗变：短期走向、城市差异与宏观影响［J］.金融市场研究，2007（12）：1-16.

［154］贺小刚.企业家能力、组织能力与企业绩效［M］.上海：上海财经大学出版社，2006.

［155］亨克·傅博达.创建柔性企业——如何保持竞争优势［M］.项国鹏，译.北京：人民邮电出版社，2005.

［156］黄江圳，谭力文.从能力到动态能力：企业战略观的转变［J］.经济管理，2002（22）.

［157］霍春辉.动态竞争优势［M］.北京：经济管理出版社，2006.

［158］加里·哈默，比尔·布林.管理大未来［M］.陈劲，译.北京：中信出版社，2008.

［159］江积海.动态能力与企业成长［M］.北京：经济管理出版社，

2007.

［160］杰弗里·摩尔.公司进化论——伟大的企业如何持续创新［M］.陈劲,译.北京:机械工业出版社,2007.

［161］李贺.基于知识管理的企业创新绩效研究［D］.吉林大学博士学位论文,2006.

［162］李惠斌,杨雪冬.社会资本与社会发展［M］.北京:社会科学文献出版社,2000.

［163］李兴旺.动态能力理论的操作化研究:识别、架构与形成机制［M］.北京:经济科学出版社,2006.

［164］理查德·莱斯特,迈克尔·派尔.破译创新的前端:构建创新的解释性维度［M］.寿涌毅等,译.北京:知识产权出版社,2005.

［165］林南.社会资本:争鸣的范式和实证的检验［J］.香港社会学学报,2001(2).

［166］林南.社会资本——关于社会结构与行动的理论［M］.张磊,译.上海:上海人民出版社,2005.

［167］刘明霞.动态能力研究:述评、比较与展望［J］.生产力研究,2004(10).

［168］马丁·齐达夫,蔡文彬.社会网络与组织［M］.王凤彬等,译.北京:中国人民大学出版社,2007.

［169］尼克·奥博伦斯基.未来领导力——成为VUCA时代的复合型高适领导者［M］.苏雪梅,王宾,译.北京:人民邮电出版社,2017.

［170］欧洲技术与创新管理研究院.企业战略与技术创新决策——创造商业价值的战略和能力［M］.陈劲等,译.北京:知识产权出版社,2006.

［171］帕萨·达斯古普特.社会资本——一个多角度的观点［M］.张慧东,译.北京:中国人民大学出版社,2004.

［172］帕特里克·沙利文.智力资本管理:企业价值萃取的核心能力［M］.陈劲等,译.北京:知识产权出版社,2005.

［173］任泽平,夏磊,熊柴.房地产周期［M］.北京:人民出版社,2017.

［174］石伟军.社会资本与企业行为选择——一个理论框架及其在中国情境中实证研究［M］.北京:北京大学出版社,2008.

［175］司春林.企业创新空间与技术管理［M］.北京:清华大学出版

社，2005.

[176] 宋志红.企业创新能力来源的实证研究［D］.对外经济贸易大学博士学位论文，2005.

[177] 托尼·达维拉等.创新之道——持续创新力造就持久成长力［M］.刘勃，译.北京：中国人民大学出版社，2007.

[178] 汪良军.企业成长与企业家活动分析——兼论企业成长的路径依赖及其超越［M］.北京：经济科学出版社，2006.

[179] 王凤彬，江鸿.企业创新"悖论"及其解决之策［J］.经济管理，2008（11）.

[180] 王核成.基于动态能力观的企业竞争力及其演化研究［D］.浙江大学博士学位论文，2005.

[181] 王强.企业动态能力演化理论与实证研究［D］.复旦大学博士学位论文，2006.

[182] 王永贵.战略柔性与企业高成长［M］.天津：南开大学出版社，2003.

[183] 韦影.企业社会资本的测量研究［J］.科学学研究，2007（3）：518-222.

[184] 韦影.企业社会资本对技术创新绩效的影响：基于吸收能力的视角［D］.浙江大学博士学位论文，2005.

[185] 温晓俊，陈传明.战略研究中社会资本的测量方法［J］.中国软科学，2008（4）：66-72.

[186] 吴晓波，胡松翠，章威.创新分类研究综述［J］.重庆大学学报（社会科学版），2007，13（5）：35-41.

[187] 吴晓波，徐松屹，苗文斌.西方动态能力理论述评［J］.国外社会科学，2006（2）：18-25.

[188] 夏清华.从资源到能力：竞争优势战略的一个理论综述［J］.管理世界，2002（4）：109-114.

[189] 徐淑英，边燕杰，郑国汉.中国民营企业的管理和绩效［M］.北京：北京大学出版社，2008.

[190] 徐淑英，刘忠明.中国企业管理的前沿研究［M］.北京：北京大学出版社，2004.

[191] 徐淑英，张维迎.美国管理学会学报——最佳论文集萃［M］.

北京：北京大学出版社，2006.

[192] 徐延辉.企业家的伦理行为与企业社会资本的积累[J].社会学研究，2002（6）.

[193] 许庆瑞，郑刚，陈劲.全面创新管理：创新管理新范式初探——理论溯源与框架[J].管理学报，2006，3（2）.

[194] 鄢德春.动态能力的概念和理论有价值吗[J].科学学研究，2007，25（3）：478-481.

[195] 杨鹏鹏，袁治平.企业家社会资本影响企业动态能力的机理分析——以民营科技小企业为例[J].情报杂志，2008（9）.

[196] 杨艳琳，李魁.社会资本视角的我国产业集群发展分析[J].浙江学刊，2006（6）.

[197] 野中郁次郎，胜见明.创新的本质[M].林忠鹏，译.北京：知识产权出版社，2005.

[198] 野中郁次郎，竹内弘高.创造知识的企业：日美企业持续创新的动力[M].北京：知识产权出版社，2005.

[199] 伊莱恩·丹敦.创新的种子——解读创新魔方[M].陈劲，姚威等，译.北京：知识产权出版社，2005.

[200] 易丹辉.结构方程模型——方法与应用[M].北京：中国人民大学出版社，2008.

[201] 曾驭然.企业家社会关系对创新和绩效的影响——以珠三角制造企业为例[M].北京：经济科学出版社，2006.

[202] 詹姆斯·克里斯蒂安.构建创新型组织：激励创新的管理机制[M].潘建杰，译.北京：经济管理出版社，2005.

[203] 张纯洪.企业动态核心能力研究[D].吉林大学博士学位论文，2006.

[204] 张方华.知识型企业的社会资本与技术创新绩效影响[D].浙江大学博士学位论文，2004.

[205] 张国良，陈宏民.关于组织创新性与创新能力的定义、度量及概念框架[J].研究与发展管理，2007，19（1）：42-50.

[206] 张其仔.社会资本论——社会资本与经济增长[M].北京：社会科学文献出版社，1997.

[207] 张首魁，苏源泉.网络环境下基于过程的企业技术创新能力测

度模型研究［J］.科学学与科学技术管理，2007（1）.

［208］赵延东，罗家德.如何测量社会资本：一个经验研究综述［J］.国外社会科学，2005（2）.

［209］赵延东.再就业中的社会资本：效用与局限［J］.社会学研究，2002（4）：43-54.

［210］郑胜华.透视企业联盟能力——基于动态能力的S-IPL分析框架［M］.北京：中国社会科学出版社，2007.

［211］竹内弘高，野中郁次郎.知识创造的螺旋：知识管理理论与案例研究［M］.李萌，译.北京：知识产权出版社，2005.

［212］邹国庆，高向飞.企业外部社会资本的测量及其功效——基于中国房地产开发和经营行业上市公司的实证研究［J］.吉林大学社会科学学报，2008（3）：97-104.

后　记

本书初稿完成于多年以前，这几年来中国的房地产市场又发生了重大变化。但是任何一种变化背后，本书所思考的创新能力、动态能力、持续发展能力，都是生存的必要条件。近年来，房地产业发生了很多变化，社会、科技变化更加剧烈，城市化率越来越高，房地产发展面临的挑战越来越大。几年来，我参加了中欧商学院的学习，我听到 Sampler 教授创新课中关于企业 S 曲线、行业 S 曲线的论述，以及各自在 S 曲线中的不同阶段所应采取的对策。我也听了忻蓉教授领导力概念中关于企业成长模型的课程。业余时间我还连续两年参加科技特训班营李善友教授关于不连续曲线，以及企业如何跨越不连续曲线的课程。公司花高价钱帮我请了一对一教练——来自纽约的 Meryl 女士，她讲了在 VUCA 环境下企业和个人如何面对这个动态的环境。

历史学家库珀（Malcolm Cooper）在 In Search of Eternal Coin 中讲，长期价值被珍藏在三个元素中：土地、能量和知识。土地和资源会随着人口增长而快速紧缩，能量的产生会自我转换，并改变我们对稀缺性的理解，而只有知识会成为人类希望推动未来财富增长和繁荣的长期动力。对房地产企业而言，土地资源是稀缺的，要通过我们的知识与能力，在地上创造价值与财富。

可以预见，尽管房地产行业在别人眼中是一个如同钢筋混凝土般沉重坚固的行业，但是，在科技、人文、社会环境发生这么重大变化的情况下，房地产业一定会经历很多剧烈的变化。比如说，世界发达国家的人口增长快到最高点了（除了伊斯兰、印度、非洲、美国外），下一步将面临的是人口的下降及老龄化时代的到来，这对房地产业而言是个挑战。由于科技的变化，机器人的应用给建筑业、房地产业的生产效率带来了重大的变化。由于人工智能、语音识别技术的发展，智能家居会有一个重大的突破。由于自动驾驶的到来，人们是否还会买车以及是否需要停车位将是一个重大的变化。由于理念的变化,"00后""10后"的一代是否还需要一个固定的住所也是一个变化。

拥抱这种变化,正视这种变化,与趋势同行,跟上时代步伐,是我们要思考、要努力的,而不是害怕的。

托马斯·杰弗逊(Thomas Jefferson)说:"每一代人,都有每一代人的革命。""我不害怕明天,因为我见过昨天,又热爱今天。"

贾鹏翔

2018年9月于上海